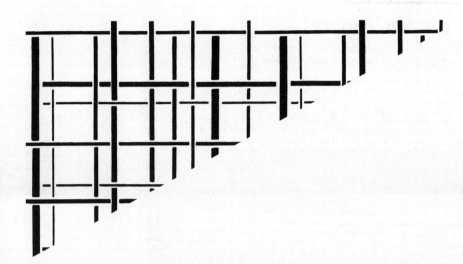

老挝

国情报告 2015~2016

何政等 编著

经济管理出版社
ECONOMY & MANAGEMENT PUBLISHING HOUSE

图书在版编目（CIP）数据

老挝国情报告（2015~2016）/何政等编著．—北京：经济管理出版社，2017.11
ISBN 978-7-5096-5561-0

I.①老… II.①何… III.①国情—调查报告—老挝—2015-2016 IV.①D733.4

中国版本图书馆 CIP 数据核字（2017）第 313981 号

组稿编辑：曹　靖
责任编辑：张巧梅　侯娅楠
责任印制：黄章平
责任校对：王淑卿

出版发行：经济管理出版社
　　　　　（北京市海淀区北蜂窝 8 号中雅大厦 A 座 11 层　100038）
网　　　址：www.E-mp.com.cn
电　　　话：（010）51915602
印　　　刷：北京晨旭印刷厂
经　　　销：新华书店
开　　　本：720mm×1000mm/16
印　　　张：11.5
字　　　数：226 千字
版　　　次：2018 年 8 月第 1 版　　2018 年 8 月第 1 次印刷
书　　　号：ISBN 978-7-5096-5561-0
定　　　价：58.00 元

编 委 会

序　言

　　东盟是东南亚地区十个国家之间的区域性合作组织。作为中国的近邻，东南亚各国在中国的周边外交中具有重要的地位，东盟也因此成为中国经营与东南亚各国合作关系的主要平台。自 1991 年以来，中国与东南亚国家之间的关系在东盟框架下取得重大进展，中国与东盟也从磋商伙伴一路发展到目前的全面战略合作伙伴。这期间，中国东盟自由贸易区建设成为中国东盟合作乃至东亚合作的重要事件，因为正是中国倡议建设的中国东盟自由贸易区开启了以东盟为中心的东亚合作新格局。在贸易投资方面，中国东盟互为对方重要的贸易伙伴和投资来源，经济相互依赖在良性互动的进程中不断深化。

　　2013 年中国提出"一带一路"合作倡议以来，东盟对中国的国际合作意义也发生了变化。习近平主席选择在印度尼西亚提出与东盟国家共同建设"21 世纪海上丝绸之路"倡议，充分显示了中国对进一步加深中国东盟关系、在合作中构建中国东盟命运共同体、造福地区民众的良好愿望。实际上，进入新世纪以来，为了深化双边关系，中国围绕与东盟国家的合作提出过一系列倡议和安排。总体而言，这些新的倡议对推动中国东盟合作发挥了助力作用。然而客观地讲，一些倡议的措施没能达到预期的效果。从深化双边合作，特别是面向 2030 目标建设中国东盟关系的需求出发，我们应进一步加强对东盟的研究：既要具体到国别，又能深入到领域。因为只有正确把握东盟国家面临的现实挑战和真实需求才能提出更具可操作性、效果更显著的深化双边关系的措施，并把中国东盟关系带向更高的层面，服务构筑和谐周边的目标，贡献人类命运共同体建设。

　　广西壮族自治区地处中国东盟合作前沿，自 2004 年中国东盟博览会落户南宁以来，广西在中国东盟合作中的地位日益提升。广西大学作为广西最重要的综合性大学，其下设的中国东盟研究院在中国东盟合作过程中不仅成为广西壮族自治区参与对东盟合作的重要智库，也在全国的东盟问题研究中逐渐获得认可。目前，中国东盟研究院下设的东盟十国国别研究所每年都围绕各自研究对象国收集整理大量的基础信息。以前期的资料收集和跟踪观察为基础，也是作为下一步密切跟踪对象国研究的第一步工作，我们组织各国别研究所编写了东盟十国的国情报告。报告参考了到目前为止国内外出版的相关国别研究成果，同时对各国新的发展做了力所能及的完善和更新。

同时，编著撰写东盟十国的国情报告对于仍在建设中的中国东盟研究院来说，确实是一项非常艰巨的任务，因此在整个项目进程中我们遇到了很多困难，呈现在同行面前的这十本书一定存在不少错漏之处，希望同行给予批评指正。

王玉主

2018 年 2 月

前　言

　　中老两国有着深厚的传统友谊，两国友好关系历久弥坚。自 1961 年 4 月 25 日两国建交以来，可以说双边关系稳步发展，政治互信不断增强，经济合作日益加深。

　　随着东盟共同体的建立，老挝这个东盟唯一的内陆国家的作用和地位日益凸显，其在东盟与中国的合作中扮演着越来越重要的角色，在与老挝交往的过程中，中老两国的关系无论是在政治安全方面，还是在经贸往来、人文交流方面，都越来越密切与频繁。本书力求从老挝的政治、经济、社会文化和区域外交等方面的基础资料和情况报告中，详尽地介绍老挝的基本国情及发展动态，以便对老挝研究以及对老挝国情感兴趣的人有一定的帮助。

　　全书共分为八章，其中，广西大学中国—东盟研究院的王辉老师负责撰写第一章，广西大学中国—东盟研究院的方晶晶老师负责撰写第二章、第四章，广西大学中国—东盟研究院的何政老师负责撰写第五章、第八章，广西大学中国—东盟研究院的唐奇展老师负责撰写第七章，广西大学商学院的曾艳华老师负责撰写第三章，广西大学中国—东盟研究院的王海峰老师负责撰写第六章，全书由何政老师统筹定稿。

　　由于个人能力及水平所限，本书难免存在不足与错漏之处，敬请各位专家、学者和广大读者批评指正。

目　录

第一章 老挝概况

作为全书的开篇，本章将简要介绍老挝的自然地理、历史和现状，以期能帮助读者构建起关于老挝的初步印象。第一节"自然地理"从地理位置、地形地貌、气候特点和自然资源四个维度向读者展示老挝的自然资源禀赋。第二节"历史速览"将主要以时间线索简单回顾老挝建国前的历史。第三节"今日老挝"将从政治制度、经济改革及发展情况以及社会状况，对建国后的老挝进行勾勒。关于本章所涉及内容的详细分析与发展趋势预测，读者可参阅本书相应章节。

第一节 自然地理

一、地理位置

老挝地处亚洲大陆的东南部，位于北纬 13°54′～22°05′，东经 100°05′～106°38′①，属于东七时区。老挝的国土自西北向东南方向延伸约 1800 公里，东南狭长、中部最窄（最窄处仅有 140 公里），西北相对较宽（最宽处为 500 公里）②，其疆域形状宛如一朵盛开在中南半岛北部的荷花。

老挝的国土面积为 23.68 万平方公里，与我国广西壮族自治区行政区域面积（23.76 平方公里）大致相等。老挝被中、柬、越、泰、缅五国环抱，北依中国③、南达柬埔寨，东邻越南，西接泰国，西北与缅甸毗邻，是东南亚地区

---

① 马树洪，方芸. 列国志：老挝［M］. 北京：社会科学文献出版社，2004：1.

② 老挝驻美国大使馆［EB/OL］. http://www.laoembassy.com/E - InformationBook.pdf，2016 - 09 - 03.

③ 云南省是中国唯一与老挝接壤的省份。

唯一的内陆国家。老挝与上述五国的边境线总长将近5180公里。其中，老越两国的边境线最长，达到2067公里，老泰两国边境线则以1835公里位居第二。老挝与柬埔寨、中国及缅甸的边境线长度依次为535公里、508公里和236公里[①]。

二、地形地貌

老挝的主要地形包括山地、高原、丘陵和平原，其中，山地和高原约占其国土面积的80%，故老挝素有"中南半岛屋脊"之称。老挝的总体地势北高南低，北部地区多山，平均海拔高度为1500米。最北的丰沙里省（Phongsaly）、琅南塔省（Luangnamtha）东部和乌多姆赛省（Oudomxay）北部地区的山峰，海拔高度大多在1000米以上。琅勃拉邦省（Luangprabang）、华潘省（Huaphanh）、波乔省（Bokeo）以及乌多姆赛省西南部的海拔为1000~1500米，该地区有孟新和孟赛等高原。沙耶武里省（Xaybury）、川圹省（Xieng Khouang）和万象省（Vientiane）北部的地形也以山地为主。其中，川圹省境内的川圹高原上有老挝最高的山峰——普比亚山（Phou Bia），海拔2800多米。表1-1中的18座山峰海拔高度均在1000米以上，且有15座位于上寮，即老挝的北部地区。在老挝北部山地连绵的群山之间，也分布着许多山间盆地、谷地、平坝和平原，如孟新坝、南塔盆地、琅勃拉邦谷地和查尔平原等。

老挝东南部的富良山脉（在越南称为长山山脉）是老越两国天然的分界线。长年累月的自然分化及雨水侵蚀，造就了富良山脉区域独特的高原景观。富良山脉的北部连接着川圹省的川圹高原，平均海拔1200~1800米。富良山北部山脊线较为平坦，成波状起伏的高原面，被统称为甘蒙高原。甘蒙高原的地质结构以石灰岩为主，位于老挝中部的甘蒙省（Khammuane），其西部是一条被称为"甘蒙岩区"的山脉。岩区的东侧就是被誉为"老挝南北交通要塞"的"他曲走廊"。富良山脉南部是由玄武岩喷发形成的波罗芬高原（也称富良山区），主要位于老挝南部的占巴塞省（Champasack）境内并延伸至周边的色贡省（Sekong）、阿速坡省（Attapeu）和沙拉湾省（Saravane）。

沙耶武里与万象省西南部以及波里坎赛省（Borikhamxay）西部地区主要分布着低山丘陵。老挝低山丘陵地区的海拔为300~1000米。

老挝的中部与南部地区地势较为平坦，流经此处的湄公河及其支流沿岸零星地分布着大小不一的平原，平原的总面积约占老挝国土面积的20%。老挝面积较大的平原有沙湾拿吉平原（约1.8万平方公里）、巴色平原（约1.6万平方公

---

① 老挝国家概况［EB/OL］. 中国外交部，http：//www. fmprc. gov. cn/web/Gjhdq_ 676201/gj_
676203/yz_ 676205/1206_ 676644/1206x0_ 676646/，2017-05-03.

里)、万象平原(约5000平方公里)和北汕平原(约650平方公里)。由于平原地区的气候条件较好,雨量充沛,是老挝重要的农业区,盛产稻谷。

表1-1 老挝主要山峰的分布情况

	山的名称	高度(米)	所在省份	所属地区
1	Phu bia	2820	川圹省	
2	Phu xao	2690	川圹省	
3	Phu xamxum	2620	川圹省	
4	Phu huat	2452	华潘省	
5	Phu soy	2257	琅勃拉邦省	
6	Phu sane	2218	川圹省	
7	Phu laopy	2079	琅勃拉邦省	上寮(老挝北部)
8	Phu pane	2079	华潘省	
9	Phu khaomieng	2007	沙耶武里省	
10	Phu sanchanhta	1972	琅勃拉邦省	
11	Phu nameo	1937	乌多姆赛省	
12	Phu phakhao	1870	琅勃拉邦省	
13	Phu doychy	1842	丰沙里省	
14	Phu leb	1761	川圹省	
15	Phu sang	1666	万象省	中寮(老挝中部)
16	Phu chapatao	1588	琅南塔省	上寮(老挝北部)
17	Phu phiengbolavenh	1284	占巴塞省	下寮(老挝南部)
18	Phu khaokhuai	1026	万象省	中寮(老挝中部)

资料来源:根据老挝统计局《2014年统计年鉴》整理。①

老挝境内河流众多,其中最长的河流为湄公河。湄公河在中国境内称为澜沧江,其主源为青海省玉树州杂多县的扎曲,流经西藏后从云南南腊河口出境。湄公河老挝段全长1898公里,自北向南蜿蜒穿越老挝全境。湄公河上的孔瀑布(Khonephapheng)和利菲瀑布(Liphi)是老挝南部著名的旅游景点,且是东南亚最大的瀑布。湄公河干流与遍布老挝各省的百余条支流构成了庞大的湄公河水

---

① Year Book 2014 [EB/OL]. 老挝统计局,http://www.lsb.gov.la/en/Geography14.php,2016-09-03.

系。此外，老挝境内还存在着许多大大小小非湄公河水系的河流。

表1-2　老挝部分主要河流①

	名称	流经地区	长度（公里）
1	湄公河（Mekong）	老挝大部分地区	1898
2	南乌江（Nam ou）	丰沙里—琅勃拉邦	448
3	南俄河（Nam ngum）	川圹—赛宋本—万象	354
4	色邦亨河（Nam xebanghieng）	沙湾拿吉	338
5	南塔河（Nam tha）	琅南塔—波乔	325
6	色贡河（Nam xekong）	沙拉湾—色贡—阿速坡	320
7	南色邦派河（Nam xebangphay）	甘蒙—沙湾拿吉	239
8	南朋河（Nam beng）	乌多姆赛	215
9	南色敦河（Nam xedone）	沙拉湾—占巴塞	192
10	南色拉农河（Nam xelanong）	沙湾拿吉	115
11	南卡丁河（Nam kading）	波里坎赛	103
12	南坎河（Nam khane）	华潘—琅勃拉邦	90

三、气候特点

老挝位于北回归线以南，属于热带季风气候，年平均气温约为26℃。由于老挝所在的中南半岛北靠亚洲大陆，东、南、西三面环海，故老挝受海洋及大陆的影响较为强烈，也属于亚洲季风区。但老挝北高南低的地势和横亘在其东侧的富良山脉对削弱来自东北季风和西太平洋季风的影响起到了一定的作用。

老挝没有四季之分，全年只有旱季和雨季两个季节。每年的5～10月，受西南季风的影响，老挝进入雨季，降雨多。每年11月到次年的4月，受从大陆吹向海洋的干冷气流（东北季风）的影响，老挝境内降雨量减少，处于旱季。老挝旱季的降雨量只有全年的10%，部分地区也常出现干旱。

总体来说，老挝各地气温的变化趋势基本相同，且南北地区的差别不大。每

---

① Year Book 2014［EB/OL］. 老挝统计局，http：//www. lsb. gov. la/en/Geography14. php，2016-09-03.

年11月至次年的1月是老挝最凉爽的季节，此时，北部高原地区的平均最低气温为10~14℃，而平原地区的最低气温在18~20℃。每年4~5月是老挝最热的月份，平均气温为29~35℃，部分湄公河沿岸地区（如琅勃拉邦和北汕）的气温可能高达40℃左右。在北部省份的山区或高原，昼夜温差较大，川圹省和丰沙里省山区1月的气温可能低至5℃及以下，有时甚至会出现罕见的低温冰冻灾害。

老挝全境雨量充沛，年平均降雨量大约在1250~3750毫米。实际上，老挝的降雨量会因地域差异而有所不同。例如，位于占巴塞省的波罗芬高原，年降雨量曾经达到3700毫米。根据老挝统计局相关数据计算，2010~2014年，沙湾拿吉省、万象市和琅勃拉邦省的年平均降雨量分别为1509毫米、1716毫米和1615毫米[1]。

老挝年平均湿度在78%~85%，沙湾拿吉省、万象市和琅勃拉邦省2014年的湿度变化范围分别是57%~94%、56%~89%、48%~95%。老挝的雾天通常出现在旱季，且由北向南逐渐减少。北部地区山间谷地的雾天每年可达80~110天。由于老挝农业生产方式较为落后，仍有刀耕火种、焚烧山林的现象，因此每年12月至次年3月，经常会出现阴霾，年均霾日达50~100天。

四、自然资源

老挝是一个没有海岸线的内陆国，尽管没有海洋资源，但却拥有丰富的能源资源、森林资源、动植物资源和矿产资源。

1. 能源资源

老挝境内的湄公河水系及其他河流构成了密集的河网，加上巨大的落差与充沛的降雨量，老挝在水力发电上蕴藏着巨大的潜力。根据老挝能源与矿业部能源业务司的数据[2]，老挝目前已建成且投入运营的水电项目有22项，总装机容量为3276.5兆瓦，其中建成的独立发电厂（IPP）项目为13项，装机容量2887兆瓦，剩余的9个项目为老挝国家电力公司（EDL）100%投资的项目。在建的IPP水电项目为20项，装机容量为4055兆瓦。此外，老挝已签署且在有效期内的水电项目谅解备忘录有30项，装机容量6933兆瓦；签署的水电项目开发协议（PDA）有23项，装机容量5175.8兆瓦。虽然老挝的水电前景广阔，但气候变

---

① Year Book 2014［EB/OL］. 老挝统计局, http：//www.lsb.gov.la/en/Meteorology14.php, 2016 – 09 – 03.

② 相关数据均来自老挝能源与矿业部能源业务司, IPP项目数据发布于2014年7月17日, EDL项目数据发布于2015年6月10日, PDA数据更新至2015年11月11日, 参见http：//www.poweringprogress.org/new/power – projects（访问时间均为：2016 – 09 – 30）。

化加剧了湄公河枯水期的旱情，使得老挝水力发电的可持续性面临挑战。老挝政府也在积极探索利用水电以外的其他能源。据悉，老挝中部与南部地区的风能与太阳能潜力巨大。截至 2015 年 11 月，老挝已签署了 5 个风力发电项目的谅解备忘录，分别位于沙湾拿吉、阿速坡、沙拉湾、波里坎赛和甘蒙省。

2. 森林资源

森林资源是老挝又一重要的自然资源。20 世纪 50 年代，老挝的森林面积曾达 1647.8 万公顷，占其国土面积的 70% 左右。然而，受战争、传统游耕、非法采伐等活动以及森林火灾的影响，老挝森林的退化非常严重，目前森林覆盖率仅为 47%，约 1117 万公顷。过度的开采使一些名贵树种陷入濒危的境地。例如，根据 2012 年的一项湿地调查，老挝境内已无法找到成熟的大红酸枝原生树。[1]

3. 动植物资源

老挝的森林中不仅生长着龙脑香、榄仁树、紫檀、娑罗双、苏门答腊松、思茅松、杉木等种类繁多的树木，而且还有紫胶、安息香、小豆蔻、葛藤、竹和松脂等林产品。茂盛的植被、湿热的气候与充沛的阳光为动物提供了良好的栖息与繁殖场所。例如，有亚洲象、四眼斑水龟、大鹛、印支虎、林麝、金丝猴、马来熊等珍稀动物。在老挝与越南交界的波里坎赛、甘蒙、沙湾拿吉及色贡省还分布着被称为"亚洲独角兽"或者"亚洲麒麟"的极危物种中南大羚（Sao La）。在老挝南部与柬埔寨边境的湄公河段还栖息着伊洛瓦底江豚[2]。

4. 矿产资源

老挝还有较为丰富的矿产资源，在已发现的矿产中不仅有铁、金、铜、锡、铅、锰、锌等金属矿藏，还有宝石、石膏、叶蜡石和钾盐等非金属矿藏。以钾盐矿为例，目前在老挝进行勘探与开采的中资公司探明的钾盐总储量是中国储量的 10 倍[3]。联合国亚太经济与社会委员会（ESCAP）的一项调查显示，水电和采矿业已成为老挝经济高速增长的关键驱动力[4]。而根据老挝统计局公布的数据，2014 年采矿业产值占国内生产总值的 14.19%。

---

① 老挝境内已经找不到成熟的大红酸枝原生树，红木资源堪忧［EB/OL］. 中国红木网，http://www. hongmu. info/a/art/jiajuhongmu/53018. html，2015 - 05 - 30.

② 据报道伊洛瓦底江豚已功能性灭绝，参见 Irrawaddy dolphins functionally extinct in Laos：WWF［EB/OL］. KPL. http://kpl. gov. la/En/Detail. aspx？id =18661，2016 - 10 - 30.

③ 马爱平. 中科院矿产实验室为钾盐开发提供技术支撑［EB/OL］. 科技日报，http://digitalpaper. stdaily. com/http_ www. kjrb. com/kjrb/html/2015 -02/06/content_ 292397. htm？div = -1，2015 - 02 - 06.

④ Hydropower, mining is key for Lao economic growth, UN surveys［EB/OL］. 万象时报. http://www. vientianetimes. org. la/FreeContent/FreeConten_ Hydropower. htm，2016 - 05 - 06.

第二节 历史速览①

一、史前社会

老挝具有非常悠久的历史，考古人员在许多地方都发现了石器和其他人类遗迹。2016 年初，老挝新闻文化与旅游部考古司和澳大利亚国立大学考古学家组成的考古队在川圹省 Paek 县石缸平原 1 号遗址发掘出三具人类遗骸与部分同时期的物品，这些物品距今有 2500～3000 年的历史。实际上，此前在华潘省、琅勃拉邦省和甘蒙省等地方的考古发现证明，最迟 4 万年前，老挝地区就已存在史前人类。

二、湄公河流域上的"诸国争雄"

史料的缺乏使得 14 世纪之前的老挝历史存在许多争议。可以肯定的是，老挝在这一时期还未建立中央集权制的统一国家。老挝当时的国土由分布在湄公河流域、中国南部、泰国东北部以及印度支那其他地区的许多独立的小国组成。公元 600 年前，在今色邦菲河与湄公河交汇处以南 15 公里的地方，有一个名为西科达奔的王国。公元 400 年前，王马忽卡坦马拉沙国王将国都迁往湄公河西岸帕农村并更名为勐马忽卡那空，此后该国曾盛极一时，但最终被南部兴起的吉蔑王国吞并。吉蔑王国在 12 世纪以前基本上控制了整个老挝地区。但到了 12 世纪中叶，崛起的泰老族在这里建立了一系列的国家，其中最强盛的是琅勃拉邦的孟斯瓦。

三、澜沧王国的兴衰

1337 年，孟斯瓦王国的王子法昂被人陷害，被当时的国王昭法廖放逐，后流落到里皮。1349 年，当得知其父昭法廖国王去世后，法昂在吴哥国王的帮助下挥军北上并从其王叔手中夺回了王位。1353 年，法昂即位，并建立澜沧王国，定都琅勃拉邦。"澜沧"意为"百万大象之地"，至此老挝历史上第一个统一的封建主义国家建立。此后，法昂先后向西、向南开疆拓土，使得澜沧王国在中南半岛上雄极一时。

---

① 郝勇，黄勇，覃海伦．老挝概论［M］．广州：世界图书出版社广东有限公司，2012：40 - 63.

法昂死后，其子陶温航（即桑森泰王）继承王位。澜沧王国在桑森泰王的管理下进入了繁荣发展的时期。桑森泰王之后，澜沧王国虽出现过短暂的波折，但王位的继任者们巩固疆土、修建寺庙并将澜沧发展成为当时重要的贸易与文化中心。

1560 年，当时的国王赛雅塞塔提腊将首都迁至万象，并建造了著名的玉佛寺（Ho Phakeo Temple）和塔銮（That Luang Stupa）。16 世纪，澜沧王国内部出现了派系斗争濒临分裂。直到 1638 年苏里亚翁萨国王执政，澜沧王国才恢复了和平与繁荣。苏里亚翁萨执政的 57 年中，澜沧王国进入了黄金发展期，并且出现了一批优秀的文学作品，同时还迎来了首个到访的西方人。澜沧王国的影响力甚至扩大到中国云南、缅甸掸邦、泰国东北部以及越南和柬埔寨的部分地区。苏里亚翁萨去世后，澜沧王国又陷入了长期的分裂斗争和外来侵扰。1707～1713 年，曾经统一强盛的王国分裂成了 3 个国家：琅勃拉邦、万象和占巴塞。且这 3 个国家于 1778～1893 年沦为暹罗（即现在的泰国）的属国。

四、法、日的殖民统治

19 世纪下半叶，法国在吞并了越南和柬埔寨后又企图占领老挝。1893 年 4 月，法国在入侵老挝的过程中以"拍约事件"为借口，于 7 月将军舰通过湄南河开到法国驻曼谷使馆附近，并将炮口瞄准暹罗王宫。同年 10 月，暹罗与法国签订《法暹条约》（又名曼谷条约），至此，澜沧王国分裂出的 3 个国家尽数被纳入法属印度支那联邦。法国殖民统治者对老挝人民进行了疯狂的掠夺和压榨并实施文化愚民政策。其间，老挝人民纷纷起来反抗法国的殖民统治，其中规模较大的是 1901 年由富马都领导的反法武装起义，1911 年由昂克欧和库马丹领导的起义以及 1918 年巴寨领导的反武装起义，不过这些斗争都失败了。

1940 年 9～12 月，日本先后强迫法国签署《关于日军进驻印度支那的决定》和《共同防守法属印度支那地方军事协定》，与法国一起统治老挝。1945 年 3 月，日军发动政变将琅勃拉邦王国纳入"大东亚共荣圈"。日本战败投降后，琅勃拉邦王国副王兼首相佩差拉于 1945 年 9 月 15 日在万象宣布老挝独立。同年，10 月 12 日，伊沙拉（老挝语意为"自由"）政府成立。

然而，不甘失败的法国再次派兵攻占了琅勃拉邦。在法国的扶持下，西萨旺冯称王，并于 1947 年 5 月宣布实行君主立宪制。法国殖民者变本加厉地对老挝人民进行横征暴敛。对外宣称老挝是法兰西联邦内的独立国家，实则完全控制了老挝的国防、外交及财政大权。为争取国家独立、人民解放，老挝人民于 1946～1950 年开展了广泛的游击战，1950 年，新老挝伊沙拉（即为现在的"老挝建国阵线"）成立并选举苏发努冯亲王为阵线主席，同时成立了寮国抗战政府。1954

年，法国战败，不得不签署《关于印度支那问题的日内瓦协议》并撤军。老挝人民经过艰苦卓绝的斗争终于实现了国家的独立和领土完整。

五、曲折的革命历程

法国撤军后，美国妄想取代法国此前的位置进而控制老挝，于是积极地在老挝国内扶持亲美势力。1954 年，美国一方面尽快推动"东南亚集体防务条约组织"的建立，另一方面设计将老挝王国政府首相梭发那·富马赶下台，扶植亲美的卡代·敦萨索里上台。卡代在与巴特寮战斗部队谈判时，暗中派王国政府军对其进行进攻。1955 年和 1956 年，老挝人民党和老挝爱国阵线相继成立。随着 1956 年富马亲王再次当选，王国政府与老挝爱国阵线恢复接触并于 1957 年成立了第一次联合政府。然而，右派势力在美国的支持下再次逼迫富马辞职，任命亲美的培·萨纳尼空为首相，老挝爱国阵线代表被排除在新内阁外，第一次联合政府宣告失败。

培·萨纳尼空政府成立后对广大爱国战士和爱国阵线骨干进行捕杀。1960 年 8 月 9 日，王国政府军将领贡勒发动军事政变，推翻了昭·宋萨尼特—富米·诺萨万政权。贡勒拥护富马出任首相，富米在美国的支持下和文翁亲王带队攻打贡勒的政府军及巴特寮战斗部队，富马流亡到柬埔寨。1962 年，《关于老挝问题的日内瓦协议》签订后，以富马（中立）为首相、苏发努冯（左派）与富米（右派）为副首相的第二次联合政府成立。

此后，美国不仅支持右派发动军事政变，还于 1964 年对老挝解放区进行大规模轰炸，指使政府军进攻解放区，挑起老挝内战。1973 年 2 月，老挝各方签署了《关于在老挝恢复和平与民族和睦的协定》。1974 年 4 月，以富马为首相的第三次联合政府和以苏发努冯为主席的民族政治联合委员会成立。1975 年 5 月，老挝各地纷纷开展夺权斗争。同年 12 月 2 日，老挝爱国阵线在万象召开的老挝全国人民代表大会宣布废除君主制，成立老挝人民民主共和国，组成以苏发努冯为主席的最高人民议会和以凯山·丰威汉为总理的政府。

第三节　今日老挝

一、政治简介

1. 宪法

老挝人民民主共和国首部宪法从起草到实施历时 16 年，1991 年 8 月 14 日，老挝第二届最高人民议会（已于 1992 年 8 月更名为"老挝国会"）第六次会议审议通过了《老挝人民民主共和国宪法》，并于次日颁布实施。2003 年，老挝第 5 届国会第三次会议对 1991 年版的宪法进行了第一次修订。2015 年 12 月 8 日，老挝第七届国会召开第十次例行会议并对宪法进行第二次修订，修订后的宪法由 14 章 119 条组成①，并由时任老挝国家主席朱马里·赛雅颂于当月 15 日颁布实施。

老挝宪法规定，老挝人民民主共和国是人民民主国家，国家的一切权力属于人民。此外，宪法还规定了老挝的基本经济制度，公民的基本权利和义务，国会、行政机关及司法机关的组成及职权、语言文字、国徽、国旗、国歌等内容。

图 1 - 1　老挝国旗

图 1 - 2　老挝国徽

老挝的国旗由红白蓝三种颜色构成。旗面中部的蓝色矩形象征老挝美丽富饶的国土；正中间白色的圆月代表老挝人民在老挝人民革命党的领导下团结一致和国家光明的未来；蓝色矩形上下的红边寓意革命，代表老挝人民不惜一切捍卫国家尊严的决心。

老挝的国徽为圆形，正下方的红绸上用老挝语写着"老挝人民民主共和国"。由近及远，圆形中间的齿轮、农田、公路、森林和水电站分别代表老挝的工业、农业、交通运输业、林业及水电行业。公路尽头的塔銮图案是老挝文化的象征。在圆形的两侧装饰着金黄的稻穗，象征着丰收，稻穗上系着的红色飘带印有"和平、独立、民主、统一、繁荣"等字样。

2. 国家机构

（1）国会。老挝国会是老挝最高的权力机关，也是老挝的立法机关，其主要职权包括：制定、批准及修改宪法，审查、批准和废除其他法律并对宪法及法律的实施情况进行监督；审议和批准国家社会经济发展规划与国家财政预算并监督其执行情况；根据国会常委会的提议，选举和罢免国家主席、副主席；根据国家主席提议，任免总理；根据总理提议，审议和批准中央政府的组织机构；根据

---

① Manythone. Lawmakers debate amendments to constitution［EB/OL］. KPL, http://kpl. gov. la/En/Detail. aspx？id = 8772，2015 - 07 - 12.

国家主席的提议选举或罢免最高人民法院院长和最高人民检察院检察长；决定设立或撤销部和相当于部的国家机构、省和市；决定各省、市的管辖范围；决定特赦及战争与和平问题；审议和批准税收相关问题；依法批准和废除同外国缔结的条约和协定等。

老挝国会每届任期 5 年，每年召开两次会议（称为例会），在两次例会期间可召开特别会议，但需由国会常委会决定或者获得 2/3 以上的议员提议。在完成新一届国会议员的选举后，60 天内需要召开国会首次会议，选举新一届国会主席、副主席、常委会；选举国家主席、副主席；根据国家主席的提议任命政府总理并选举最高人民法院院长和最高人民检察院检察长；根据政府总理的提议，审议、批准中央政府的组织机构和成员构成议案。目前，老挝国会下设法律委员会，经济、技术和环境委员会，计划、财政和审计委员会，文化与社会事务委员会，民族事务委员会，国防与安全委员会，司法委员会，外事委员会和秘书处 8 个专门委员会协助国会及国会常委会开展各项工作。

老挝的国会议员由各选区选举产生。2016 年 3 月 20 日，老挝 18 个选区大约 375 万合法选民参加了第八届国会议员的选举①，选举出 149 名国会议员，其中女性议员 41 名，占总席位的 27%。此外，2016 年起，老挝还增设了省/市人民议会，并通过选举产生了 360 名省/市人民议会的议员。在 2016 年 4 月 20 日召开的老挝第八届国会第一次会议上，巴妮·亚陶都再次当选国会主席。此后，各省/市级人民议会也各自召开会议选举出本省/市人民议会主席、省长、副省长、市长、副市长、省/市政府办公厅主任、省/市人民法院院长及人民检察院检察长等官员，并批准各省/市的行政架构。

（2）国家元首。根据老挝宪法，老挝的国家元首是国家主席，代表老挝国内各族人民。老挝国家主席由国会根据国会常委会的提议选举产生，任期 5 年。老挝 2015 版的新宪法规定，国家主席连续任职不得超过两届。老挝第八届国会第一次会议选举本扬·沃拉吉（Bounnhang Vorachit）为国家主席，潘坎·维帕万（Phankham Viphavanh）为国家副主席。

（3）行政机构。老挝人民民主共和国中央政府是其最高的国家行政机关，由国会批准成立，向国会和国家主席负责。本届政府于 2016 年 4 月在第八届国会第一次会议上产生，下设 18 个部和 3 个直属机构（国家主席府办公室、总理府办公室以及老挝银行）。新政府对人员编制进行了精减，设总理 1 名、副总理 3 名②，其中 1 名副总理兼任财政部长。总理府办公厅部长由 6 名减至 5 名，其

---

① 李莎：老挝举行第八届国会选举［EB/OL］. 新华社，http：//news. xinhuanet. com/2016 - 03/20/c_ 1118384951. htm，2016 - 03 - 20.

② 上届政府设 4 名副总理。

中 1 名兼任办公厅主任。本届政府的主要成员包括：总理通伦·西苏里（Thongloun Sisulith），副总理兼政府监察署署长与反贪局局长本通·吉玛尼（Bounthong Chitmany），副总理宋赛·西潘敦（Sonexay Siphandone），副总理兼财政部长宋迪·隆迪（Somdy Douangdy）。

除中央政府外，老挝还设有省、县、村三级地方政府作为国家行政管理机关。地方政府根据老挝中央政府的授权对辖区的土地、自然资源、居民进行管理并带领当地人民开展建设、发展地方经济。

（4）司法机关。老挝的司法机构由人民法院和人民检察院组成。其中人民法院是国家的审判机关，包括最高人民法院，省、直辖市人民法院、县人民法院和军事法院等。其中，最高人民法院是老挝最高的司法权力机关。坎潘·西提丹帕（Khamphanh Sitthidampha）于 2016 年 4 月连任最高人民法院院长。人民检察院是老挝的法律监督机关，其组织体系包括最高人民检察院，省、直辖市人民检察院，县人民检察院和军事检察院。老挝现任最高人民检察院检察长由坎山·苏冯（Khamsane Souvong）于 2016 年 4 月连任。

3. 政党与团体

老挝人民革命党（The Lao People's Revolutionary Party）是老挝唯一的政党和执政党。老挝人民革命党原名为"老挝人民党"，曾是印度支那共产党的一个支部。老挝人民党于 1955 年 3 月 22 日在桑怒正式成立，并在 1972 年召开的"二大"更名为"老挝人民革命党"。老挝人民革命党建立之初大约只有 400 名党员，经过 60 多年的发展，其队伍也在不断壮大，目前老挝全国大约有 20 多万党员。2016 年 1 月 18~22 日，老挝人民革命党在老挝首都万象召开了第十次全国代表大会。"十大"选举产生了由 71 名中央委员组成的老挝人民革命党第十届中央委员会。本扬·沃拉吉（Bounnhang Vorachit）任老挝人民革命党中央总书记。

成立于 1956 年的老挝建国阵线（Lao Front for National Construction）是老挝人民革命党领导下的民族统一战线组织。赛松潘·丰威汉在 2016 年 6 月初举行的 LFNC 第十次全国代表大会上当选建国阵线的新一届主席。

老挝除人民革命党外没有其他的政党或政治派别，但在人民革命党的领导下先后成立了老挝人民革命青年团（1955 年）、老挝工会联合会（1956 年）和老挝妇女联合会（1962 年）等群众团体。

二、经济概述

1. 经济发展历程

历史上，老挝经济的发展不仅长期受到封建制度的束缚，而且西方殖民者的侵略以及美国在越南战争时期投下的 200 多万吨炸弹，使老挝经济发展受到严重阻碍。老挝人民民主共和国成立后逐步踏上社会主义发展道路。参考张传鹤（2006）的研究，本书将老挝人民革命党建国后对经济发展的探索实践分为三大阶段①。

（1）恢复期（1975年12月至1979年10月）。建国初期，老挝人民革命党迫切希望领导老挝走向社会主义，在农业生产中开展合作化、对工业进行国有化改造、对商业则采取统购统销的政策。由于脱离老挝经济文化落后的国情，上述政策措施的实施并没有促进其社会经济的恢复，反而打击了农民、企业主及商人的积极性，导致农户抵制、工厂开工不足或关闭、商人出逃、商品短缺和市场萧条等负面后果。

（2）调整期（1979年11月至1986年10月）。1979年11月，老挝人民革命党时任总书记凯山·丰威汉在该党二届七中全会上承认恢复期的政策违背了客观规律，要求党内经济管理干部根据老挝国情来发展经济。自此，老挝开启了经济调整的序幕。同年12月，"老挝政府发布《关于管理政策的命令》宣布废止'国家垄断贸易'和'禁止私商进口、收购和贩卖商品'等政策"②，允许建立自由的农产品及手工艺品交易市场。此后，逐步取消各地之间的税收壁垒、价格双轨制以及阻碍商品流通的中间环节和各种关卡。除了提高国家对粮食、禽畜及其他农副产品的收购价外，老挝人民革命党在1980～1984年先后废止了不利于农业发展的条例或规定，并于1984年后，"逐步解散了国营农场，将土地和其他生产资料分给各个家庭"③。老挝人民革命党三届六中全会（1984年8月）后，老挝党和政府将生产经营权下放给企业并逐步试行"企业核算、自负盈亏"的政策。同年10月，老挝政府提出"要提高私营企业地位"并允许企业直接同外商交易。1985年，在凯山·丰威汉的提议下，老挝政府对部分农业社实施了承包制试点。

经过这一时期的调整，老挝经济有所好转，基本实现了粮食的自给自足④。虽然该时期老挝社会经济发展并未获得实质性突破，但老挝人民革命党关于经济发展的探索为后来革新开放政策的制定奠定了基础。

（3）革新开放时期（1986年11月至今）。以老挝人民革命党召开的"四大"（1986年11月）为标志，老挝党和政府带领老挝人民进行了全面的革新开放。

---

① 张传鹤. 老挝人民革命党对老挝经济发展道路的探索［A］. 中国科学社会主义学会当代世界社会主义专业委员会年会暨"新世纪初的世界社会主义理论与实践"学术研讨会文集［C］. 中国科学社会主义学会当代世界社会主义专业委员会，2006，7：218－224.
②③ 马树洪，方芸. 列国志：老挝［M］. 北京：社会科学文献出版社，2004：148.
④ 丁广举. 老挝的经济改革和发展［J］. 世界经济，1996（9）：61.

针对农业领域的改革主要包括：推行家庭承包制并在此基础上逐步进行土地私有化。老挝政府于 1990 年向农户发放土地证，农民享有土地经营、转让、继承及出售的权利①。此后，老挝政府还提出将家庭作为由自然经济转变成商品经济的基础，并采取了相应措施来促进农村经济的发展。

在工商业领域的改革有：提出了深化国营企业的改革，企业上缴 20% 的产值后，可自行组织生产经营并确定产品的分配与积累。在四届五中全会提出，减少国家机构对企业的干预并取消指令性的管理方式。1990 年 3 月，老挝开始对国营企业进行私营化改革（也称为"转变所有权改革"）。随着改革的深入，到 1997 年，除战略性行业外的多数国营企业都完成了私营化②。

老挝政府不仅通过改革推动国内经济的发展，还积极开展"经济外交"。通过发展对外关系，老挝获得了大量的援助及外国贷款。2006～2010 年，老挝获得的外国援助约 24.2 亿美元。外援主要用于完善公路、桥梁、水利水电等基础设施。另外，老挝通过制定《外国投资法》《投资促进法》等法律，建设经济特区与经济专区等措施，完善其国内的投资环境，促进外商投资。目前，老挝全国共有 4 个经济特区和 8 个经济专区③。

总之，经过多年的革新发展，老挝经济建设取得了较大进步。2016 年，老挝经济增速达到 7.02%，人均 GDP 提高至 2408 美元。

2. 经济发展现状

（1）总体经济情况。老挝目前仍属于世界上最不发达国家之列，工业基础薄弱，以农业生产为主，农业人口高达 85%④。老挝的服务业起步较晚，但老挝政府一直非常重视旅游业的发展，旅游业是除电力和矿产行业外又一重要的创收来源。据老挝新闻文化与旅游部的统计数据，2015 年老挝实现旅游收入 7.25 亿美元。报告还显示，矿产业收入为 12.92 亿美元，位居第一，其他产业的收入超过 9.17 亿美元，位居第二。而电力行业和农产品的收入分别以 4.95 亿美元和 3.19 亿美元，排名第四和第五⑤。

---

① 马树洪，方芸. 列国志：老挝［M］. 北京：社会科学文献出版社，2004：148.

② 张传鹤. 老挝人民革命党对老挝经济发展道路的探索［A］. 中国科学社会主义学会当代世界社会主义专业委员会年会暨"新世纪初的世界社会主义理论与实践"学术研讨会文集［C］. 中国科学社会主义学会当代世界社会主义专业委员会，2006，7：222.

③ Somsack Pongkhao：Investment grows at SEZs［EB/OL］. 万象时报，http：//www. vientianetimes. org. la/FreeContent/FreeConten_ Investment_ 218. htm，2016 - 09 - 19.

④ 杨艺华. 老挝学员"取经"海南农村金融 30 余名政府官员和银行高管接受农业与小额信贷培训［EB/OL］. 新华社，http：//news. xinhuanet. com/local/2016 - 11/21/c_ 129371782. htm，2016 - 11 - 21.

⑤ Thai nationals remain top of the list of tourist arrivals［EB/OL］. The Nation，http：//www. nationmultimedia. com/business/Thai - nationals - remain - top - of - the - list - of - tourist - a - 30285782. html，2016 - 05 - 12.

（2）基础设施建设。虽然经过多年的发展，但老挝的基础设施仍然非常落后。由于地处内陆，其交通运输主要依靠公路、内河航运和航空。

公路运输对促进老挝的经济发展具有重要作用，老挝全国公路总长达 51597 公里，其中包括 310 公里的水泥路，9086 公里的沥青路，19361 公里的碎石路以及 22838 公里的泥土路①。通过不断对路网建设与完善，老挝正朝着建成"陆联国"的目标迈进。目前，老挝已建成五座湄公河跨国大桥（其中四座与泰国连接、一座与缅甸连接），而第五座老泰友谊大桥的建设正在协商中。此外，老挝与周围邻国的陆上国际口岸已达 23 个。

内河航运是老挝重要的交通运输方式之一。老挝全年可通航的河道约为 2200 公里，另有 1500 公里的支流河道可供小型船只通行。湄公河"一江连六国"的独特地理优势，不仅连通了老挝上、中、下寮三大区域，同时也是老挝连接中、缅、泰、柬、越五国的重要水上交通航线。但是老挝的内河航线基本是天然河道，影响了其通航能力的发挥。

相比其他运输方式，老挝的航空运输较为发达，已建有瓦岱、琅勃拉邦、沙湾拿吉、巴色和阿速坡②5 个国际机场。此外，乌多姆赛、波乔、华潘和川圹等省建有国内机场。近年来，老挝不断地开放国内的航空市场，推进区域互联互通建设，先后与日本和澳大利亚签署了双边航空服务协议。另外，随着老挝加入开放领空协议，即东盟单一航空市场（ASEAN—SAM），老挝将在互联互通的建设中迎来更大的发展机遇。目前，老挝和我国的昆明、广州、南宁、海口、景洪、成都及常州等地已开通直航航线。

老挝的铁路运输非常落后，目前只有一条连接万象和老泰边境的铁路。中老铁路是老挝史上最大的基础设施项目，建成后不仅能大大降低货物跨国运输的时间和成本，还将有利于促进老挝的投资及旅游业的发展。另外，老挝拟建的铁路还有老挝万象至越南河静省永昂港的铁路项目，以及老挝沙湾拿吉省至越南老宝的铁路项目。

（3）金融体系。虽然老挝的金融体系建设较为落后，但近几年也获得了一些发展。下面将对老挝的银行业、证券业和保险业进行简单介绍。

可以说银行是老挝目前最重要的金融机构，相比其他金融机构，老挝的银行业发展更完善。老挝现行的银行体系由中央银行、国有商业银行、合资银行、私营银行以及外资银行分支机构组成。老挝银行（BOL）是老挝的中央银行，负责金融管理工作。截至 2016 年第 2 季度末，老挝全国共有 42 家银行，其中包括 3

---

① 陈定辉．老挝：2015 年回顾与 2016 年展望［J］．东南亚纵横，2016，1：12 – 18.

② 该机场由越南援建，于 2015 年 5 月 30 日正式启用，但由于客流不足，已暂时停用。

个国有商业银行、1 个政策性银行①，以及 3 家合资国有商业银行。老挝的银行放贷条件严苛且利息率较高，例如，2016 年第二季度一年期老挝基普贷款利率高达 5.09% ~ 14%。

老挝证券市场是世界上规模最小的资本市场之一。老挝第六届国会通过的"六五规划（2006~2010）"中明确提出，要在 2010 年底建立老挝证券交易所（LSX）。2010 年 10 月 10 日，老挝中央银行（持股 51%）与韩国证券交易所（持股 41%）共同出资成立了老挝证券交易所。交易所于 2011 年 1 月 11 日正式开盘，当时只有老挝外贸银行（BCEL）和老挝国家电力公司（EDL—Gen）两家上市公司。目前在老挝证券交易所上市的公司数量已达 5 家。

老挝的保险业发展较为滞后。老挝于 1990 年颁布了《老挝保险法》，之后又于 1992 年颁布了《保险法实施细则》。现行的保险法是 2012 年修订后的版本。截至 2013 年老挝保险市场上共有 6 家保险公司。根据新《保险法》的相关规定，老挝的保险监管机构为财政部，但截至 2015 年 1 月，财政部仍未完成相关部门的设置②。另外，在东盟各国保险协会组成的东盟保险理事会中，还未有老挝的保险协会加入。

总的来说，老挝的经济发展取得较大进步的同时也面临着诸多挑战。首先，采矿业的无序发展不仅危及资源的可持续开发且对环境造成较大破坏，因此老挝政府不得不出台一些限制并规范矿产行业发展的措施。加上受到国际矿产品价格下跌的影响，老挝矿产的出口额也有所下降。其次，老挝非法伐木活动猖獗，加剧了森林资源的消耗。虽然从统计年鉴的数据看，林产品占 GDP 的比重有所降低，但保护森林的工作仍任重而道远。老挝政府于 2016 年 5 月颁布并实施了关于木材及林产品的出口禁令，此举有利于保护国内的森林资源，但也使得老挝与邻国的贸易额出现下降。最后，税收流失、严重的债务问题和腐败问题也对老挝政府的治理能力提出了考验。据《万象时报》2016 年 9 月的一篇报道，过去 5 年，老挝查处了 734 件腐败案件，这些案件造成的国家损失超过了 48070 亿基普。

三、社会现状

1. 行政区划与人口

依地势大致可将老挝划分为上寮、中寮和下寮三个区域。上寮地势最高，即

---

① 3 个国有商业银行分别是：老挝外贸银行（BCEL）、老挝发展银行（LDB）及农业促进银行（APB），政策性银行是老挝政策银行（NNB）。

② 戴树人. 老挝：保险市场处在底层水平［EB/OL］. 中国保险报，http：//xw. sinoins. com/2016 - 01/07/content_ 180937. htm，2016 - 01 - 07.

老挝的北部地区，由川圹与沙耶武里省及其以北的省份构成；从川圹和沙耶武里往南至甘蒙省（含）是老挝的中部地区，称为中寮；沙湾拿吉省及其以南的地区称为下寮①。

从行政区划的角度看，老挝设立了省、市（省级）、县和村等各级行政机构。现行的行政区划包括 17 个省和 1 个直辖市，下辖 148 个县 8500 个村②。其中，位于中部的赛宋本省是老挝最年轻的一个省份。1994 年老挝政府从万象省和川圹省划出部分县份并成立了赛宋本行政特区，但又于 2006 年撤销了该特区，特区所辖县份复归万象和川圹两省。2013 年 12 月 13 日老挝建立了现在的赛宋本省③。

图 1-3 老挝行政区划简图

① 郝勇，黄勇，覃海伦. 老挝概论［M］. 广州：世界图书出版社广东有限公司，2012：27-32.

② 数据来源：老挝统计局网站英文版［EB/OL］. http://www.lsb.gov.la/en/index.php，2016-09-15.

③ Xaysombounoverview［EB/OL］. tourismlaos，http://www.tourismlaos.org/show_province.php? Cont_ID=919，2016-09-15.

过去 10 年中，老挝的人口增长速度较为缓慢，人口年均增长率仅为 1.45%。2015 年 3 月的第四次人口普查结果显示，老挝全国人口约为 649.24 万人，其中女性约为 323.76 万人，男性为 325.48 万人。全国平均人口密度为 27 人/平方公里，较此前的 23 人/平方公里略有所增加，但在东盟各国中仍处于较低水平。

老挝人口分布不均，首都万象人口密度高达 209 人/平方公里，而赛宋本（中部的山区省份）和丰沙里省的人口密度大约只有 10 人/平方公里。人口主要集中在首都万象市、古都琅勃拉邦、沙湾拿吉、沙拉湾、占巴塞等省份，中南部地区的人口密度总体上高于北部山区的人口密度。

表 1-3 老挝各省/市人口分布（2015 年）

	省/市	面积（平方公里）	人口数量（人）	人口密度（人/平方公里）
上寮	丰沙里	16270	178000	11
	琅南塔	9325	175700	19
	波乔	6196	179300	29
	乌多姆赛	15370	307600	20
	琅勃拉邦	16875	431900	26
	华潘省	16500	289400	18
	川圹	14751	244700	17
	沙耶武里	16389	396331	24
中寮	万象省	15927	419100	27
	赛宋本	8300	81800	10
	万象市	3920	820900	209
	波里坎赛	14863	273700	18
	甘蒙	16351	392100	24
下寮	沙湾拿吉	21774	969700	45
	沙拉湾	10691	397000	37
	色贡	7665	113200	15
	占巴塞	15415	694000	45
	阿速坡	10320	139600	14

资料来源：主要根据老挝统计局公布的资料整理①。

---

① 老挝统计局网站英文版 [EB/OL]．http：//www. lsb. gov. la/en/index. php, 2016-09-15.

2. 民族、语言及宗教

老挝是一个多民族国家，共有49个少数民族①，统称为老挝族。其中，老龙族、老松族、老听族是老族人口的三大族群。各民族都有各自的方言，从语言上，这49个民族又分属四大族系，即老泰（Lao‑Tai）语族系、孟—高棉（Mon‑Kamea）语族系、苗—瑶（Hmong‑Eiwmien）语族系和汉—藏（Chinese‑Tibet）语族系。老挝语是老挝的官方语言，除受到巴利语和梵语的影响外，老挝语还是一种基于方言的孤立型语言。老挝文字则是从巴利文字演化而来的。

老挝人最早信奉泛灵论，此后逐渐受印度文化的影响。公元8世纪或9世纪，婆罗门教传入老挝，14世纪初，婆罗门教衰落并被小乘佛教取代。如今，90%的老挝人信奉小乘佛教，可以说佛教已成为老挝人日常生活的一部分并且对老挝社会的进程具有重大影响。

3. 重要节日及国花

根据节日的性质，可以将老挝的节日简单地划分成政治节日和传统民间节日。老挝的政治节日包括：独立节（10月12日）、国庆节（12月2日）、建党节

图 1－4　老挝的民族②

---

① 根据老挝人民革命党1965～1971年的调查，老挝有68个民族，但2008年11月，老挝第6届国会审议了老挝民族调查报告后确定，老挝所有民族统称为老挝族，由49个民族组成。参见郝勇，黄勇，覃海伦. 老挝概论［M］. 广州：世界图书出版社广东有限公司，2012：64－65.

② 老挝驻美国大使馆［EB/OL］. http：//www. laoembassy. com/E‑InformationBook. pdf，2016－09－03.

（3月22日）和建军节（1月20日）。在老挝，佛历的每个月都有重要的传统节会，如佛历五月的泼水节（又称为"宋干节"）是老挝的佛历新年，佛历六月的高升节，佛历八月的入夏节，佛历十一月的出夏节以及佛历十二月的塔銮节等。关于老挝的民俗及节庆在本书的第七章会有更为详细的介绍。

谈到老挝的节日，不得不提老挝的国花——鸡蛋花。鸡蛋花是佛教中的"五树六花"之一，作为东南亚地区的佛教国家，老挝全国各地都种有鸡蛋花，而寺庙区则更为常见。鸡蛋花清香优雅，有红、黄、粉等多种颜色，花期长且不易凋谢。对于老挝人而言，鸡蛋花象征生活中的真诚与快乐。因此，鸡蛋花成为各种节庆仪式上的主要装饰之一，也常被做成花环来欢迎客人。

4. 教育事业

1893年以前，老挝教育的主体是佛寺教育。尽管从20世纪20年代起，老挝的一些有识之士为争取教育机会做过不懈努力，直至1954年，老挝全国只有1所中学、5所小学，文盲率高达95%[1]。老挝人民民主共和国成立后，尤其是1986年老挝政府实施革新开放以来，老挝的教育事业取得了巨大成就。截至2014年底，老挝全国共有托儿所、幼儿园2125所，学生159491人，幼师8893人；小学8884所、中学1586所，配备了小学教师36938人和中学教师32746人；高等院校5所，学生77284人，教师8422人；此外，还有47所中级职业教育学校和1所初级职业教育学校[2]。

5. 常见灾害

洪灾是老挝最常见的自然灾害之一，通常是由热带风暴过境时带来的强降雨造成的，同时持续的强降雨还可能引发山体滑坡。例如，2011年的热带风暴海马与洛坦席卷老挝，导致12省50多万人受灾、30人遇难。2013年的自然灾害造成的经济损失预计超过1万亿基普，当年的洪水和山体滑坡造成29人死亡、35万人受到不同程度的影响。2014年的极端天气造成3人死亡，且对农业、房屋、学校、公路及其他基础设施造成了巨大破坏。

干旱是对老挝影响较大的又一自然灾害。老挝在旱季时降雨明显减少，河流水位降低，特别是在极端干旱的天气下，农作物的生产将遭受巨大损失。

蝗灾是近几年老挝农业生产面临的新困扰。2014年老挝在琅勃拉邦省首次发现黄脊蝗虫，之后蝗灾向丰沙里和华潘省扩散。2015年，琅勃拉邦、丰沙里和华潘省140个农业区受灾，6000多公顷玉米地以及大量旱稻遭到破坏。

---

① 郝勇，黄勇，覃海伦. 老挝概论［M］. 广州：世界图书出版社广东有限公司，2012：168.

② Year Book 2014［EB/OL］. 老挝：老挝统计局，http://www.lsb.gov.la/en/Education14.php，2016 – 09 – 03.

6. "战争遗产"

越南战争期间,美国秘密派遣轰炸机向老挝投下了 200 万吨以上的炸弹,其中大约 8000 万枚子炸弹未被引爆。如今距越战结束已有 40 余载,战争的阴霾却还未完全消散。这些未爆炸弹不仅导致原本可用于工农业生产和旅游开发的大片土地处于荒废状态,阻碍了老挝经济社会的发展,还对周围居民的生命安全构成了巨大威胁。根据老挝国家未爆炸弹/地雷行动管理署 2011～2015 年的报告,老挝已和国际组织合作清除了 29701 公顷土地上残留的未爆炸弹。然而,这只是冰山一角,老挝国土面积的 37%(约 87000 平方公里)都有美国留下的"遗产"。每年至少有 50 名无辜的老挝人民因这些未爆炸弹致残或身亡。大多数与未爆炸弹有关的事故发生在沙湾拿吉、沙拉弯和川圹三省。

第二章　2015～2016 年老挝政治

第一节　老挝自独立以来的政治概述

一、执政党发展历程

老挝人民革命党起源于 1930 年建立的印度支那共产党（原越南共产党根据共产国际的指示改名为"印度支那共产党"），印度支那共产党于 1934 年成立老挝地方委员会，1955 年，根据印度支那共产党第二次代表大会决议，越南、老挝、柬埔寨分别建立自己的党，各自领导本国革命，印度支那共产党老挝籍党员 25 人召开大会，于同年 3 月 22 日成立老挝人民党，凯山·丰威汉任中央委员会总书记。

1972 年该党二大会议上，改称老挝人民革命党。1975 年 10 月，老挝人民革命党和平夺取政权，国家建设向社会主义过渡。但直到冷战前，老挝政党一直受到越南的特殊关照，各种政策及外交倾向都偏向于越南。当时越南谋求建立"印度支那联邦"，于 1977 年与老挝签订了《老挝越南友好合作条约》作为巩固这种特殊关系的基础，该条约签订后越南向老挝增派了军队、顾问和专家，以便于在实质上控制老挝。这种状况在冷战结束后稍有转变，"冷战"后越南失去了苏联的保护，老挝与越南之间虽并未结束这种契约型特殊关系，但有所削弱。冷战后，尤其是 20 世纪 80 年代中后期，老挝人民革命党对社会主义道路进行新探索。

1991 年 5 月该党召开五大，确定"有原则的全面革新路线"，决定对外实行开放政策。五大开始老挝人民革命党开始逐步实现高层领导新老交替，并对党中央领导机构和高层领导成员进行了重大调整。1992 年以坎代·西潘敦为首的第二代领导人开始执政老挝，坎代·西潘敦时代是老挝人革党决意实行全面革新开放的时期，国内经济有了较大起色。

自老挝 1986 年实行革新开放至今，老挝人民革命党在马列主义实践的基础上创立了凯山·丰威汉思想，并逐步成为老挝人民革命党的核心思想。老挝人民革命党原本追随的是越南共产党，自 1997 年老挝加入东南亚国家联盟后，随着越南经济的衰弱以及国际形势发生的巨大变化，老挝人民革命党也随同东盟大部分国家一样，开始奉行"大国平衡战略"。

2001 年，老挝人民革命党核心领导层进行了一次较大变更，此次变更奠定了老挝第三代领导人基础。2006 年以朱马里·赛雅颂为首的老挝第三代领导人开始执政，在这期间，老挝国家宪法对领导人执政时间有了具体规定，最多任期 2 届。在这一时期，老挝人民革命党的执政理念与执政计划开始体现出东盟的影响。自 2006～2015 年这一时期，老挝人民革命党的执政目标主要体现在两大块：一是减少贫困，摆脱世界最不发达国家地位；二是引进投资实现经济持续增长，努力达到东盟经济一体化的标准。

2016 年老挝人民革命党十大召开，79 岁的本扬·沃拉吉接替 80 岁的朱马里·赛雅颂成为新一任国家领导人。十大制定的发展战略和奋斗目标与九大思想具有一定的承接性和连续性，预计短期内老挝执政的大政方针不会出现剧变。

二、老挝国内政治架构

老挝的政体是人民议会制，1975 年 12 月 2 日，老挝全国第二次代表大会上确立了中央最高权力机构由国家主席、最高人民议会（1992 年 12 月 20 日改称为"国会"）和人民民主共和国政府组成。其中，国会是老挝国家最高权力机构和立法机构，负责制定国家宪法、法律、国家社会经济发展规划、国家财政预算活动，并对国家各级行政机关进行监督。国会在老挝执政党——人民革命党领导下开展立法活动。党组是老挝人民革命党领导国会的有效组织形式。老挝人民革命党内组织机构呈金字塔形，由中央、省级、县级和基层四个组织层次构成。中央组织是老挝人革党的核心，省级县级等地方组织负责中央与基层之间的上传下达。据 2013 年年底统计显示：老挝人民革命党全党各级组织有 16318 个，其中基层党支部 14408 个，党员人数 199013 人，约占总人口的 3% 左右。

1. 政治局集体领导制

老挝是一党专政的国家，老挝人民革命党是其国内唯一合法的党派，其政党核心领导层掌握了最高国家权力。老挝人民革命党的最高领导机构为党中央委员会，设立党总书记，核心领导层是中央政治局，一般为 11 名成员，老挝人民革革党的领导体制为党总书记领导下的政治局集体负责制。

老挝的历代领导人在任期间，都未曾形成个人领导权威体制。历史上老挝人民革命党推行的"凯山崇拜"是自1992年凯山·丰威汉去世之后的时间，主要是为了弥补当时苏联解体造成的共产主义瓦解和信仰危机。但是这次政治领袖个人崇拜的推行并不成功，而且推行时还结合了佛教仪式，意在与东南亚国家的先祖崇拜等礼仪融合。此后的几代领导人在国际媒体和舆论中均未出现过大篇幅的领导人履历研究和个人政绩分析。而朱马里在任期间，更是在宪法里明确规定了国家主席的任期和连任次数，对各级领导干部的任职期限也做出了明确规定。2006年，老挝党八大通过决议，明确规定正部级以上干部任职不得超过两届，每届5年；八届九中全会增加了年龄上限是65岁的规定，如果还未任满两届就已经达到了65岁，中央要评估，工作表现突出的，可以延长到任期结束时退休；工作表现一般的，到龄当年退休。

2. 单一中央集权制度下的弱政府

老挝虽然是一党专制的国家，但其政党并非是由国内革命力量发展壮大形成的政党，老挝人民革命党自身力量不大。老挝革命其实在很大程度上是越南军队打下来的，老挝人民革命党只是一种军事胜利。据说1975年掌权时党员也不过千余人，而且几乎都在军中，地方上近乎空白。如今虽说已有党员队伍有所扩大，但是这些党员绝大多数都是在放弃"阶级斗争"政策后入党的，思想不是很激进。老挝历史上也没有发生过什么残酷内斗或血腥清洗，虽然也曾有过排挤苏发努冯亲王之类的政治斗争现象，但也仅仅只是"站队"靠向哪边的问题。

老挝国内政府对整个公民社会处于一种"弱控制"状态，在很多方面对社会的控制不强。比如，外资公司办理购地和安置事宜，不能依靠老挝政府解决征地拆迁，必须由公司亲自与当地百姓打交道。而在老挝大部分乡村，村中事宜由当地长老定夺，长老并不清楚也不配合国家需求，仅仅考虑本地人的利益，并不完全听从政府安排。传统老挝乡村都有个长老会，由各家族德高望重的长者组成，负责筹资维修本村寺庙和其他村中公共事务。因此，老挝政府贯彻国家政策，需派驻政府代表，而这种政府代表往往也是听从村落长老会的指派，因此实际上仍然要听从长老的意见。

3. 政治团体

老挝建国阵线（历史上曾称为"老挝爱国战线"，1979年2月改名为老挝建国阵线），是老挝建国后唯一保留的政治团体。这主要是由于老挝人民革命党在夺取政权之前，长期处于类似地下党性质的秘密状态，因此其人民革命党在当时主要通过老挝爱国战线这个全国性的统战组织来实现其领导。1975年之前老挝国内的党派较多，但是老挝人民民主共和国建立后，对这些政党或政治组织进行改组或解散。

目前老挝建国阵线的性质定义为：老挝人民革命党领导下的民族统一战线组织，是老挝各级政治机构、社会机构和各阶层及团体的人民群众以及海外老挝人自愿基础上组建的政治机构。老挝建国阵线是以老挝人民革命党为核心的政治体制的重要组成部分之一，是人民民主政治的重要基础。主要履行的权利义务如下：团结国内外各族人民，提议职权范围内法律和政令的起草，宣传教育各族人民对国家方针政策的拥护和执行，向国会反映意见和建议，对国家行政机构实行监督，维护统战联盟、全国人民的正当利益。

实际上，在当前老挝政治社会中，除执政党外，完全不存在其他政党以及持不同政见的政治团体，其国内唯一存在的政治团体——老挝建国阵线仍然是在老挝人民革命党领导下的。因此，老挝国内整体政治环境单一、政治局势十分稳定。

三、1975～2015年历届政党核心成员

1. 凯山·丰威汉时期（1975～1991年）

1982年三大召开后，老挝中央政治局委员仍沿袭一大、二大的领导班子，增补沙曼·维亚吉、麦占丹·森玛尼为中央书记处书记。

1986年四大召开，老挝同期开始改革开放，因苏发努冯亲王身体状况不佳，富米·冯维希任代国家主席、建国战线主席，西宋喷·洛万赛任代理最高人民议会主席，而之前增补的4位中央书记处书记进入政治局，使政治局委员达到11人，乌东·卡蒂雅、朱马里·赛雅颂成为政治局候补委员，增补宋拉·占塔玛为中央书记处书记。

表2-1 1975～1995年老挝党中央核心成员

第三次党代会 （1982年 4月）	中心政治局委员（7人）： 凯山·丰威汉（1955～1991年任人民革命党总书记） 诺哈·冯沙万（1975～1988年任政府副总理兼财政部部长） 苏发努冯（1975～1991年任国家主席、最高人民议会主席、建国阵线主席） 富米·冯维希（1986年10月31日～1991年8月15日代国家主席） 坎代·西潘敦（1975年任副总理兼国防部部长和人民军总司令） 奔·西巴色（副总理兼外交部部长） 西宋喷·洛万赛（最高人民议会副主席） 中央书记处书记（9人）：凯山·丰威汉、诺哈·冯沙万、坎代·西潘敦、奔·西巴色、西宋喷·洛万赛、沙利·翁坎绍、西沙瓦·乔森潘、沙曼·维亚吉、麦占丹·森玛尼

续表

第五次党代会 （1991 年 3 月）	中央政治局委员（11 人）： 凯山·丰威汉（1991～1992 年任党中央委员会主席、国家主席，1992 年 11 月任内逝世） 诺哈·冯沙万（1989～1991 年任最高人民议会主席，1992～1998 年任国家主席） 坎代·西潘敦（1991 年 8 月任政府总理，1992 年 11 月当选党中央主席） 奔·西巴色（副总理，1994 年去世） 麦占丹·森玛尼 沙曼·维亚吉（1993～2005 年老挝国会主席） 乌东·卡蒂雅（中央组织部长） 朱马里·赛雅颂（国防部第一副部长） 宋拉·占塔玛（中央宣传委员会主任，1993 年去世） 坎培·乔巴拉帕（副总理兼沙拉湾省委书记） 通邢·塔马冯（最高人民议会副主席）

1991 年 3 月 27～29 日召开的党第五次全国代表大会，开始逐步实现党的高层领导的新老交替，对党中央领导机构和高层领导成员进行了重大调整，取消了党中央总书记和书记处，设中央政治局、执行委员会和顾问委员会。五大召开后形成的新政治局中，原政治局委员 11 人有 5 人落选。新当选的有 5 人即：乌东·卡蒂雅（中央组织部长）、朱马里·赛雅颂（国防部第一副部长）、宋拉·占塔玛（中央宣传委员会主任）、坎培·乔巴拉帕（副总理兼沙拉湾省委书记）和通邢·塔马冯（最高人民议会副主席）。

2. 坎代·西潘敦时期（1992～2006 年）

老挝人民革命党第五届中央委员会的组成人员年龄超过 60 岁的占 22%，因身体原因卸任的党政核心领导成员较多。苏发努冯亲王在 1991 年五大召开时退出中央政治局，1992 年凯山·丰威汉去世，坎代·西潘敦接任老挝人民革命党主席，诺哈·冯沙万接任国家主席，沙曼·维亚吉接任国会主席。

1996 年 3 月老挝党第六次全国代表大会上，中央政治局由 9 人组成（上届为 11 人），其中有 5 人连任，占政治局委员总数的 56%。坎代连任党中央主席，诺哈·冯沙万和麦占丹·森玛尼年龄超过 80 岁退出政治局，德高望重的元老诺哈改任党中央顾问，体现了老挝党"确保稳定与安宁"的思想。支持改革的副总理坎培·乔布拉帕和财政部长坎赛·苏发努冯退出中央委员会，后坎赛·苏发努冯逃离老挝，增补中央宣传部长奥沙甘·坦马铁瓦、万象市委书记本扬·沃拉吉、农林部长西沙瓦·乔森潘、公安部长阿桑·劳里为政治局委员。1998 年诺哈·冯沙万不再担任国家主席，坎代·西潘敦任国家主席，国家副主席西沙瓦·乔森潘任总理，乌东·卡蒂雅任国家副主席，朱马里·赛雅颂任副总理兼国防部长，本扬·沃拉吉任副总理兼财政部长。

2001 年七大，增补国防部副部长隆再·披吉、通伦·西苏里、中央办公厅主任波松·布帕万为政治局委员，坎代·西潘敦任老挝党中央主席和国家主席，沙曼·维亚吉任国会主席，中央组织部长通邢·塔马冯任万象市委书记，本扬·沃拉吉任总理，朱马里·赛雅颂任国家副主席，西沙瓦·乔森潘任建国战线主席。

表 2-2　1996~2005 年老挝党中央核心成员

第六次党代会 （1996 年 2 月）	中心政治局委员（9 人）： 坎代·西潘敦（党中央主席，1998 年接任国家主席） 沙曼·维亚吉（1993~2005 年国会主席） 朱马里·赛雅颂（1991 年任国防部长，1998 年兼任副总理） 乌东·卡蒂雅（国家副主席，1999 年逝世） 通邢·塔马冯（继任党中央组织部长） 奥沙甘·坦马铁瓦（中央宣传部长，2002 年逝世） 本扬·沃拉吉（副总理兼财政部部长） 西沙瓦·乔森潘（总理） 阿桑·劳里（公安部部长）
第七次党代会 （2001 年 3 月）	老挝人民革命党七大中央政治局委员（11 人）： 坎代·西潘敦（国家主席、党中央主席） 沙曼·维亚吉（1993~2005 年国会主席） 朱马里·赛雅颂（国家副主席） 通邢·塔马冯（万象市委书记） 奥沙甘·坦马铁瓦（中央宣传部部长，2002 年 10 月病逝） 本扬·沃拉吉（总理） 西沙瓦·乔森潘（老挝建国阵线主席） 阿桑·劳里（副总理） 通伦·西苏里（副总理兼国家计划合作委员会主任） 隆再·披吉（国防部部长） 波松·布帕万（副总理）

3. 朱马里·赛雅颂时期（2006 年至今）

2006 年八大，坎代·西潘敦年龄超过 80 岁退休，朱马里·赛雅颂接任老挝人民革命党总书记和国家主席，通邢·塔马冯任国会主席，本扬·沃拉吉任国家副主席，坎代·西潘敦亲信波松·布帕万任总理。增补国会副主席巴妮·亚陶都、外交部部长宋沙瓦·凌沙瓦进入中央政治局，增补中央组织部部长本通·吉玛尼、万象市委书记宋巴·叶里、公安部部长通班·显阿蓬为中央书记处书记。凯山·丰威汉的儿子申雅哈·丰威汉、坎代·西潘敦的儿子宋赛·西潘敦、沙曼·维亚吉的儿子南·维亚吉成为中央委员。2010年波松·布帕万因婚外情辞职，通邢·塔马冯接任总理，巴妮·亚陶都接任国会主席。

表2-3　1996~2005年老挝党中央核心成员

第八次党代会 （2006年3月）	老挝人民革命党八大中央政治局委员（11人）： 朱马里·赛雅颂（国家主席、党中央主席、中央国防和治安委员会主席）七大政治局委员、国家副主席 沙曼·维亚吉（任职不详）七大政治局委员、国会主席 通邢·塔马冯（国会主席）七大政治局委员、万象市长 本扬·沃拉吉（国家副主席）七大政治局委员、总理 西沙瓦·乔森潘（老挝建国阵线主席）七大政治局委员、老挝建国阵线主席 阿桑·劳里（党中央党政监察委员会主任、副总理、国家监察署主席）七大政治局委员、副总理 波松·布帕万（总理，2010年辞职）七大政治局委员、副总理 通伦·西苏里（副总理、外交部长）七大政治局委员、副总理、国家计划合作委员会主任 隆再·披吉（副总理、国防部长）七大政治局委员、国防部部长 宋沙瓦·凌沙瓦（常务副总理）新进政治局委员 巴妮·亚陶都（国会副主席）新进政治局委员
第九次党代会 （2011年3月）	老挝人民革命党九大中央政治局委员（11人）： 朱马里·赛雅颂（党中央委员会总书记、国家主席） 通辛·塔马冯（总理） 本扬·沃拉吉（国家副主席） 通伦·西苏里（副总理兼外交部部长） 巴妮·亚陶都（女）（新任国会主席） 阿桑·劳里（副总理兼国家监察委员会主席） 隆再·披吉（副总理兼国防部部长，2014年5月17日因飞机失事遇难，后由森暖·赛雅拉接任国防部部长一职） 宋沙瓦·凌沙瓦（常务副总理，华裔，祖籍中国海南省，汉语名：凌绪光） 本通·吉玛尼（党中央组织部部长） 本邦·布达纳翁（党中央办公厅主任） 潘坎·维帕万（老挝教育体育部部长）

2011 年九大，沙曼·维亚吉、西沙瓦·乔森潘年龄超过 80 岁退休，增补本通·吉玛尼、中央办公厅主任本邦·布达纳翁、教育部长潘坎·维帕万进入中央政治局，增补中央组织部长占西·普西坎、万象市委书记苏甘·马哈拉、国防部副部长森暖·赛雅拉、中央宣传部长征·宋本坎为中央书记处书记，原万象市委书记宋巴·叶里落选。2014 年 5 月 17 日因飞机失事，老挝国防部长隆再·披吉、老挝公安部部长通班·显阿蓬、老挝人民革命党中央宣传部部长征·颂汶坎、万象市市长苏甘·马哈拉遇难。

四、老挝历届政党领导人更迭规律

自 1975 年老挝人民民主共和国成立后，凯山·丰威汉长期担任老挝人民革命党总书记兼政府总理，掌握实权。坎代·西潘敦任政府副总理兼国防部长，负责军队工作，老挝爱国贵族苏发努冯亲王担任共和国主席，形成了一个稳定三角的领导班子。1991 年凯山·丰威汉因健康原因改任老挝人民革命党主席兼国家主席，坎代·西潘敦继任政府总理，提前进入接班位置，朱马里·赛雅颂继任国防部长。1992 年 11 月 21 日凯山·丰威汉逝于任内，坎代·西潘敦在中央特别会议上当选党中央主席，正式接班，国会主席诺哈·冯沙万转任国家主席，教育部长沙曼·维亚吉出任国会主席，从而老挝人民革命党由凯山·丰威汉时代转向坎代·西潘敦时代。

在坎代·西潘敦时代，是老挝进行革新开放的时期，国内经济有了较大起色。1998 年，诺哈·冯沙万退休，坎代·西潘敦出任国家主席，西沙瓦·乔森潘继任总理。2001 年，老挝人民革命党核心领导层进行了一次较大变更（因 1999 年 12 月老挝国家副主席兼老挝建国阵线中央主席乌东·卡蒂雅去世，他兼任的两个职位空缺），即西沙瓦·乔森潘转任老挝建国阵线主席（即我国的政协主席），64 岁的副总理兼财政部长本扬·沃拉吉出任政府总理，65 岁的副总理兼国防部长朱马里·赛雅颂出任国家副主席，这个重要的变更实际上为下届领导人的接班打下了基础。

2006 年老挝人民革命党八大上，坎代·西潘敦、沙曼·维亚吉等大批 80 多岁的领导人退休，70 岁的党内三号人物、国家副主席朱马里·赛雅颂当选老挝人民革命党总书记（原称党中央主席），顺利接班，至此以朱马里·赛雅颂、本扬·沃拉吉为首的下一代领导班子开启了一个新的时代。

1. 中央领导层年龄结构轻微退化

第五届中央委员会有 59 人，年龄在 60 岁以上者占 22%，50～59 岁者占 30.5%，49 岁以下者占 47.45%。年龄最大者为 77 岁，最小者为 35 岁。94.91% 的委员经历了民主革命斗争，具有实际经验。

第六届中央委员会由 49 人组成（上届为 59 人），其中有 38 人连任，其中年龄在 60 岁以上的占 20.41%，46～59 岁的占 63.27%，45 岁以下的占 16.32%，平均年龄为 53 岁，体现了老中青三结合，89.8% 的委员经历过民族民主革命。

第七届中央委员会由 53 人组成，最高年龄为 77 岁，最低年龄为 44 岁，平均年龄为 56 岁。

第八届中央委员会 55 人，其中 36 人留任，平均年龄 57 岁，年龄最大者 79 岁，最年轻者 38 岁。其中，46～59 岁为 33 人，45 岁以下 2 人，60 岁以上约占 36.4%。

第九届中央执行委员会 61 人，60 岁以上，24 名，占 39.34%；45～59 岁，35 名，占 57.37%。44 岁以下，2 名，占 3.2%。最高年龄 75 岁，最低年龄 42 岁，平均年龄 58 岁；1975 年以前参加革命 47 名，占 77.04%，1975 年以后参加革命 14 名，占 22.95%。

2. 稳定为主，中央委员会成员换届期留任居多

老挝党内发展以"确保稳定与安宁"的思想为主，因此大部分中央委员及政治局成员，多是因为年龄或身体原因才会换届，否则一般来说会继续留任。党的一大、二大、三大，中央政治局委员基本没有变动，五大、六大、七大是承上启下的政权更迭期，因为前几届领导层年龄偏大，因此核心成员更新换代的幅度稍大，而后在八大、九大稳定时期中，领导层年龄结构又偏向以中老年为主。这种稳定的党内成员结构将保持执政的连续性和稳定性，但是却不利于党内新鲜血液的循环，某些情况下或对革新开放有一定的阻碍，例如老挝党内速来有"亲华"和"亲越"两派，政权更迭很有可能改变某些对外政策的方向。2001 年，64 岁的副总理兼财政部长本扬·沃拉吉出任政府总理，这一职位的变动被外国媒体评价为老挝党内"亲华"派对"亲越"派的决定性胜利。

3. 子承父业，"太子党"继任成为惯例

2006 年八大确立的第八届中央委员会，第一代领导人凯山·丰威汉的两个儿子申雅哈·丰威汉和赛松潘·丰威汉、第二代领导人坎代·西潘敦的儿子宋赛·西潘敦、沙曼·维亚吉的儿子南·维亚吉进入中央委员会。2011 年九大召开后，这些"太子党"在党中央的排名又进一步上升，前总书记凯山·丰威汉的两个儿子赛松潘·丰威汉（国会副主席，排名第 17）和申雅哈·丰威汉少将（老军总参谋长，排名第 38），第二代领导人、前党主席坎代·西潘敦的儿子宋赛·西潘敦（占巴塞省委书记兼省长，排名第 34）和女婿坎平·赛宋平（琅勃拉邦省委书记兼省长，排名第 49）以及第七届、第八届中央二号人物沙曼·维亚吉的儿子南·维亚吉（工业与贸易部部长，排名第 35）。

第二节　2015～2016 年老挝政治局面及走势

2016 年，老挝执政党领导人开始新一轮换届选举，而相应的老挝最高权力机构国民代表大会也同时开展换届选举。法新社引述一位西方官员的话说，2016 年老挝的换届选举，将使得老挝的领导团队由"经历过革命的军人一代"变为"曾在越南、苏联等国留学，更具国际视野"的新一代。越通社认为，老挝第十次党代会是老挝人民民主共和国建国以来最重要的一次会议，将代表老挝国家发展进入一个新的层次。在历经老挝第十次党代会及第八届国会选举过后，上一届领导班子成员完全地退出了国际政坛的视野，新一届领导班子和政府领导人将带领老挝走向下一个五年。更值得一提的是，老挝第八届国会第一次会议审核批准了老挝第八个五年国家社会经济发展计划、未来十年的国家战略、国会 2030 年愿景和 2025 年战略报告、第八届国会五年总体规划以及国会制定和修订法律的五年规划。这些重要文件的出台意味着老挝新一届领导集体规划的未来国家的发展走向，也从侧面反映了老挝未来的五年甚至十年，其发展将走向何方。

一、政局稳定：执政党领导层平稳更迭

老挝一党专政的局面已维持 40 余年，其国内并未出现反对势力和政治危机。人民革命党执政期间，老挝经济发展迅速，民众对其极为拥护。此次临近 80 岁的本扬坐镇国家主席和党中央总书记之位，在国事处理上显得低调且频率有所降低，活跃在外交场合的大多是国家总理通伦。目前 2016 年新上任的领导阶层，上一代革命派和新一代受过高等教育的年青一代处于代际传承的关键时期，因此其未来政治倾向性存在一定的神秘色彩。尽管老挝政局出现动荡的可能性不大，但是其外交政策偏向性以及外交风格却有可能发生一定变化。

老挝人革党经过 2016 年第十次党代会选举后，党中央已经更换了新的领导层。老挝人民革命党十大选出的中央政治局委员共 11 人，其中 5 人是上一届留任的，其余 6 人为新进政治局委员。其中央政治局留任的五人分别为：本扬·沃拉吉（1937 年生）留任当选为党中央总书记；通伦·西苏里（1945 年生），为党中央对外联络部部长；巴妮·亚陶都（1951 年生），当选为国会主席，曾任八大政治局委员、国会副主席，九大政治局委员、国会主席；本通·吉玛尼，1949 年生，当选为书记处书记、中央纪委主任、国家监察署长、国家反腐办公室主任，曾任九大政治局委员；潘坎·维帕万，1951 年生，当选为书记处常务书记、

副总理、教育部部长，曾任九大政治局委员、教育部部长。留任的五人代表了革命军人一代的领导人仍未放弃主导国家的方向，并未完全放任新生代执掌政权，但因为年龄问题，预计革命一代到本届中央政治局之后就会全部退役。

新入中央政治局的更具国际视野的新生代领导人是占西·普西坎，1948年生，当选为书记处书记、中央组织部部长；赛松潘·丰威汉，1954年生，当选为国会副主席（老挝第一代领袖凯山·丰威汉的儿子）；占萨门·占雅拉，1946年生，当选国防部副部长；坎潘·彭玛塔，1955年生，当选为书记处书记、中央办公厅主任；辛拉冯·库派吞，1953年生，当选为万象市委书记兼市长；宋赛·西潘敦，1966年生，当选为政府办公厅主任（老挝第二代领导人坎代·西潘敦的儿子）。新生代领导层中有两位都是上几任国家领袖的子女，这代表老挝的政治领导层也具有一种血缘亲缘上的继承性和传递性。

二、老挝人民革命党的执政走向

老挝十大公布中央政治局及中央委员会成员后，西方媒体关于本届领导层是"亲越"或"亲华"的问题，展开了一系列的猜测和评论。主要原因在于老挝高层华裔领导人宋沙瓦·凌沙瓦的卸任，被西方媒体当作一个判断老挝政府偏好性的切入点。《日本经济新闻》报道称，"亲华"领导人宋沙瓦·凌沙瓦卸任，透露出老挝防止对中国过度依赖之意，以及对与越南关系的重视。

实际上，国外媒体对老挝领导层"亲华"或者"亲越"的猜测，都是从领导人的背景来臆测。认为本扬具有"亲越"色彩的，是从本扬的履历背景出发，认为他是1975年的老挝建国元勋之一，又曾在越南接受过军事训练，建国后还曾留学越南学习社会主义思想，与越南关系十分紧密。认为宋沙瓦·凌沙瓦具有"亲华"色彩，主要从宋沙瓦祖籍中国，中文流利等方面来考虑，再者能说中文的宋沙瓦是招揽中国企业投资老挝的功臣。2015年老挝在中国援助下主持发射了该国首颗人造卫星和启动了双方的铁路合作项目，与宋沙瓦有密不可分的关系。诚然，这些背景色彩确实具有一定的影响因素，但这些影响因素在外交及国际关系处理上只能体现出"顺水推舟"的特点，而非是"力挽狂澜"的决定性因素。最终老挝的外交政策和动向仍然会以国家利益为最高准则。

1. 新任领导层的外交倾向

此次老挝领导人的换届，如果说"亲华"领导人宋沙瓦卸任，那么媒体评论具有"亲越"色彩的总理通邢也一并卸任了。媒体所指的"亲华"派或者"亲越"派，笔者认为不存在这么明显的派系之争。媒体之所以对此派系之争有争议，更深层次的原因在于，从历史上来说老挝的很多领导人对越南比较熟悉和了解，越南在老挝的势力也比较深入，这从老挝官方媒体——巴特寮通讯社的日常新闻稿件就可以略见端倪，巴特寮通讯社对有关越南的新闻报道的频次和深度都明显多于中国，有关越南的文章多是放于靠前版面，而有关中国的新闻多与中国经济走向有关，常刊登于靠后的经济版。这从侧面说明了因历史原因而产生的密切联系不会轻易消失，所以"亲越派"的说法由来于此。从另一方面来说，完全熟悉中国且会流利汉语的老挝高层领导人并不多，此次熟悉中国的老挝领导人宋沙瓦卸任，确实对中老两国的高层交流会形成些许约束，因此中国方面也要考虑，是否通过交流访学等形式加强对老挝未来领导人的培养。

老挝此次领导人换届，实际上是把带有"背景色彩"的领导人物都换下来了，剩下的中央政治局委员，或许都是均衡派，不会随便表态选边站队。加之今年老挝是东盟轮值主席国，在考虑本国利益的同时，也需要均顾东盟成员国的利益，因此老挝此次领导人换届，名义上是换，实际上是在求稳。

2. 国家保守与改革之争

79岁的国家副主席本扬·沃拉吉当选总书记，媒体有说是保守派对改革派的胜利，也就是说目前执政的仍然是老挝的开国元勋之一，而不是所谓的革命二代或者新一派作风的领导人。很多媒体认为老挝政局一直以来的格局就是保守派的国家主席加上改革派的总理，两两均衡。此次卸任的总理通邢·塔马冯被认为是改革派的代表人物，也是被法新社此前认为是最有可能成为第四代领导人的不二人选。但2016年初老挝十大的选举结果跟法新社的看法背道而驰，通邢·塔马冯不仅没有当选为领导人，反而还退出了中央政治局。因此，对于老挝政党内接班人的选择，可能稳定才是压倒一切的因素。

老挝党内或许并不存在保守派或改革派的说法，因为老挝在第一代领袖凯山·丰威汉的领导下就已经迈出了改革开放的步伐，到目前为止老挝仍然在不断探索改革的道路上。但是，对于改革的速度和节奏，老挝官方所表现的态度是"宁愿错过，也不想做错"，因此若要谈保守派或改革派的派系争斗，还不如说老挝的领导阶层到目前为止都是保守型的改革派，这也许跟元老在任有很大关系。未来如若新一代未经历革命斗争的领导人上任，老挝高层或许会表现出不一样的领导风格，但这只是猜测。

老挝本来就是一个和平稳定的国家，因此在其政权更迭上并不会有太大的波澜，更不会出现明显的派系斗争。此次本扬·沃拉吉的当选，笔者认为就是新时代和革命时代领导人承接的一种过渡，毕竟本扬·沃拉吉今年已经79岁，而其他中央政治局委员比他要年轻10岁左右。在这个平和的国度，稳定是压倒一切的因素，而下一代领导人培养，是一个逐步渐进的过程。因此，此次在原有接班人意外身亡的情况下，本扬·沃拉吉继续留任是一个特别平稳的过渡性选择。至于老挝下一任接班人是否还从国防部长开始培养，就要打一个问号了。因为老挝现任国防部长森暖·赛雅拉并未当选为中央政治局委员，意外的是，占萨门·占雅拉作为国防部副部长，却当选了中央政治局委员。这是不是走在了下一任领导人的培养路径上，我们还要看下一个五年。

第三节　2015～2016年老挝政治大事件

一、2016年3月老挝人民革命党十大召开

老挝人民革命党第十次全国代表大会于1月18日在老挝首都万象的国家会议中心召开，本次为期5天的党代会，选举产生老挝人民革命党的新一届中央委员会，并就党和国家未来建设做出全面部署。新一届的党中央委员会更换了50%的中央政治局委员，也算给领导层注入了一点新血液。

1. 十大选举的中央政治局委员

老挝人民革命党十大选出的中央政治局委员共11人，其中5人是上一届留任的，其余6人为新进政治局委员。上届政治局委员总书记朱马里·赛雅颂、总理通邢·塔马冯、副总理阿桑·劳里、常务副总理宋沙瓦·凌沙瓦宣布引退，国防部长隆再·披吉在任期内遭遇空难身亡，副总理本邦·布达纳翁落选。老挝人民革命党十大选举的中央政治局委员名单如下：

本扬·沃拉吉（Bounnhang Vorachit），1937年生，当选为总书记、国家副主席。曾任七大政治局委员、总理；八大、九大政治局委员、国家副主席、书记处常务书记；十大当选总书记；

通伦·西苏里（Thongloun Sisoulith），1945年生，当选为副总理、外交部部长、党中央对外联络部部长，曾任七大政治局委员、副总理、国家计划合作委员会主任；八大、九大政治局委员、副总理、外交部部长、党中央对外联络部部长；

巴妮·亚陶都（Pany Yathotou），1951年生，当选为国会主席，曾任八大政治局委员、国会副主席；九大政治局委员、国会主席；

本通·吉玛尼（Bounthong Chitmany），1949年生，当选为书记处书记、中央纪委主任、国家监察署长、国家反腐办公室主任，曾任九大政治局委员；

潘坎·维帕万（Phankham Viphavanh），1951年生，当选为书记处常务书记、副总理、教育部部长，曾任九大政治局委员、教育部部长；

占西·普西坎（Chansy Phosikham），1948年生，当选为书记处书记、中央

组织部部长（新进）；

赛松潘·丰威汉（Xaysomphone Phomvihane），1954 年生，当选为国会副主席（新进，老挝第一代领袖凯山·丰威汉的儿子）；

占萨门·占雅拉（Chansamone Chanyalath），1946 年生，当选为国防部副部长（新进）；

坎潘·彭玛塔（Khamphanh Phommathat），1955 年生，当选为书记处书记、中央办公厅主任（新进）；

辛拉冯·库派吞（Sinlavong Khoutphaythoune），1953 年生，当选为万象市委书记兼市长（新进）；

宋赛·西潘敦（Sonexay Siphandone），1966 年生，当选为政府办公厅主任（新进，老挝第二代领导人坎代·西潘敦的儿子）。

2. 十大选举的中央书记处书记

老挝人民革命党十大选举的中央书记处书记共 9 人，4 人为上届留任，新进5 人。上届书记处总书记朱马里·赛雅颂宣布引退，副总理本邦·布达纳翁落选，公安部长通班·森·阿蓬、万象市委书记兼市长苏甘·马哈拉、中央宣传部部长征·宋本坎任期中去世。新当选的老挝十大中央书记处书记名单如下（上文述及履历的人士下文不再赘述）：

本扬·沃拉吉（Bounnhang Vorachit）；

本通·吉玛尼（Bounthong Chitmany）；

占西·普西坎（Chansy Phosikham）；

森暖·赛雅拉（Sengnouan Xayalath），1949 年生，当选为国防部长，曾任九大书记处书记、国防部副部长、老挝人民军总政治部主任；十大书记处书记、国防部部长；

潘坎·维帕万（Phankham Viphavanh），新进书记处；

坎潘·彭玛塔（Khamphanh Phommathat），新进书记处；

吉乔·凯坎匹吞（Kikeo Khaykhamphithoune），1957 年生，当选为中央宣传部部长，新进书记处；

宋乔·西拉冯（Somkeo Silavong），当选为公安部长，新进书记处；

维莱·拉坎冯（Vilay Lakhamfong），当选为老挝人民军总政治部主任，新进书记处。

在当前的老挝政局之中，突出了以下几个明显的特点：一是国家最高领导人的同辈交接，79 岁的本扬·沃拉吉接替了 80 岁的朱马里·赛雅颂，按以往的交接习惯，应该是实现领导人新老交接，而非当前的同辈交接。二是新生代领导层多是在国外接受过高等教育的知识分子，对外处理关系的实力增强，有可能改变老挝当前依赖大国的沙文主义和一些保守的教条主义指导思想。三是革命一代的子女逐渐上位到主要领导人岗位，例如老挝第一代领袖凯山·丰威汉的儿子赛松潘·丰威汉进入中央政治局，当选为国会副主席；老挝第二代领袖坎代·西潘敦的儿子宋赛·西潘敦，进入中央政治局，当选为政府办公厅主任。

二、2016 年 4 月新一届国会选举结果

2016 年 4 月 20 日上午，老挝第八届国会第一次会议在万象召开，会议选举老挝人民革命党中央委员会总书记本扬·沃拉吉为国家主席，选举中央政治局委员通伦·西苏里为政府总理。会议还选举中央政治局委员巴妮·亚陶都为老挝第八届国会主席，并经选举产生 1 名国家副主席、4 名国会副主席和 3 名副总理。此外，会议还通过一份包括 18 名部长在内的内阁名单。本扬·沃拉吉在 2016 年 1 月举行的老挝人民革命党第十次全国代表大会上当选为中央委员会总书记。老挝国会是老挝最高权力机构和立法机构，负责制定宪法和法律，每届任期 5 年。第八届国会选举于 2016 年 3 月 20 日举行，共选出国会议员 149 名。

1. 选举产生的国会及政府要员

老挝人民革命党总书记本扬·沃拉吉在第八届国会第一次全体会议上当选老挝的新一任国家主席。前副总理兼教育与体育部长潘坎·维帕万接替本扬·沃拉吉，当选为老挝国家副主席。通伦·西苏里在会议上以 147 票当选为总理，占选举人数的 99%，接替通邢·塔马冯。

巴妮·亚陶都女士以 146 票再次当选为第八届老挝国会主席。会议还选举产生了 4 名国会副主席：森暖·赛雅拉上将、宋潘·平坎米先生、本邦·布达纳翁先生以及西赛·乐迪蒙颂女士。

此外，坎山·苏冯再次当选老挝最高检察长，坎潘·西提丹帕连任最高人民法院院长。

2. 政府内阁名单

老挝新一届政府结构保持不变，仍然由 18 个部和 3 个相当于部的机构组成。内阁成员名单如下：

副总理兼老挝国家监察署署长、国家反腐办公室主任：本通·吉玛尼；

副总理：宋赛·西潘敦；副总理兼财政部长：宋迪·隆迪；

国防部长：占萨门·占雅拉；

公安部长：宋乔·西拉冯；内政部部长：坎曼·顺维勒；

总理府部长：扎伦·叶宝和；

自然资源与环境部部长：宋马·奔舍那；

新闻文化与旅游部部长：波星坎·冯达拉；

农林部长：连·提乔；

司法部长：塞西·桑蒂冯；

劳动与社会福利部长：坎平·赛颂平；

主席府部长兼办公厅主任：坎蒙·蓬塔迪；

能源与矿业部长：坎玛尼·英迪拉；

工商部长：肯玛尼·奔舍那；

科技部长：波万坎·冯达拉；

外交部部长：沙伦赛·贡玛希；

教育体育部长：森端·拉占塔本；

央行行长：宋袍·派西；

邮电部部长：坦萨迈·孔马西；

公共工程与运输部长：本占·辛塔冯；

总理府部长兼办公室主任：佩·彭皮帕；

规划与投资部长：苏潘·乔米塞；

卫生部部长：本空·西哈冯；

总理府部长：本库·桑宋塞；

总理府部长：阿伦乔·基迪考；

总理府部长：苏万鹏·布帕努冯。

3. 国会主要委员名单

第八届国会由 8 个委员会和 1 个秘书处组成。各委员会及秘书处负责人名单如下：

法律委员会主席：塞通·乔端迪；

经济、技术与环境委员会主席：本邦·西苏拉；

财政、规划与审计委员会主席：维莱冯·布达坎；

文化社会委员会主席：宋普·端萨万；

民族委员会主席：播潘·利凯亚；

司法委员会主席：播坎·提帕冯；

国防与公共安全委员会主席：坎西·维－殷塔冯；

外事委员会主席：艾沙旺·冯维吉；

秘书处秘书长：萱萨万·维纳吉。

老挝国会自 2015 年 7 月初通过了 2011 届内阁成立以来的最大限度地改组方案，多达 6 名部长被调整。在此次改组中，原波乔省省长坎曼·顺维勒被任命为内政部部长；原能源和矿产部副部长坎玛尼·英迪拉被提任为部长；原农业与林业部副部长佩·彭皮帕被提任为部长；原公安部代部长宋乔·西拉冯被正式任命为部长；原总理府部长宋马·奔舍那被任命为自然资源与环境部部长；原琅勃拉邦省省长坎平·赛颂平被任命为劳工和社会福利部部长。此外，原万象省省长坎蒙·蓬塔迪被任命为主席府部长、办公厅主任。

此后，陆续调整多位内阁成员和地方首长：原人民革命党中央办公厅主任本邦·布达纳翁和教育与体育部部长（兼）潘坎·维帕万升任政府副总理；原国防部代部长森暖·赛雅拉少将被正式任命为部长；原沙耶武里省省长连提·乔任财政部部长；财政部原部长普佩坎普冯改任总理府部长；原工业与贸易部副部长肯玛尼·奔舍那升任部长；原公共工程和运输副部长本占·辛塔冯升任部长；原占巴塞省省长宋赛·西潘敦被任命为总理府部长、办公厅主任；原总理府办公厅主任辛拉冯·库派吞被任命为万象市市长；原总理府部长南·维亚吉被任命为阿速坡省省长；原沙耶武里省副省长蓬沙万·西提冯升任省长等。

这一系列的内阁调整实际上是配合新政府的组建和选举工作，当选为内阁成员的领导人，实际上也是老挝政权的核心人物。

三、第八届政府五年计划的新亮点

2011 年第七届政府突出强调增强政府管理的权威性和对社会行政管理的有效性，政府重点解决的主要工作是：人民贫困与农村发展；农业开发及农产品市场化；强调精神文明建设与教育发展；精简政府结构；国防及社会治安；外交工作。5 年过去后，2016 年老挝第八届政府的社会经济发展重点转变了方向，政府将重点解决的工作放在了以下几方面：宏观经济稳定；市场化及中小企业发展；促进国内外投资；去除官僚主义；建立党政智囊机构。

新一届老挝政府执政目标的变化体现了上一届政府在减贫和农业发展方面取得了较大的成就，使得老挝国内的主要经济社会矛盾已经在逐步发生转变。当前老挝政府在维持此前的减少贫困、发展农业等举措的基础上，重点提出了维持宏观经济稳定，促进中小企业及国内外投资的举措。实际上，扶持中小企业发展是保证国民经济持续稳定发展的重要举措，投资是国民经济持续、稳定、快速增长的关键因素。新一届政府的下一个五年的主要目标放在了国内经济增长方面，而在国家总体发展方向上，政府开始重视培育科研机构作为智囊团，意在提高自身的决策水平，从某种程度上来说，这确实是老挝新一届领导人更具国际视野的一个佐证。

具体而言，老挝第八届国会第一次全体会议批准了关于国家发展、摆脱最不发达国家地位的一些重要问题。国会同意并批准由新任政府总理通伦·西苏里提出的在第八个社会经济发展五年规划（2016～2020）、十年社会经济发展战略（2016～2025）以及 2030 愿景中设定的目标。会议还批准、国家预算计划

（2016～2020）、2015～2016 年国家预算调整计划、国会五年发展计划和法律的制订与修订计划。未来 10 年，老挝政府将努力推动经济不断增长、预计国内生产总值较 2015 年增长 4 倍，年增长率至少为 7.5%。同时，政府计划使税收额达到国内生产总值的 19%～20%，支出大约为国内生产总值的 25%。政府还希望农林部门的平均增长率为 3.2%，服务业部门为 8.9%，而工业部门的增长率能较 2015 年翻一番，达到 9.3%。

老挝新任政府总理通伦·西苏里为了解决老挝面临的挑战，提出政府需关注的 7 项重要措施。并在 4 月 21 日的国会会议中强调了解决经济、投资环境、政府监督、法律与秩序以及科学研究等问题的措施。通伦·西苏里在讲话中概括了 7 项重要措施：

第一，完善机制并稳定国家宏观经济；

第二，扩大生产和市场，促进中小企业发展；

第三，打破成规、改革不当机制，促进国内外投资；

第四，去除官僚主义、杜绝政府官员不作为并树立为国家、为人民服务的意识，确保大多数人参与国家发展；

第五，开展定期而有效的检查，关注知识与经验的传播，建立团结与合作的关爱型社会；

第六，严格遵守宪法和法律；

第七，建立科学研究机构，为老挝党和政府组织提供深入的、分析与可靠的信息。

老挝新当选的副总理兼财政部长宋迪·隆迪针对本财年税收收入预计较既定目标少的状况，提出对 2015～2016 财年的国家预算计划进行调整。根据老挝国家预算法，如果税收收入未能达到既定目标 95% 以上的水平，财政部长必须向国会提出调整考虑。基于上半财年的财政收入，预计本财年的总税收收入只有 23.7 万亿基普，但第七届国会第九次例会通过的总税收计划是 26.159 万亿基普。这意味着税收收入只能达到计划的 90.6%。为此，财政部向国会提请将国内税收征收计划减少 2.459 万亿基普。同时 2016 年的计划支出由 31.946 万亿基普减少为 31.118 万亿基普，减少了 8280 亿基普。4 月 20 日国会会议上，宋迪·隆迪在向第八届国会第一次会议上提交 2016～2020 年五年预算草案时强调了公务员涨薪事宜。宋迪·隆迪代表老挝政府向国会汇报，公务员工资预计在下一财年上涨，每一工资指数将上调 500 基普。他的报告指出，未来 5 年，老挝政府的税收目标是 149.6 万亿基普，占国内生产总值的 19%～20%，并且要确保政府收入能弥补支出。工资支出设定为国内生产总值的 8%，超过了 60 万亿基普，较过去 5 年的工资支出增长了 85%。

第三章 2015～2016 年老挝经济

第一节 老挝经济概述

老挝经济以农业为主，工业基础薄弱，经济总量较小。老挝自 1986 年起开始推行革新开放，调整经济结构，农林业、工业和服务业结合发展，优先发展农林业；实行多种所有制形式并存的经济政策，高度集中的经济管理体制被取消，转入经营核算制，逐步完善市场经济机制，努力将自然和半自然经济向商品经济转化。老挝对外实行开放，颁布外资法，改善投资环境；扩大对外经济关系，努力引进更多的资金、更加先进的技术和更加科学的管理方式。未来，老挝经济增长的新动力将会是旅游业、服务业、制造业、水电和服务业等。老挝已加入世界贸易组织，而且，在 2015 年 12 月老挝加入东盟经济共同体，这些都将有助于老挝经济的快速持续增长。

2016 年老挝经济增速为 7.02%，低于国会预计的 7.5%。2016 年国内生产总值为 129.279 万亿基普，人均国内生产总值为 2408 美元。其中，农业增长 2.7%，占 GDP 的 17.2%；工业增长 12%，占 GDP 的 28.7%；服务业增长 4.6%，占 GDP 的 42.4%。电力行业由于发电机组已完成并投入使用，增长 39%，占 GDP 的 36.9%。2016 年通货膨胀率 1.6%，同比 2015 年上升 0.3%。全年出口额达 45.23 亿美元，超额 22.2% 完成目标任务，进口额达 42.15 亿美元，完成计划的 80.1%，贸易顺差 3.08 亿美元。2016 年全国总投资达 42.857 亿基普，同比增长 24.2%①。

---

① 中华人民共和国驻老挝人民民主共和国大使馆经济商务参赞处［EB/OL］. http：//la. mofcom. gov. cn/article/jmxw/201704/20170402566148. shtml.

第二节　老挝经济发展回顾：2015～2016年

一、经济增长情况

2011～2015年，老挝国民生产总值年均增长7.4%，人均收入从319美元攀升至1970美元。据老挝国家银行统计，2013～2015年老挝实际GDP增长率分别为8.5%、7.5%和7%。2016年老挝国内生产总值约为127.4美元，与上年相比增加了6.9%。

在经济结构中，老挝农林业生产总值占GDP总值的23.7%，增长率为3%；工业生产总值占GDP总值的29.1%，增长率为8.9%；服务业生产总值占GDP总值的39.8%，增长率为9.1%。增长主要依靠水电和采矿驱动。2015年老挝人均GDP为1875美元。

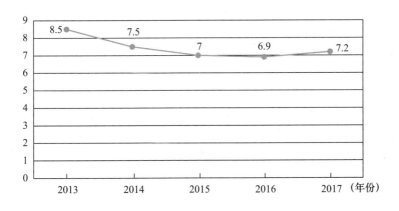

图3-1　老挝实际GDP增长率

农业在老挝国民经济中仍占有较大比重，但2013～2016年老挝农业GDP占GDP总量比重逐年下降。据老挝工贸部和老挝国家银行数据显示，2013～2016年老挝农林业GDP占GDP总量分别为25.2%、25%、23.15%和23.3%。2015～2016年老挝农林GDP增长率为3%。

老挝没有重工业，工业基础薄弱；老挝主要的工业企业只有发电、锯木、采矿、炼铁、水泥等及小型修理厂和编织、竹木加工等作坊。2015～2016年老挝工业GDP增长率为9%，老挝工业GDP占GDP总量28.8%。

表 3-1　老挝 GDP 构成　　　　　　单位:%

财年	农林业		工业		服务业	
	增长率	占 GDP 比重	增长率	占 GDP 比重	增长率	占 GDP 比重
2012～2013	3.1	25.2	7.4	28	9.7	38.9
2013～2014	3	25	8.5	29	9.3	39
2014～2015	3.59	23.15	7.33	32.42	9.38	37.87
2015～2016	3	23.3	9	28.8	8.5	39.8

资料来源：老挝工贸部、老挝国家银行。

服务业在老挝起步晚、基础弱。但是，服务业在老挝革新开放政策执行以来取得了很大发展，尤其是旅游业已成为老挝经济发展的新兴产业。2015～2016年老挝 GDP 增长率为 8.5%，服务业 GDP 占老挝 GDP 总量的 39.8%。2015 年老挝接待旅游 430 万人次，比上年增长 4%，旅游业收入 6.12 亿美元。全国有 300多家旅游公司，其中在万象的有 100 多家。2013 年，老挝万象有 419 家酒店，1788 家宾馆和度假村，但只有 3 家五星级酒店。泰国、越南和中国是老挝主要的三大游客来源国。2015 年，老挝生态旅游参加者由 2014 年的 15% 上升至 20%。

老挝政府从 2012 年开始，财政收支处于赤字状态。2013 年财政赤字逐步扩大，达到财政收入的 23.53%。由于 2015～2016 财年（截至 2016 年 9 月 30 日）前 6 个月的财政收入低于预期，国会在 2016 年 4 月通过了老挝政府要求减少预算的提案。2015～2016 财年财政收入从原定的 32.7 亿美元调低为 29.6 美元，支出从 39.9 亿美元调低为 38.9 亿美元。老挝财政部统计，2015～2016 财年前 10个月财政收入只完成国会预订全年计划的 74.52%。

老挝积极拓展对外经贸关系，于 1997 年 7 月正式加入东盟，是东盟新四国之一，也是中国—东盟自贸区成员（10＋1）及大湄公河次区域（GMS）合作成员。老挝于 2007 年提出申请加入 WTO，并于 2012 年 10 月 26 日获得世界贸易组织的批准，12 月老挝国会通过了老挝"入世"的议案。老挝成为世贸组织的第158 个成员，也是最后一个加入世贸组织的东盟国家。2015 年老挝进出口总额80.05 亿美元，比上年有所降低。其中，老挝出口总额 33.05 亿美元，进口总额47 亿美元，对外贸易逆差 13.94 亿美元。老挝与全球范围内 50 多个国家有贸易往来，2015 年与 15 个国家有双边贸易协定，与东盟国家之间的贸易额为 45 亿美元。

1. 第一产业

（1）老挝农业发展历史。老挝的农业历史可以划分为两个阶段，老挝人民共和国成立（1975～1985 年）是第一阶段，老挝第二次改革之后（1986 年至今）是老挝农业发展的第二阶段。老挝于 1975 年走上社会主义道路，政府遵循自愿、互利及民主管理的原则，建立农业合作社，将生产资料归入国家所有，农户实行按劳分配。同时，在万象地区老挝投入大量资金用于农业基础设施建设，积极发展对外农业贸易和推广农业生产技术，引进新型农业工具，提高劳动者的素质。老挝这一政策的出台取得了明显的效果。1985 年，相比老挝成立之初（1975 年），老挝烟草、棉花、甘蔗和咖啡分别增长了 18.5%、30.4%、329.4% 和 117.9%。第一次改革由于政府在政策的实际操作中没有很好地维护农民的利益，农业改革陷入了危机。1986 年，老挝召开第四次党代会，在这次会议中，老挝决定废除农业合作社制度，实行家庭农业承包合作制，农业生产资料再一次被重新分配，有的转卖给农户，有的经营权转移给农户。农户自主经营农业，生产积极性得到提高，农业产量也有所上升。农业改革的第二阶段，老挝政府注重吸引外资来发展本国农业和实现现代农业的市场化目标。经过 20 多年的改革发展，老挝农业经济以年均 4%～5% 的增长率稳步发展，各项农业生产总值都实现了质的提升。

（2）农业发展基本概况。老挝经济发展落后，工业基础薄弱，农业在国民经济中占有主导地位，2015 年老挝农业人口占全国总人口的 61.37%。北部山地大部分地区的农业尚处于刀耕火种阶段；东南部高原和西部低山丘陵的种植业较为发达，但总体并不发达；平原低地地区是老挝经济较为发达的区域，包括湄公河沿岸的万象市及周边、中部的沙湾拿吉省和南部的占巴塞省，是全国粮食产品和工业品的主要供应地①。老挝土地资源丰富，日照时间长，雨水充足，农业开发条件较好。全国可耕地面积约 800 万公顷，农业用地约 470 万公顷。2014 年老挝全国耕地面积 98.1 万公顷，实际种植面积 95.8 万公顷。水稻、薯类、玉米、花生、烟叶、棉花等是老挝最主要的农作物，其中全国种植总面积的 85% 种植水稻，水稻中 90% 是糯稻。稻谷种植主要分布在万象、沙湾拿吉省、沙拉湾省和占巴塞省等地区，其中南部三省稻谷产量占总产量的 40%。2015～2016 财年稻谷产量约 343 万吨。咖啡是老挝最为重要的出口农产品之一，种植区域主要是在南部占巴塞省、沙拉湾省和色贡省等地区。

如表 3－2 所示，据老挝国家统计局统计数据显示，近年来老挝农业生产总值呈增长趋势。2014 年和 2015 年老挝生产总值增长率分别为 3.6%、3.3%，其中种植业生产总值增长率分别为 5.8% 和 3.8%、畜牧业生产总值增长率分别为 3.6% 和 4%、渔业生产总值增长率分别为 4.7% 和 4.3%、林业和采伐业生产总值增长率较高分别为 27.0% 和 13.5%。

---

① 刘妍，赵帮宏，张亮. 中国投资老挝农业的环境、方向与战略预判［J］. 世界农业，2017（1）：198－203.

表3-2 2014~2015年老挝第一产业生产总值及增长率

第一产业主要指标	生产总值（百万基普）		生产总值增长率（%）	
	2014年	2015年	2014年	2015年
农业	21217	22359	3.6	3.3
其中：1. 种植业	13673	14523	5.8	3.8
2. 畜牧业	3733	3908	3.6	4
3. 林业和采伐业	826	730	27.0	13.5
4. 渔业	2986	3197	4.7	4.3

资料来源：老挝国家统计局经济统计司。

（3）老挝农业发展面临的问题。第一，科技力量薄弱和资本短缺。由于老挝缺乏专业的生产技能培训和专业的技术人才，同时，老挝农民的受教育水平较低，老挝农产品在市场发展中有可能会受到影响。另外，老挝资本短缺、农业基础设施薄弱也是一个重要的问题。而且，老挝可以用于农业运转的资金投入相当有限。一旦出现基金链的断裂，农业生产必会遭受到巨大影响，因此必须加大国家对农业建设资金和基础设施的投入，出台有利于农业发展的政策和银行信贷支持，并且充分利用境外资本，吸引外来资本的投资并用于发展本国农业①。

第二，家庭经济结构制约。虽然大多数老挝农民从事农业生产维持收入，但农业收入所占比例并不高。老挝多数家庭中的人力通常是通过从事第二或第三产业来增加收入。老挝农村家庭中的青壮年多数倾向于外出打工，年老体弱的家庭成员则留守家庭，从事农业的青壮劳动力的缺失导致农村耕作土地的大量荒废，因而制约了农业的发展。农业的发展需要劳动力的投入，缺失了这个生产要素，农业发展必然会受到阻碍②。

第三，农村金融机构体系缺失。老挝农村的基础设施薄弱，自然灾害抵御能力低、经营规模小等弱点都需要依靠资金对农业的投入来克服。老挝农村经济结构单一，吸引企业和金融机构的资金支持困难，这些缺点制约着老挝农业的可持续发展。制约其农业发展的关键因素主要有农村经济结构单一和金融机构体系缺失。

第四，基础设施薄弱。农业中关键的生产要素有耕种土地，水利设施、肥料和资金这些生产要素的缺失不利于老挝农业的发展。农业生产基础设施建设包括农田水利建设、农产品流通重点设施建设、农业科技推广、气象基础设施建设、农业防护林建设等。水利设施是影响农业发展最为关键的因素，据有关部门统

---

①② 江丽.老挝农业发展的现实困境与农业经济可持续发展战略［J］.世界农业，2016（2）：166-169.

计，将近 53% 的老挝农村地区缺乏相关配套的水利设施，由于缺乏水利灌溉，耕作的次数必然减少，从而影响农作物的收成[1]。公路是打开农产品市场的基础设施，如果受到交通不便利的限制，一些时令新鲜水果就无法及时地运到市场，农产品销售通道不畅间接地影响到农民的收入，从而影响农民的生产积极性[2]。

2. 第二产业

老挝工业发展概况。第一，总体情况。老挝工业基础薄弱，没有重工业。主要工业企业有发电、锯木、采矿、炼铁、水泥、服装、食品、啤酒、制药等及小型修理厂和编织、竹木加工等作坊。如表 3－3 所示，老挝 2014 年和 2015 年第二产业生产总值分别为 31614 百万基普和 33529 百万基普，第二产业生产总值增长速度均为 8.8%。其中，2015 年食品制造业、饮料和卷烟制造业和纺织、服装、鞋类和皮革制造业的生产总值分别为 2503 百万基普、1003 百万基普和 812 百万基普，生产总值增长速度分别为 5.9%、5.3% 和 2.1%。

2004～2015 年以来，老挝农业生产总值占 GDP 的比重下降，工业和产业结构向工业化进程发展较快。工业和服务业生产总值占 GDP 比重得到提高，但是只有在采矿业、水电业等为数不多的部门。如表 3－3 所示，2015 年老挝采矿业生产总值增长速度为 9.3%，供电业生产总值增长速度为 10.7%，均高于其他部门。

第二，水电制造业。"水电富国"是老挝的国家经济发展战略。对于本国水电资源开发和利用老挝政府也高度重视。并且老挝政府也提出要将老挝建成"中南半岛蓄电池"的目标，进而为摆脱国家贫困和逐步实现现代化提供战略支撑。水电业成为主要创汇行业，水电 90% 左右出口泰国。如表 3－3 所示，2014～2015 年老挝供电业生产总值分别为 4565 百万基普和 5177 百万基普，生产总值增长速度较快，2015 年老挝供电业生产总值增长率为 10.7%。

老挝水资源丰富，除自用外还可出口，但少部分村、县尚未通电。2014 财年老挝全国 1 兆瓦以上电站 25 座，总装机 324.4 万千瓦，境内输变电线路全长 47242 公里。老挝国家电力公司下属电站 10 座，装机约 39 万千瓦，占总装机 12.04%；私人投资电站 15 座，装机 285.4 万千瓦，占总装机 87.96%。在建电站项目 12 个，输变电线路项目 64 个。2014 财年全年发电 154.69 亿度，同比增长 10.44%，出口电力 124.74 亿度，占发电总量的 81%，收入约 6.1 亿美元。自泰国、越南和中国进口电力 12.94 亿度，支出 6722 万美元。

根据老挝国家电力公司（EDL）规划，在 2020 年，局部地区以 115kV 和

① ② 康未来. 老挝农村金融研究 ［D］. 长春：吉林大学，2012.

230kV 电网作为地区主网，国家级干网、跨区域电网连接以及外送越南和泰国电力网络通过 500kV 输电线路传输。尤其是外送越南和泰国电力需求越来越大，在未来 10 年内有较大的增加（至 2020 年将超过 5000MW），争取在 2020 年让全国 98% 的居民用上电。

表 3-3　2014～2015 年老挝第二产业生产总值及增长率

第二产业主要指标	生产总值（百万基普）		生产总值增长率（%）	
	2014 年	2015 年	2014 年	2015 年
工业	31614	33529	8.8	8.8
其中：采矿业	12011	14636	13.7	9.3
食品制造业	2342	2503	3.6	5.9
饮料和卷烟制造业	948	1003	3.7	5.3
纺织、服装、鞋类和皮革制造业	793	812	2.8	2.1
其他制造业	3826	3934	2.4	2.5
供电业	4565	5177	1.6	10.7
供水、污水处理、垃圾处理和治理业	429	505	10.2	17.6
建筑业	6699	7637	11.9	12.1

资料来源：老挝国家统计局经济统计司。

第三，采矿业。老挝采矿业在老挝工业中占有非常重要的位置。2014 年和 2015 年老挝采矿业生产总值分别为 12011 百万基普和 14626 百万基普，分别占老挝第二产业生产总值的 38.0% 和 43.6%，生产总值增长速度均为 8.8%。由于经济和技术等方面的原因，仍是比较落后，老挝采矿业许多矿产资源并没有得到有效的勘探和开发。据老挝《经济社会报》2014 年 1 月 24 日报道，老挝计划投资部信息显示，截至 2013 年全国获批的矿产类投资项目达到 470 个，项目特许经营面积 36323.64 平方公里，总投资额 59 亿美元。其中，北部省份的特许经营面积最大，达到总面积的 59%。老挝全国获批并进行勘探、开采的矿产项目主要集中在 21 种矿产中，其中投资项目数量排名第一的是铜矿，有 49 个项目，占总项目数的 24.02%，面积 14463 平方公里，占总面积的 39.82%；排名第二的是铁矿，共有 29 个项目，占总项目数的 14.12%，项目面积 3428 平方公里，占总面积的 9.44%；排名第三的是金矿，有 24 个项目，占项目数的 11.76%，项目面积 4394 平方公里，占总面积的 12.10%；排名第四的是煤炭，有 18 个项目，项目面积 2782 平方公里，占总面积的 7.66%。矿产投资项目分布在全国各地，北部有 15 种矿产，特许经营面积 21433 平方公里，其中，铜矿占面积达一半以上，达到 57.56%，接下来依次是金矿、铁矿和煤炭；中部有 13 种矿产，特许经营面积 7584 平方公里，其中钾矿 2923 平方公里，占中部总特许经营面积的 38.55%，其次是金矿，2130 平方公里，占中部总特许经营面积的 28.10%，接下来是铁矿，占中部总面积的 14%；南部有 7 种矿产，特许经营面积 7297 平方公里，其中铝土矿面积 3101 平方公里，占南部总特许权经营面积的 42.50%，接下来依次是铜矿和铁矿，分别占南部总特许经营面积的 23.24% 和 15.39%。[①] 采矿业在老挝还处于早期开发阶段。中国商务部驻昆明特派员办事处 2015 年 1 月表示，因缺乏投资经验和技术专长，老挝国内开发的矿业项目规模都比较小，矿业出口基本上是一些比较初级的原材料产品。但老挝重视矿业发展，非常欢迎外国的合作投资，这样可互利互惠，并促进可持续发展。在过去几年里，老挝政府已意识到资源可持续开发的必要性限制了矿产的无序发展，但采矿业仍是投资的热门行业。据老挝计划投资部统计，2012 年政府批准采矿项目 54 个，2013 年 48 个，2014 年截止到 10 月批准采矿项目 13 个。大部分境外采矿投资者在老挝设立的企业为合资企业，2012 年合资企业投资额为 3.1 亿美元，国内企业和政府投资额 8700 万美元；2013 年矿业总投资额为 11.8 亿美元，其中合资企业投资达 10.7 亿美元，国内投资 1.03 亿美元。尽管政府已暂停矿业投资优惠，瞄准出口市场，但矿山投资仍是投资首选。老挝已经授予外国投资者 200 多个采矿许可证，涉及石油、天然气、褐煤、金矿以及宝石的勘探开发。在所有的投资者中，中国投资者持有采矿许可的比例最高，达到 50 个。[②]

3. 第三产业

第三产业包括旅游业、金融业、仓储和交通运输业和房地产业等服务行业。老挝服务业基础薄弱，起步较晚。革新开放政策执行以来，老挝服务业取得很大发展，尤其是旅游业，已成为经济发展的新兴产业；第三产业也成为老挝最主要的产业。据老挝工贸部、老挝国家银行统计，2015～2016 年老挝服务业生产总值增长率为 8.5%，服务业占 GDP 比重为 39.8%。

（1）旅游业。近年来，老挝旅游业持续增长已经发展成为老挝的新兴产业，老挝旅游业已成为老挝第二大收入来源，仅次于矿产业。2013 年欧洲旅游和贸易委员会评选老挝为"2013 年世界最佳旅游目的地国"，这吸引了更多的外国游客来老挝旅游。据老挝新闻文化和旅游部报告显示，2013 年第一季度旅游人数达到 99.8 万人，增长了 15%，其中来自亚太地区游客约 90.8 万人次，以泰国和

① 郭瑾瑾. 我国对老挝矿业投资风险研究评价 [D]. 北京：中国矿业地质大学，2014.
② 赛贺. 老挝吸引中国 FDI 的经济效应与产业选择研究 [D]. 广西：广西大学，2016.

越南居多①。老挝的旅游市场近 10 年来呈现出了高速发展的态势，旅游市场的规模增加了数倍之多，游客人数从 2001 年的 894806 人增加到了 2013 年的 3779490 人，外汇收入也从 2004 年的 118947707 元增长到了 2013 年的 595909127 元②。

据老挝计划投资部统计，2014 年全年老挝接待外国游客共 390 万人次，同比增长 3.9%，创造收益约 6 亿美元。全年国内航班 20447 次，搭载乘客 677217 人次，同比增长 43.04%；国际航班 16846 次，搭载乘客 811619 人次，同比增长 13.87%。全国共建成旅游景点 1916 个，其中自然景点从 849 个提升至 1093 个，文化景点由 435 个提升至 541 个，历史景点由 209 个提升至 282 个。

据老挝《巴特寮报》2017 年 3 月 1 日报道，2016 年赴老挝旅游人数 423.9047 万人，同比 2015 年减少 40 万人，主要是美国和东盟国家旅客减少。导致旅客减少的主要原因是：出入境老挝的手续还不够便利，缺乏独特性，难以吸引外来游客，对老挝的宣传还不到位以及周边国家对旅游业的重视给老挝带来了竞争压力等③。

（2）金融业。一是金融环境。第一，外汇管理。老挝金融环境相对宽松，外汇管制逐渐放宽。根据老挝外汇管理规定，基普为有条件兑换，鼓励使用本国货币，但在市场上基普、美元及泰铢均能相互兑换及使用。人民币仅在老挝北部中老境地区兑换使用。老挝央行网站公布的利率、汇率表上同时有基普、泰铢、美元的存贷款利率以及基普兑泰铢和美元的汇率。外国企业在老挝注册之后就可以设外汇账户以便用于其进出口结算，但是在老挝外汇的进出需要申报，如果携带超过 1 万美元的现金，则需要向有关部门申报并获得同意才可以出入境。

第二，融资条件。老挝银行经营方式单一，其资产少，尚未建立个人信用体系；银行借贷款的条件惜贷，贷款和利息都比较高。中资企业尚不能使用人民币在老挝开展跨境贸易和投资合作。

第三，信用卡使用。2012 年，中国银联与老挝外贸银行合作开通银联卡业务，在当地较大的商店或超市可以使用中国发行的 VISA 和万事达卡。

2015 年 11 月 30 日，中国银联、中国国家开发银行和老挝国家银行共同宣布，三方合作建设的老挝国家银行卡支付系统项目上线，使老挝境内发行的银行卡联网通用，银联在支付系统设施建设、运维服务等方面提供支持。国开行在此项目上创新援外代理新模式。

老挝是中国对外投资最主要的新目的地之一，中国也是老挝国际游客主要来

---

①③ 老挝_ 国别报告_ 新华丝路数据库 ［EB/OL］. http：//app. db. silkroad. news. cn/？app = country & controller = index&action = index&proid = 93.

② 张耀辉. 老挝旅游产业发展研究 ［D］. 吉林：吉林大学，2016.

源地。在这一大的背景之下，当地的银联卡业务快速发展。在老挝 80% 的商店和 ATM 机都可以使用银联卡，以便满足游客和当地居民银联卡持卡人的使用需求。老挝已经发行了 60 万张银联卡，占全国已发行银行卡总量的 70% 以上，"银联"已成为老挝第一大银行卡发卡品牌。

第四，证券市场。2009 年 7 月，老挝国家银行与韩国证券交易所签署合资建设老挝证券市场协议。2010 年 10 月 10 日，老挝证券市场举行挂牌仪式，2011 年 1 月 1 日投入运营，首轮 IPO 2 只股票：外贸银行和大众发电。老挝证券市场的发展方向是，引入国际资产评估和信用评级机构，推出基金和企业债等产品。

迄今为止，老挝已有 4 家证券公司。其中，全资质的证券公司 3 家，分别是：老中合资的老—中证券、老泰合资的外贸银行—恭泰证券和老越合资的澜沧证券，可从事财务顾问、证券经纪及交易代理、证券承销等业务。1 家可从事财务顾问业务的老泰合资证券公司：APM（Lao）。2010 年，老挝外贸银行与泰国 KT Zmico 证券合资成立外贸银行—恭泰证券，老挝发展银行和越南 SACOM 银行合资成立澜沧证券，承担老挝股票市场的买卖及发行等业务。老—中证券由中国太平洋证券股份有限公司、老挝农业促进银行和老挝信息产业有限公司合资创建。2013 年 3 月 27 日，由三方合作的老中证券有限公司项目签约，同年 11 月 16 日开业，并获得老挝证管委颁发的永久牌照。这是中国首家经证监会批准的国外合资证券公司，总投资额 1000 亿基普（约合 8000 万元人民币），太平洋证券股份有限公司占股 39%，老挝农业促进银行占股 41%，信息产业股份有限公司占股 20%。

截至 2017 年 3 月，已有 5 家上市公司，其中 2 家国有企业：外贸银行、大众发电，3 家民营企业：老挝世界、老挝石油贸易公司、苏万尼家庭中心。老挝证券交易所在 2015 年 12 月 8 日召开的新闻发布会上称，至 2020 年，在老挝证交所的上市公司将达 25～30 家公司。为促进和鼓励更多投资者在老挝证交所上市，老挝证交所与老挝证券委员会办公室（Lao Securities and Exchange Commission Office）和证券公司合作并商讨决定，将股票交易服务费利率从 0.7% 和 1% 降至 0.2%。

二是老挝金融机构。老挝金融机构主要有中央银行、商业银行、外资银行、中资银行以及其他金融机构。老挝国家银行（Bank of the Lao PDR，BOL）是老挝的中央银行，是老挝银行和金融机构的管理部门。行长为宋袍·派西（Somphao Phaysith）。老挝现有 3 家国有商业银行：老挝外贸银行（BCEL）、老挝发展银行（LDB）、农业促进银行（APB）。老挝有 7 家私营银行。同时，老挝有 1 家专业银行，它是老挝国家自己的银行，即 Nayoby Bank（NBB），该银行政策是释放特别贷款，推动扶贫计划。在扩大贷款服务覆盖范围同时，考虑降低贷款利率。为使贷款服务覆盖偏远社区人民，银行有 10 家分行和 71 个服务站点，通过贷款服务与村庄基金相结合来开展试点计划。老挝的商业银行无法将其分支机构扩大到全国所有社区，NBB 填补了这个空缺。贷款管理太差是其缺点。

老挝政府鼓励外国金融机构到老挝设立分支机构或成立合资企业。老挝现有 3 家合资银行，即老越银行 LVB、老法银行 BFL、老中银行 LCB；有 9 家外资子行，有 19 家外资银行分行[①]。

老挝的中资银行有中国工商银行万象分行、老中银行（Lao China Bank Co., Ltd.）、中国银行万象分行（Bank of China Limited Vientiane branch）等。中国工商银行万象分行（ICBC Bank Vientiane Branch）于 2011 年 11 月 28 日开业，为首家我国在老挝投资的金融机构[②]。2012 年 6 月成为老挝唯一人民币清算行，是工行境外机构中首家获得所在国监管机构授予人民币清算行业务牌照的分行。该行与中国出口信用保险公司合作，在老挝外交项目中成功办理老挝首笔非主权担保的"信保＋银行"融资，探索出一条解决企业融资难问题的新路径[③]。截至 2016 年 6 月末，工行万象分行总资产规模超过老挝外贸银行，成为老挝资产规模最大的商业银行。云南富滇银行与老挝外贸银行合资成立的老中银行（Lao China Bank Co., Ltd.）于 2014 年 1 月在万象开业，这是国内城商行在境外设立的首家经营性机构。中国银行万象分行（Bank of China Limited Vientiane branch）于 2015 年 3 月开业[④]。

三是金融和保险业发展现状。老挝金融和保险业，基础薄弱，起步较晚，但是这两年发展得较快。2015 年老挝金融和保险业国内生产总值为 2433 百万基普；增长速度为 11.0%[⑤]。

老挝的保险业处于发展的初级阶段。1990 年老挝出台了《保险法》。为使现代保险监管体系的雏形基本形成，老挝政府于 2014 年 2 月出台了新《保险法》，并完善保险市场。老挝国家保险公司（Assurances General Laos，AGL）是老挝政府与法国 AGF 保险集团（后被德国安联集团收购）于 1991 年达成协议共同出资建立的股份制公司，老挝政府持股 49%，法国保险公司持股 51%，股金共 200 万美元[⑥]。老挝保险公司在老挝全国开设了 17 个分支机构，业务遍及全国，且信誉良好。近年来，泰国、越南和日本等亚洲国家的保险公司陆续在老挝开展业务。

根据 2014 年实施的新《保险法》，外资进入老挝市场，可以采取合资或者全资子公司形式经营保险业务，但目前市场上已有的保险公司中，外资份额均不高

---

①②③④⑤⑥　老挝_ 国别报告_ 新华丝路数据库［EB/OL］. http：//app. db. silkroad. news. cn/? app = country&controller = index&action = index&proid = 93.

于 80%（Tokojaya Lao Assurance 为 80%）。外资必须有 5 年以上的保险从业经验。经营许可证由财政部颁发，但经营具体保险业务时还需要得到老挝投资管理与国际经济关系委员会的同意。2012 年"入世"之后老挝采取产寿分业经营，此前获得混业经营许可证的公司必须分设产寿险独立的子公司。老挝"入世"承诺确定"入世"5 年内不限制外资持股比例，5 年后新设公司外资持股上限为 51%。设立保险公司的最低资本金约合 200 万美元，实缴资本不得低于注册资本，且 1/3 以上的注册资本必须在申请成立之初存入老挝本地的商业银行；获得许可证 90 天后，需将注册资本的 80% 存入老挝国内商业银行，剩余 20% 要求在 1 年之内存入。①

（3）交通通信业。第一，公路交通。老挝交通运输以公路为主。2015 年全国公路总里程为 51597 公里，其中水泥路 310 公里，高级沥青路 814 公里。有 8 条国道（全长 2850 公里）作为与东盟国家连通的公路。2015 年 5 月，缅老首座友谊大桥开通。至此，老挝已拥有 10 座跨湄公河大桥，其中跨国湄公河桥梁 5 座。2013 年，全国汽车保有量 130 万辆。

第二，铁路交通。老挝第一条铁路全长 3.5 公里，于 2008 年 2 月 20 日同泰国铁路接轨，同年 7 月开始营运。2015 年 12 月 2 日，老中铁路在万象市举行开工奠基仪式，该铁路总长 427.2 公里，预计耗资 387 亿元人民币（60.4 亿美元）。

在建的中老铁路是老挝实现"陆联国"战略的最重要一环。2015 年 11 月 13 日，中老铁路项目在北京举行签约仪式，2016 年 12 月 25 日举行开工仪式，预计 2021 年建成通车。

第三，水运。老挝内河航道总长 4600 公里，其中湄公河老挝境内河段通航里程 1600 公里，是全国水运干道；除万象到沙湾拿吉河段可全年通航外，其余航道因水流湍急、多瀑布险滩，须分段航行。

第四，民用航空。国营航空公司 2012 年 6 月获英国 UKAS 机构国际 ISO9001：2008 认证。国际机场有万象瓦岱机场、琅勃拉邦机场、沙湾那吉省色诺机场、丰沙里机场和巴色机场。瓦岱国际机场和琅勃拉邦机场改建已经完成，可起降和停靠波音 747 和空客 320 等大型飞机。老挝现有万象—中国昆明、万象—中国南宁、万象—中国广州、万象—中国常州、万象—泰国曼谷、万象—越南河内、万象—柬埔寨金边等国际航线。2015 年 7 月 28 日正式开通云南—西双版纳—老挝琅勃拉邦航线。

第五，电信。邮电通信部是老挝电信业的管理机关，该部门负责电信政策的制度。电信产业运营商主要有 LTC 电信、ETL 电信、STAR 电信、Milicon 电信、

---

① 戴树人. 老挝：保险市场处在底层水平［N］. 中国保险报，2016－01－07.

SKY 电信。LTC 电信是老挝与泰国合资企业，主要从事移动和固网宽带数据通信业务的运营；ETL 电信是老挝国内唯一的全资国有运营商，从事移动宽带和国家光纤专网的通信业务运营；SKY 电信是私营企业，从事移动通信和固网业务。2012年 LTC 开题 4G 通信网络，是东盟地区继新加坡之后第二个开题 4G 网络的国家。

2015 年 8 月 12 日，老挝邮电通信部党委会第一次代表大会在万象举行，邮电通信部部长兼党委书记谢姆·冯玛占（Hiem Phommachanh，又译为谢姆·蓬玛占）在会上表示，在电信领域，电信部门的一项显著成绩为在全国所有省份、首都以及 145 个县安装光纤传输线路达 60000 公里。此外，无线电波监控中心在万象成立，有关无线电视和电信的老挝卫星项目（LaoSat1）将于 11 月完成。另一项显著成绩为国家互联网中心已完成升级以便收集信息，并通过单一渠道充当国内外电话和互联网运用的网关。建立预防和解决电脑紧急事件的中心，并把老挝互联网域名 dot la（.la）列入国家互联网中心的管理下。另一项重要成果是为电脑和各种品牌手机开发了老挝键盘字体 Phetsarath 以及英语—老文的词典软件。全国 85% 的人口（650 万人）已使用座机或手机，90% 的村庄已覆盖移动信号。在邮政领域，全国 145 个县邮政网点覆盖率达到 88%[①]。

老挝邮电通信部副部长谭沙迈·巩玛希在 2015 年 11 月表示，老挝的电话使用率目前已达到 85%，与 2010 年相比提升了 15%，而且部分大城市的电话使用率也已经达到了 100%；互联网（含宽带上网及光纤上网）使用率已经达到21%，与 2010 年相比提高了 10%。

二、对外贸易

1. 对外贸易现状

老挝积极发展对外经贸关系，1997 年 7 月正式加入 ASEAN，成为东盟新四国之一；同时老挝也是大湄公河次区域（GMS）合作成员和中国—东盟贸易区成员国之一。2007 年老挝正式提出申请加入 WTO，并于 2012 年 10 月 26 日获得世界贸易组织的批准，12 月老挝国会通过了老挝"入世"的议案。老挝成为世贸组织的第 158 个成员，也是最后一个加入世贸组织的东盟国家。老挝与全球 50多个国家和地区有贸易往来，并且和 18 个国家签署了相关贸易协定，中国、韩国、日本、俄罗斯、新西兰、澳大利亚、加拿大、欧盟和瑞士等国家（或地区）向老挝提供贸易优惠关税政策。泰国、越南和菲律宾等东盟国家，以及日本、中国和欧盟等国家及地区是老挝的主要贸易伙伴。

据老挝国家统计局数据显示，2015 年老挝出口额为 73305.3 万美元，进口额

---

① 中国—东盟年鉴·2016［M］. 北京：线装书局，2016.

为 113042.9 万美元，贸易逆差 3973.76 万美元。老挝出口的商品主要有纺织品、咖啡、木制品和农产品，进口的商品主要有汽车零部件、工业制品、汽油和天然气、建材和食品。

2. 中老双边贸易关系

自 2003 年第一次突破 1 亿美元以来，中老双边贸易一直稳步发展并且呈现增长趋势。2015 年，中国成为老挝第二大出口市场以及第二大进口市场。据老挝国家统计局数据显示，2015 年老挝向中国出口额为 29.8 千美元，占其出口总额的 29.8%；进口额为 10.81 千美元，占其进口总额的 18.36%。据我国海关总署数据显示，2016 年我国对老挝进出口总额达 23.4 亿美元，出口额 9.9 亿美元，进口额 13.5 亿美元。

第三节 老挝经济发展的相关政策：2015～2016 年

一、投资政策

1. 投资主管机构

老挝投资主管机构主要有工业与贸易部（以下简称工贸部）、计划投资部和投资促进网站等部门。工贸部、政府办公厅和计划投资部分别对老挝投资的一般投资、特许经营投资和经济特区投资负责①。计划投资部（Ministry of Planning and Investment，MPI）下属的投资促进部（Investment Promotion Department，IPD）是为投资者提供老挝投资程序方面的信息的第一站，该机构的主要职能有：促进老挝成为投资目的地，提供投资鼓励政策、筛选投资建议、修正投资数据和监控投资活动②。投资促进部包括七个部门，分别是：管理部（IPD1）、投资促进部（IPD2）、筛选项目部（IPD3）、法律事务部（IPD4）、规划和项目监控部（IPD5）、"一站式"服务部（IPD6）、国际投资合作部（IPD7）。投资促进部网站（http：//www.investlaos.gov.la/）介绍了投资的税收及非税收鼓励政策、各省及特殊经济区（SEZ）的投资项目等信息。投资促进部在中国、法国、日本、泰国、越南、俄罗斯分别设立了代表处（Representative Office）③。

老挝贸易主管部门为老挝工贸部（下设省市工业与贸易厅、县工业与贸易办公室），主要职责是制定、实施有关法律法规，发展与各国、地区及世界的经济

---

①②③ 老挝_ 国别报告_ 新华丝路数据库［EB/OL］. http：//app. db. silkroad. news. cn/？app = country&controller = index&action = index&proid = 93.

贸易联系与合作，管理进出口、边贸及过境贸易，管理市场、商品及价格，对商会或经济资讯机构进行指导以及企业与产品原产地证明管理等。老挝与贸易相关的主要法律有《投资促进法》《关税法》《企业法》《进出口管理令》《进口关税统一与税率制度商品目录条例》等。

2. 投资政策

2010 年 3 月老挝将原来的《国内投资促进管理法》和《外国投资股促进管理法》合并成《投资促进法》并颁布实施。对于外国的投资老挝政府给予税收、信息服务及便利条件等一系列的优惠政策。

2016 年 11 月 17 日，老挝计划投资部副部长坎连·奔舍那在国会八届二次会议上提议通过新投资促进法。他表示，修改后的投资促进法能让国内外投资者更加方便、快捷、合规地参与到地区和国际经济活动中，得到更多的效益和政府保障，使国家社会经济绿色、长久地发展。老挝为私有财产得到有效保护，实施《民法》，并规定了老挝自然人和法人之间的财产关系。同时，老挝还颁布了《企业法》和《矿产法》，其中《企业法》区分了企业类型，规定了企业章程；《矿产法》对矿产资源的所有权、保护开发、经营者权益和当地居民权益等做出了相关规定。

二、产业政策

1. 支持产业

老挝支持外企投资的主要产业有：农林、农林加工及手工业；先进加工技术和科学研究、生态环境及生物资源保护；人力资源开发；基础设施建设；重要工业用原料；旅游及其他服务业等。

老挝政府目前重点扶持的三个产业主要有：食品生产、日用品和出口商品生产及重要的基础设施建设。同时，老挝政府鼓励使用当地自然资源和人力资源。

2. 限制产业

老挝政府为维护国家安全、社会经济和环境保护而进行需要专门控制的行业有：石油、矿产、重金属等能源行业、自来水、邮电和交通等基础行业，以及其他重要行业，如烟酒、粮食、文化产品等。

2012 年老挝政府暂停了新的橡胶、桉树种植和矿产等特许经营项目的审批。为了阻止因过度开采矿产导致的环境污染，2013 年 7 月老挝国会要求尽快出台相关规定；同时，政府应该和一些不遵守相关法律法规的矿产公司终止合同，进而杜绝打击违法采矿的行为。2017 年，老挝政府继续暂停矿产类项目的审批，同时还将对已批准的项目进行检查。截至 2016 年底，老挝全国已审批通过的有 657 家企业的 942 个项目，其中，中央政府批准的可以开展普查勘探或者矿产开采的企业有 226 家，地方政府批准的有 431 家。

3. 禁止产业

在老挝，以下产业是被禁止的：生产销售武器；种植、加工和销售毒品；生产销售（由卫生部专门规定）兴奋剂；生产销售对良好民族风俗习惯不利的文化产品；生产销售对环境和人类有危害的工业废料及化学用品普；以及与色情相关的服务。

三、财政政策与货币政策

1. 财政政策

根据老挝财政部统计，2014～2015 财年上半年老挝政府财政收入约 12 万亿基普（约合 15 亿美元），完成年度财政收入计划的 46.5%。2015 年 7 月，由于老挝政府当前财政状况依然紧张，2015～2016 财年期间老挝政府暂不上调公务人员工资，计划于 2016～2020 年老挝经济社会发展 5 年规划落实后上调，根据当前财政情况，预计 2017～2018 财年执行工资上调。中国商务部 2015 年 11 月提醒，当前老挝财政困难，政府项目存在预算不足、资金延迟到位等情况，建议中资企业慎重对待。

2014～2016 年，由于物价下滑，尤其矿产和石油价格下跌，加上存在税收漏洞，老挝面临着财政收入不足的情况。据《万象时报》2016 年 8 月 18 日报道，为增加财政收入，老挝财政部正考虑提高土地、道路使用方面的税率，并通过使用电子支付系统等方式，提升、便利税收工作。

2016 年 8 月 17～19 日，副总理兼财政部长宋迪·隆迪在预算工作会议上说，财政部正与老挝央行一起，通过贷款、发行债券来维持资金流动性、应对预算支出的需求。老挝面临的主要挑战是预算支出的需求高于国家发展所需的财政收入能力。宋迪还称，政府高度关注公务人员的工资发放、外债偿还，将严肃执行财政纪律，保证所有既定计划支出。11 月，宋迪在国会八届二次常会上表示，2017 年政府财政支出将依据实际财政收入情况进行分配，以节约和减少浪费性支出，保障政府重点工作计划。2017 年计划偿还 1.897 万亿基普债务，其中偿还国外债务 1.32 万亿基普，国内债务 5610 亿基普。该项支出预计将使老挝政府 2017 年财政支出达 32 万亿基普。

2. 货币政策

在国际金融仍不稳定，大宗商品价格剧烈波动的背景下，老挝央行继续通过非直接的货币政策工具保持国内物价的稳定，特别是政策基准利率，存款准备金率以及公开市场操作，以及继续公布每天指导汇率以引导商业银行和外汇相关机构。

（1）利率。根据老挝央行 2017 年 1 月发布的 2016 年第二季度季报，老挝央行对于期限少于 1 周的贷款，继续维持年政策利率 4.5%；对 1 周以上贷款的政策利率为 5.31%；对两周至 1 年的贷款的政策利率为 10.63%。同时，央行对商业银行实行利率政策。此外，老挝央行不仅继续保持本币存款准备金率为 5%，外币存款准备金率为 10%，而且支持公开市场操作，同时充当商业银行的最后贷款人。

表 3-4　老挝存贷款利率、信贷增长率　　　　　单位:%

年份	贷款利率	存款利率	货币市场利率	国内信贷增长率
2014	13.625	3.1	6.5	17.7
2015	12.125	2.6	6.5	17.9
2016	14.00	2.0	6.5	17.5

资料来源：国际货币基金组织，世界银行。

（2）汇率。过去几年，老挝货币兑美元的汇率呈稳定上升的趋势。2005 年老挝央行公布的汇率为 10600 基普兑换 1 美元，2012 财年，基普对美元升值 1.81%，对泰铢贬值 0.46%。2016 年第二季度，老挝央行公布的平均汇率为 1 美元兑 8124.35 基普，1 泰铢兑 231.70 基普，与第一季度相比，基普对美元升值 0.32%，对泰铢贬值 0.84%。

表 3-5　老挝基普汇率（基普/美元）

年份	汇率（平均）	汇率（年末）	实际有效汇率（CPI 调整）
2014	8408.9600	8097.7700	143.7
2015	8147.9658	8172.6000	156.6
2016	8112.5000	8149.6000	160.1

资料来源：老挝国家银行，世界银行。

（3）货币供应。据老挝央行发布的数据，2014 年，M2 同比增长 25.2%，占 GDP 的比重达到 56%，主要是由于向经济中投放的信贷大幅增长 14% 所致。在 M2 的构成中，流通中的现金占 12%，本币存款占 44%，外币占款达到 44%。

据老挝央行 2017 年 1 月发布的 2016 年第二季度季报，老挝 M2 同比增长 11.21%，主要源于向经济领域投入的信贷比上个季度增长了 6.28%。其中，对私营部门的信贷增长了 7.73%，（占对经济领域投入信贷的 79.54%），对国有企业的信贷增长了 1.02%（占对经济领域投入信贷的 20.46%）。在 M2 的构成中，

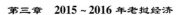

流通中的现金占 9.14%，本币存款占 46.16%，外币占款达到 44.69%。

表 3-6　老挝广义货币（M2）增长率

年份	2014	2015	2016
M2 增长率（%）	25.2	14.7	14.2

资料来源：老挝国家银行。

第四章 2015~2016年老挝安全

第一节 2015~2016年老挝安全概况

一、军事力量依旧薄弱，跨界治理依赖性大

老挝为东南亚的内陆国，近年来较为注重与周边国家发展安全关系以及拓展合作范围。由于国力限制，老挝将国家发展重点放在了经济建设及招商引资方面，在军事发展上较为滞后。且老挝与他国的军事关系一般来说仅是常规的定期访问、军事交流与合作、军事援助等。且军事合作的细节往往不会全部对外披露。从目前所收集的数据来看，老挝军队规模基本无扩张，武器装备较为陈旧。很多先进的武器装备基本靠大国援助。近几年军费开支下降尤其明显，仅占GDP的1%左右，占政府开支的1%~3%，且逐年下降。国外对老挝的大笔军事援助，主要针对老挝战争期间遗留的未爆弹药。例如，2016年9月美国总统奥巴马访问老挝期间，承诺提供9000万美元资金以帮助老挝政府清理美国在越南战争期间投放的未爆炸弹。

老挝的跨界治理重点在于毒品防控和走私。2016年老挝警方破获了2508起涉毒案件，缴获毒品上千公斤。老挝境内毒品流窜主要是因为地形而起，因易跨界而屡禁不止。首先是老挝北部靠近金三角地界的山地民族，有种植鸦片的传统，专业的贩毒集团会在金三角地区跨界流窜并鼓励山地贫困居民种植鸦片以换取生活费用。其次在于湄公河流域是一个跨国河流，且是老挝的天然国界线。在毒品防控和走私的治理上，老挝面临着两个难题，一是跨界治理合作与协调需要一定的外交斡旋能力，二是跨界治理需要大量警力维持。这两点老挝都不具备，因此在跨界治理方面老挝与他国的合作，有赖于大国牵头。例如自2011年伊始

的中老缅泰湄公河流域执法安全合作，主要是由中国发起的。

二、国土边界划分明晰，偶有纷争无伤大局

老挝地处五国交界，分别与中国、越南、泰国、柬埔寨与缅甸交界。但是与上述五国并无大的领土纷争，其中老挝与中国、越南、缅甸的国境交界点目前都已确认完毕。老挝与泰国在边界问题上的争论主要是涉及湄公河部分岛屿归属问题，以及老挝沙耶武里与泰国接壤的部分村庄所划分的边界区域。但老挝与泰国已经建立边界委员会，这些小的争论都能在和平协商的环境下进行。另外，老挝与柬埔寨的边界纷争自20世纪70年代就已存在，主要就柬埔寨上丁省与老挝阿速坡与占巴塞两省共同陆上边界持有争端。

2016年，因老挝军队在老柬两国未定边界附近建设基地引发柬埔寨上丁省当局的抗议。老柬双方争执不下，使得边界问题持续发酵。同年6月，老挝与柬埔寨在柬埔寨上丁省边境两侧互设领事馆，以应对不断增长的犯罪威胁及边境纠纷，并且有意解决当期在两国边境上颇有争议的老挝军事基地建设问题。该事件最终以两国领导人的协议告终，同年8月，老挝总理通伦和柬埔寨首相洪森于2016年8月6日在万象达成协议，双方已一致同意筹备相关手续，于2016年底在老挝占巴塞省Nong Nokkhiene地区和柬埔寨上丁省Trapeang Kriel地区设立国际边检站，继续推进在两国余下的4个共享边界设立边境标记。

三、社会治安整体良好，局部区域出现暴力事件

老挝整体治安状况不差，但这有赖于该国国民的佛教信仰以及容易知足的民族特性，并非因为老挝政府治理社会秩序的手段严格。在老挝的著名城市，治安状况较为良好，但远离中心城市和交通干线的区域，例如老挝北部偏僻省区或边境区域尤其是靠近老缅边境的金三角区域，容易出现暴力事件。

2015年11月赛宋奔接连发生枪击事件，造成1死1伤。英美澳发布旅游警告，美国更禁止使馆人员前往赛宋奔。2016年1月24日上午3名中国公民在老挝赛宋奔省遭到爆炸物袭击，2人死亡，1人受伤。2016年3月23日晚，载有25名乘客及3名司机的一辆国际班车从中国云南昆明开往老挝首都万象，在行驶至老挝北部琅勃拉邦与万象省交界处的卡西县境内时，遭路边不明身份者枪击，车上6名男性中国公民受伤，其中2名伤者身中多枪，伤势较重。2016年5月6日在连接万象省与琅勃拉邦省之间新建的公路上，卡西县和琅勃拉邦Nanh县的要道上，老挝士兵与身份不明的武装部队发生枪战事件，导致1名士兵和8名不明组织成员死亡，数人受伤。这些枪击和抢劫等暴力事件的发生，导致2016年5月17日韩国外交部宣布扩大对老挝北部个别地区发布的旅游安全蓝色预警范围。

第二节　老挝军事力量

老挝作为一个完全的内陆国家，没有领海且领土争端较少，因此在东盟军扩大的背景下显得有些寂静。从各种文献收集的资料看，大部分能够公开收集的军备扩张和武器购买等信息的东盟国家是菲律宾、越南、马来西亚、印度尼西亚、泰国和新加坡这几个国家，剩下的东盟4国军备扩张公开信息出现甚少。老挝的军队在2015年中国9·3阅兵式上是第一次走出国门，其武器装备和军队信息能流传出来的甚少，从《简氏防务》这类军事刊物上能够得到的近期老挝军事装备信息大多与升级军备有关，例如简氏防务周刊2013年7月29日报道，7月初朱马里·赛雅颂在访问白俄罗斯期间，白俄罗斯极力向其展示其防御能力并表示愿意帮助实现防空现代化。访问期间，白俄罗斯向赛雅颂展示了针对苏制武器的升级系统，这些装备包括未指定的防空雷达系统。2016年5月俄罗斯与老挝国防部签署了一项军备维修合同，维护两架 Mil Mi-17-1B 和两架 mi-17 多用途直升机并将后者升级到 Mi-17-1B 标准。据称老挝于1997年从俄罗斯购买的12架 Mi-17s，仍有小部分在服务中。

一、军队规模

老挝人民革命军组建于1949年1月20日，史称"拉萨翁"部队，1956年1月改名为"寮国战斗部队"，1965年10月改称为老挝人民解放军，1982年7月改名为"老挝人民军"。老挝军队遵循的是党管军队的原则，老挝人民军受老挝人民革命党直接、集中、统一和全面的领导，党中央总书记是武装力量的最高统帅。老挝国防部是全军各个兵种的最高领导指挥机关，负责对部队的兵员补充、武器装备、作战训练、国防科研实行统一领导和协调。老挝国防部下设总参谋局、总政治局、总后勤局、总技术局四个部门。据中国国防部2016年5月提供数据显示，老挝军队实力编成，总兵力63000余人，陆军约60000人，空军3000余人。

老挝军队在20世纪五六十年代建军伊始，有3个兵种，分别为陆军、内河海军和空军。军队数量由最初1975年老挝人民民主共和国成立前后的60000人左右逐步减少至1993年冷战结束后的30000人左右，随后十几年间现役部队的数量一直保持在30000人左右，直到2009年之后现役部队人数才逐渐增加到50000人左右，直至2016年的60000余人。如表4-1所示。

表4-1 老挝军队现役部队人数

年份	陆军	海军	空军	年份	陆军	海军	空军
1974	60000	500	2300	1992	33000	500	3500
1976	40000	500	2000	1993	33000	500	3500
1980	46000	550	2000	1995	33000	500	3500
1982	46000	1700	1000	1998	25000	500	3500
1984	50000	1700	2000	2000	25000	600	3500
1986	50000	1000	2000	2003	25600	600	3500
1988	52500	1000	2000	2010	50000	600	3500
1990	52500	600	2000	2014	50000	1000	2000
1991	50000	600	2000	2016	63000	—	3000

资料来源：1974～1993年数据来源于 http：//www. globalsecurity. org；1995～2012年数据来源于世界军事年鉴；2014年数据来源于中国外交部；2016年数据来源于中国国防部。

从老挝常备军人数变化来看，老挝在冷战结束后基本没有顺应东盟"逆裁军"的潮流，而是与世界同步在裁减现役军队规模。但是这里不容忽视的一个问题是，老挝自1993年开始，在各省准备预备役部队。尽管老挝人民军常备军人数和规模偏小，难以满足国防和国内治安需要，但老挝国内的各省、县都建立了相应的人民武装力量。各省建有民兵师，各县建有民兵团，各镇建有民兵营，平日分散居住，但每年旱、雨两季，各级各地的民兵组织都会抽出约1个月的时间，进行针对性训练。据网站资料显示，在20世纪90年代初期省级武装部队大约有20000～30000名男性和女性，而全国各地的民兵组织或非正规人民军队，估计超过100000名男性和女性。省级部队没有财政军费支出，几乎没有武器，并只保持最低限度的训练。这些部队是在省政府的指挥控制下进行边界维稳和内部安全。在民兵武装力量组建初期，这些轻装的民兵几乎没有工资和常规军事训练，但他们是作为储备的常规武装力量，被组织在其原本的工作场所和当地村庄以维护地区安全。

从上述表4-1、表4-2的数据来看，东盟的两次军扩实际上老挝在现役部队的缩减与增加上都是顺应趋势的。第一次军扩在冷战结束后，虽然现役部队人数减半，但是国内各省市的准军事力量迅猛发展。第二次军扩背景下，老挝的现役军队人数逐渐增加1倍，全国各地准军事力量略有增长。

表 4-2　老挝国内准军事力量

年份	地方部队	备注	预备役部队	备注	民兵自卫队	备注
1995	2万余人	由省、市、县军事指挥部指挥，每省编有1~3个独立营和若干个独立连，有的省还编有炮兵（连）、高炮连、侦察连、通信连、特工连、工兵连等	—	老军从1993年下半年开始陆续在部分省组建预备役部队	—	分普通、机动和防空民兵3种
1999	近2万	—	年底达到1万人	—	年底达8万人	普通民兵每村编有1~2个班，每班7~9人；机动民兵编成排或连，每连75~85人，辖2~3个排，每排23~29人。防空民兵每个县城建立1个连
2000	近2万	—	约1万人	每个县编有1个预备役连，每个连70~170人	共8万余人	—
2010	—	—	—	—	10万人以上	包括各村"家园守卫队"和地方民兵

资料来源：通过对1996~2012年的世界军事年鉴整理而得。

二、军费开支

东盟自冷战之后至今，出现过两次军扩潮，第一次是冷战之后出现的东南亚"逆裁军"现象，而第二次则是关于南海问题纷争频现的时期。冷战后的东盟"逆裁军"是因为美苏势力的收缩在东南亚地区留下权力真空，东盟国家相继扩充军备，填补力量真空。而东盟第二次军扩的背景则是亚太地区格局与权力转移，东盟作为一个重要的区域组织在亚太地区扮演着越来越重要的角色。其区域影响重要性的增加以及南海问题，成为了东盟区域军扩的重要诱导因素，此番军扩在客观上增加了亚太地区形势的复杂性。东盟国家这次军扩行动是一个全区域性的活动。部分数据和有关资料表明，东盟地区不管是经济实力较强的新加坡、印度尼西亚，还是经济发展落后的柬埔寨、老挝、缅甸，都在不同程度地购买武器，扩充军备。但实际上此次军扩是以增强海空军事力量为前提的，期间交杂多种原因，例如经济增长导致的安全需求增加，国防现代化，维持国内稳定与国家统一，应对边界领土、领海纷争，对外部大国势力戒备等。

在东盟的两个军扩阶段，大部分国家政府军费开支变化趋势基本相同，如图 4-1 所示。到目前为止，除去新加坡和缅甸两国，其他东盟各国的军费开支均在政府支出的 10% 以下。这里之所以不用军费开支占 GDP 比重这个指标来对比，主要是因为东盟近十几年的经济高速增长，军费开支仅占 GDP 的很少份额。因此从军费开支占 GDP 比重这个指标来看，实际上东盟各国均有所下降。老挝的军费开支下降尤其明显，几乎仅占政府开支的 1%～3%，而且是逐年下降。

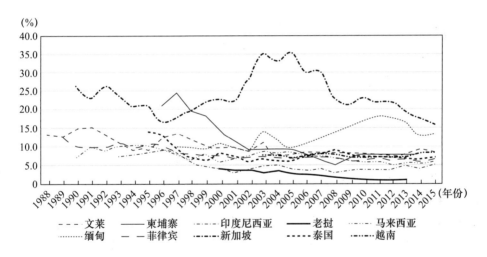

图 4-1 东盟各国军费开支占政府支出的比重（1988～2015 年）

资料来源：斯德哥尔摩和平研究所；部分东盟国家缺失一些年份数据，仅用平滑线代表趋势。

图 4-2 能够更为直观地体现老挝近些年的军费开支变化。冷战之后，东盟各国填补权力真空的军扩时期，老挝的军费开支占 GDP 的比重达到了高峰，而在 1998 年东南亚金融危机爆发时，降到了低点。此后，老挝的军费开支虽然在东盟二阶段军扩背景下略有增长，但相比起 GDP 的高速增长而言，几乎不值得一提。因此，从军费开支的角度来讲，老挝在东盟第二次军扩阶段，几乎是处于边缘化状态。这也跟东盟第二次军扩的背景有很大关系。

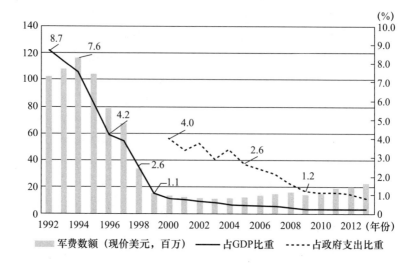

图 4-2　老挝历年军费开支（1992～2013 年）

资料来源：斯德哥尔摩和平研究所。

　　"冷战"结束之初东盟国家的"逆裁军"与现今东盟国家的扩充军备现象实际上并不是同一个问题，但都从侧面反映了东南亚在不同时期所面临的安全困境的挑战。老挝在东盟国家中较为贫穷落后，加之并未有太大的国际政治野心，因此在扩充军备上的表现并不明显。深究起来，恐怕一个最主要的原因是财政不足，尽管近几年老挝的经济增长速度较快，但这种增速却远远赶不上其国家财政支出的速度，以至于老挝近几年仍处于国家债务负担警戒线附近。这种经济上的限制使得老挝在扩军上明显心有余而力不足。老挝自建国以来虽与领国有边界划分等问题的困扰，但总体而言，并未形成较大冲突，更谈不上要以武力来解决，因此这也从客观上决定了老挝大量军扩的动力不够。但值得一提的是，自东盟进入经济一体化时期，老挝首次担任主席国，其变化还是较为明显的，老挝国内的各项指标都在向东盟的平均水平靠拢，包括国防现代化等方面。

三、武器装备

　　因准军事组织基本配备轻型武器，因此武器装备数据收集以现役部队的武器装备力量为主。从表 4-3 可以看出，老挝的武器装备扩充并不明显，尤其是陆军和内河海军装备十几年无大变化，但是在冷战之后，老挝的武器装备数量扩充是比较明显的。而进入 21 世纪后，老挝应该是在追求国防现代化的道路上缓慢前行，这阶段主要以武器装备的更新为主，尤以空军装备更新最为明显。

表 4 - 3　1985～2012 年老挝现役部队武器装备变化

年份	陆军装备	内河海军装备	空军装备
1985	主战坦克 30 辆、轻型坦克 25 辆、装甲人员输送车 50 余辆，以及各种火炮等	内河巡逻艇 6 艘	共有各型飞机约 50 架，其中作战飞机 20 架
1987	主战坦克 30 辆、轻型坦克 25 辆、装甲输送车 60 辆、各种火炮 135 门、地空导弹若干部	江河巡逻艇 20 艘（小于 100 吨，大部分为越南旧艇，其中包括苏制"丸花蜂"级）	作战飞机 20 架、运输机 15 架、直升机 12 架、教练机 22 架
1988	坦克 55 辆、装甲输送车 70 辆、压制火炮 130 余门，此外还有无坐力炮、高炮和地空导弹若干	江河巡逻艇 14 艘	作战飞机 34 架、运输机巧架、直升机 12 架、教练机 12 架，此外还有空对空导弹若干
1990	坦克：T－34/－55 型 30 辆，PT－76 型 25 辆。装甲输送车：BTP－40/－60/－152 型共 70 辆。牵引炮：105 毫米 25 门，122 毫米 40 门，130 毫米 10 门。迫击炮：82 毫米、120 毫米若干门。无坐力炮：57 毫米、75 毫米、107 毫米若干门。高炮：23 毫米、37 毫米、57 毫米若干门。地对空导弹：SA－3、SA－7 若干部	100 吨以下 40 艘	米格－21 型 30 架。运输机：安－2 型 6 架、安－24 型 5 架、安－26 型 2 架、雅克－0 型 2 架。直升机：米－8 型 10 架、米－6 型 2 架。教练机二米格－21 型 4 架。空对空导弹：AA－2"环礁"式若干
1993～1994	无变化	江河巡逻艇：100 吨以下约 50 艘，另有木船数十艘	对地攻击歼击机：米格－21 型 29 架。运输机：安－24 型 5 架、安－26 型 2 架、雅克－40 型 2 架。直升机：米－8 型 10 架、米－6 型 2 架。教练机：米格－21 型 2 架（具有作战能力）。空对空导弹：AA－2"环礁"若干枚
1995～1996	无变化	江河巡逻艇 12 艘、登陆艇 4 艘、小艇（船）约 40 艘	无变化
1999	无变化	无变化	攻击战斗机：米格－21 型 28 架。运输机：共 19 架，即安－2 型 4 架、安－24 型 5 架、安－26 型 4 架、雅克－12 型 4 架、雅克－40 型 2 架。直升机：共 27 架，即米－6 型 2 架、米－8 型 10 架、米－17 型 12 架、SA－360 型 3 架。教练机：共 14 架，即米格－21IJB 型 6 架（具有作战能力）、雅克－18 型 8 架。空对空导弹：AA－2"环礁"若干枚

续表

年份	陆军装备	内河海军装备	空军装备
2001	无变化	无变化	攻击战斗机：米格－21型12架。运输机：共14架，即安－2型4架、安－24型5架、安－26型3架、安－74型1架、雅克－40型1架。直升机：共27架，即米－6型1架、米－8型9架、米－17型12架、SA－36型3架、卡－32T型1架、米－26型1架。教练机：雅克－18型8架。空对空导弹：AA－2"环礁"型若干枚
2003	坦克：T－54/－55型30辆，T－34/－85型若干辆，PT－76型10辆。装甲输送车：BTR－40/BTR－60型30辆，BTR－152型20辆。牵引火炮：75毫米20门，105毫米20门，122毫米20门，130毫米10门，155毫米12门。迫击炮：81毫米、82毫米、107毫米、120毫米若干门。火箭筒：73毫米若干门。无后坐力炮：57毫米、75毫米、1肠毫米、107毫米若干门。高炮：14.5毫米、23毫米、37毫米、57毫米若干门。地空导弹：SA－7型若干部	无变化	无变化
2011	主战坦克25辆，其中T－54/T－55型15辆，T－34/58型10辆。轻型坦克PT－76型10辆。装甲运输车共50辆。BTR－40/BTR－60型30辆，BTR－152型20辆。火炮62门以上。牵引火炮62门，其中105毫米M－101型20门，122毫米D30/M－30/M－1938型共20门，130毫米M－46型10门，155毫米M－114型12门。无坐力炮57毫米M－18/A1型，75毫米M－20型，106毫米M－40型，107毫米B－11型，若干。反坦克火箭73毫米PRG－7Knout，若干。地空导弹SA－7，若干。高炮：23毫米ZSU－23－4型自行火炮，若干；14.5毫米ZPU－1/ZPU－4型，23毫米ZU－23型，37毫米M－1939型，57毫米S－60型牵引火炮，若干	内河巡逻艇共52艘［江河巡逻艇12艘，小艇（船）约40艘］，两栖武装登陆艇4艘	战斗机共24架。米格－21比斯22架，米格21－UM型2架。轻型运输机共15架。安－2型4架、安－26型3架、安，74型1架；运－7型5架、运－12型1架；雅克－40型1架。教练机：雅克－18教练机8架。海空多用途直升机：雅克－18教练机12架。运输直升机：重型2架（米－6钩子式直升机，米－26光环式直升机）；中型10架（卡－32型1架，米－8河马式直升机9架）；轻型3架（SA－360海豚多用途直升机）。R－3空对空导弹
2012	无变化	无变化	无变化

资料来源：通过对1985～2012年的世界军事年鉴整理而得。

第三节 老挝边界安全协定

老挝地处五国交界，分别与中国、越南、泰国、柬埔寨与缅甸交界。老挝位于中南半岛的腹部，是典型的内陆国。老挝东面是领土南北狭长的越南，而老挝临靠越南的中部位置，历史上是北越与南越联系的纽带。老挝北部与中国接壤，南部与柬埔寨接壤，是联系中国与柬埔寨的陆上通道。老挝西南部与泰国接壤，湄公河流域是老泰的天然分界线，其民族文化和语言与泰国相近。老挝西北部边界地区是闻名世界的湄公河金三角地区，隔着湄公河与缅甸相望。

一、老挝与中国边界

中国与老挝的边界线长度为 505.04 公里，边界东端点为十层大山（柯拉山），西端点为澜沧江—湄公河主要航道的中心线至中老缅三国交界点。中国与老挝之间的边界已经通过一系列条约和协定加以明确，目前并无国土边界纠纷。中国与老挝签订的边界条约及协议如下：

《中老边界条约》（1991 年 10 月）；《中老边界议定书》（1993 年 1 月）；《中老边界制度条约》（1993 年 12 月）；《中国、老挝、缅甸确定三国交界点协定》（1994 年 8 月）；《中老边界制度条约的补充议定书》（1997 年 7 月）；《中老越三国国界交界点条约》（2006 年 10 月）。

二、老挝与泰国边界

老挝与泰国陆地边界 1754 公里，从北至南。北端至老越泰三国交界，南端至老柬泰三国交界。老挝与泰国的分界线基本上是自然分界线。两国边界有争端的地方主要集中在以下三处：第一，湄公河部分岛屿争端，例如山卡岛、昆塔岛等；第二，老挝沙耶武里与泰国程逸府接壤的三个村庄，班迈村、班克朗村和班萨温村；第三，老挝沙耶武里与泰国彭世洛府接壤的茂林山区 "BanRomKla"，占地面积约 80 平方公里。

老挝与泰国大部分边界以湄公河为界线，但是湄公河分界线不公正是老泰两国的历史遗留问题。法国占领老挝期间，在 1893 年约定的《法暹条约》规定：法国占有湄公河左岸和湄公河全部河岛。其后法国在 1926 年修订该条约为《法暹议定书》，对湄公河边界补充规定：无河岛领域以湄公河的航道为分界线，有河岛流域以最接近泰国的那股水流的航道为分界线。但是国际法一般规定是以河道深水航道为边界线，加之水文地理的变化，接近泰国部分航道变浅，甚至与岛岸相连，老泰分界若以接近泰国一侧的航道为分界线，泰方船只可能会无法通行。

但这些两国边界问题在老挝内战期间，因老挝国内无暇顾及，泰国大型船只实际上一直在老挝所属河流领域内行驶。老泰关于湄公河边界真正的冲突和争端是从老挝爱国阵线取得绝对权力优势后开始的。老泰双方在湄公河上频繁发生军事冲突，双方都指责对方侵犯自己的领域，并且对湄公河中的河岛归属问题产生争执。这些争端和冲突导致 1975 年泰国召回驻老挝大使，并宣布关闭廊开边境。这些决定一度恶化了老挝与泰国的关系。但是 1975 年老挝独立后，两国政府态度转变，使得两国重新开始友好谈判，并于 1976 年发布了自老挝人民革命党执政以来的首份《泰老联合声明》，为后期两国关系发展定下了基调。1989 年之后，泰国政府开放了全部的泰老边境口岸，此后两国高层往来频繁。1992 年 2 月 19 日，老泰两国在曼谷签署了《泰老和平友好条约》，该条约主要的内容包括以和平方式解决两国的争端，两国和平共处，友好合作。同年两国定期举行了边界委员会例会，并联合清剿泰境内的老挝反政府武装。

三、老挝与柬埔寨边界

老挝与柬埔寨的陆地边界总长 547 公里，其中约 340 公里的边界主要以自然山脉为分界线。主要分为东、中、西三个部分的边界，东部边界以长山山脉为分水岭，中部边界以湄公河中部峡谷地区为界，西部边界以扁担山山脉为分水岭。老挝与柬埔寨边界争端仍然是历史原因导致的，此前老柬边界线是法国殖民者占领老挝时划分的，老柬两国独立后没有重新正式划分边界，仍然沿用法国殖民者当时的边界划分。但是自 20 世纪 70 年代开始，两国就柬埔寨上丁省与老挝阿速坡与占巴塞两省共同陆上边界持有争端。

而老柬两国的边界争端始于法国殖民统治时期，柬埔寨上丁省处于老挝辖区范围，后又把上丁省管理权移交给柬埔寨。而后在柬埔寨红色高棉时期，老挝与柬埔寨边界问题恶化，柬埔寨国内和平之后，老柬两国在边界问题上仍然存在一些小争执，主要是柬埔寨上丁省边界线问题。

自 1994 年开始，柬埔寨上丁省官员就认为老挝军队侵占了柬埔寨领土，一直将双方边界线向上丁省推进。例如，1994 年柬埔寨上丁省官员报告老挝在第 13 号国界线附近把双方边界线向柬埔寨一边上丁省推进了大约 3 千米；1995 年柬埔寨上丁省国会议员称老挝军队侵占上丁省公河附近的领土，但一直未兑现撤出的承诺，老挝驻金边大使对此予以否认；1999 年，柬埔寨媒体称老挝又把边界线向柬埔寨方向推进了 2 公里。关于此类边界问题，老柬之间小纠纷不断，希望未来和平解决边界问题。1995 年老柬边界委员会在万象举行第一次会议，希望达成解决边界问题的协议。2000 年，老柬边界委员会签订备忘录，协议于当年 5 月开始勘查边界线工作。但是因为技术工作组未到位导致原定的边界勘探推迟。2001 年，老柬宣布在未来几年将划定两国边界线。至 2003 年老柬两国的边境勘界工作完成了差不多 76%，而在 2009 年下旬，老柬官员在柬埔寨逞粒会谈，此时仍未解决双方边界问题，边界争端仍然存在。2016 年，老挝军队在老柬两国未定边界附近建设基地引发柬埔寨上丁省当局的抗议。柬埔寨上丁省主管边境事务的警察局长称，老挝军队于 3 月 31 日起在柬埔寨 Thala Barivat 县附近为一个新的军事据点挖战壕。施工地址距离两国未定边界仅 30 米，虽然该地暂由老挝占巴塞省管辖。上丁省政府宣布将递交官方外交信件抗议老方的建设。4 月 8 日，柬埔寨上丁省一发言人称，老挝试图在老柬两国未定国界附近建立军事基地的行为对柬方造成了武力威胁，为此，柬埔寨上丁省的士兵已进入戒备状态。老挝官员还威胁称如果柬方继续阻止老挝的建设，老挝将采取武力。为应对持续发酵的边境问题，2016 年 6 月，老挝与柬埔寨在柬埔寨上丁省边境两侧互设领事馆。根据声明，老挝驻上丁省领事馆将于 6 月 30 日揭牌，而柬埔寨驻老挝占巴塞省领事馆将于 7 月 1 日揭牌。上丁省政府发言人 Men Kung 称，领事馆的设立将使两国能够较好地应对不断增长的犯罪威胁及边境纠纷，例如近期两国边境上颇有争议的老挝军事基地建设。

据《万象时报》报道，老挝总理通伦和柬埔寨首相洪森于 2016 年 8 月 6 日在万象达成协议，将为两国之间的跨境旅游提供便利条件，允许两国公民使用边境通行证进入对方边境地区旅游。根据老挝外交部新闻显示，双方已一致同意筹备相关手续，于 2016 年年底在老挝占巴塞省 Nong Nokkhiene 地区和柬埔寨上丁省 Trapeang Kriel 地区设立国际边检站。双方还鼓励在余下 4 个两国共享边界继续设立边境标记。在互联互通领域，双方共同推进实现占巴塞省连接柬埔寨、跨 Xe Lam Phao 河总长为 145 米的桥梁建设，以及连接 Mounlapamok 县和 Xe Lam Phao 桥总长为 72 公里的道路建设，以促进两国社会经济的发展。

四、老挝与越南边界

老挝与越南边界线全长 2067 公里。1977 年，老越签署《老挝与越南划界协约》，1978～1987 年，老越两国基本完成边界勘测以及划界立碑的工作，在划定边界的 199 个位置立了 214 块界碑。随后，为改善两国边界线上的交流，推动两国边境地区合作与推动边境经济社会发展，老越两国开展《加密及改造越南老挝边境界碑》的项目，该项目的实施时间为 2008 年起至 2014 年止。按照该项目计划，老越双方在 2013 年要完成实地勘界立碑的全部工作，总共设置了 835 块界碑。在项目开展后，老挝与越南开始着手修订两国边界地图，并起草《越南社会主义共和国和老挝人民民主共和国边界和国界议定书》。2014 年，老挝与越南两国完成边界议定书等法律文件，记录勘界立碑的最终结果。

五、老挝与缅甸边界

老挝与缅甸的边界线长 238 公里，两国边界线从中老缅三国交界处向南延伸到缅老泰三国交界处。缅甸与老挝在暹罗王国统治时期，没有正式划分过边界。殖民统治时期，法属老挝政府与英属缅甸政府签署了边界条约，约定以湄公河深水航道为两国边界，但是当时并没有签署正式边界条约，也没有树立界碑。

老挝与缅甸两国独立后，仍然沿用殖民统治时期的分界线，即湄公河的深水线为两国的边界线，由于是自然分界线，因此并未在公开场合产生任何争端。但是由于自然原因，湄公河的洪峰经常变更其深水线，使得两国边界随着自然地理原因发生变化。为避免边界争端，1992 年老挝与缅甸两国边界委员会开始商议重新勘定两国边界线。1994 年，老缅两国正式签署协议，约定以湄公河当时的现状固定两国边界线，不再以自然深水线为国界，并以此树立了 86 个界桩。1995 年，老缅两国正式将国界确定下来，并正式交换了以湄公河为两国永久交界线的文件，并一致同意进一步加强边境地区的合作。

第四节　老挝社会安全治理

一、湄公河流域执法

澜沧江—湄公河流域是一条跨国河流，流域地形复杂，所涉国家众多。于老挝而言，湄公河流域还是老挝与多国的自然分界线。此条国际河流的航运安全问题突出，且所涉国家众多。1994 年 11 月《中老澜沧江—湄公河客货运输协定》以及 2000 年 4 月《中国、老挝、缅甸和泰国四国澜沧江—湄公河商船通航协定》所达成的协议仅仅只是针对湄公河通航方面的协议。但是该条河流所涉跨国犯罪等问题始终是难以顺利达成的协议。期间偶有联合执法大多数是应付突发性事件的，各个国家以及组织间的合作也不紧密。这种模式的联合执法显然不适合解决湄公河流域常年存在的跨国犯罪问题。

2011 年 "10·5" 湄公河惨案发生之后，中国、老挝、缅甸、泰国 4 国在湄公河流域开展的联合执法活动变成了常规性的跨国河流安全执法机制，这其中贯穿了多次多边会谈及磋商，尽管这种常规性的联合安全执法确实给湄公河流域安全隐患带来一些解决途径，但是沟通的成本也是巨大的。

湄公河是老挝一条主要的河流，其流域贯穿老挝南北，因此老挝在湄公河联合执法过程中是积极配合的一个国家，并且较为支持机制性产物的诞生。目前，老挝水军力量薄弱，单靠自身力量难以维持湄公河流域多国交界处所涉的各种跨国犯罪问题，因此，从国家利益的角度而言，老挝应该是比较期盼湄公河流域区域安全性公共产品，但这个愿望的达成还需要更长的时间与多国协商。

二、金三角地区治理

金三角地带地形复杂，多国交界，无论从主权治理还是从治安维护的角度，对各个交界国来说，都是一个棘手的地区。若交界国家合作起来联合执法，则需要政治互信，因为涉及到跨国执法与追捕，如若不然混乱的金三角永远是社会不安定的一颗毒瘤，各种武装割据和利益派别盘踞，让犯罪分子不分国界四处流窜。然而涉及主权水域陆域的合作与执法，却并没有想象中那么容易。

"10·5"湄公河惨案是一个合作的契机，在该案件发生后中、老、缅、泰四国迅速行动起来，2011年10月31日在中国北京举行了四国湄公河流域执法安全合作会议，并发布了《关于湄公河流域执法安全合作的联合声明》。有了这样一个合作框架之后，"10·5"案件迅速侦破，之前受影响几近停运的湄公河航道恢复了通航。在这场震惊世人的惨案侦破过程中，四国联合执法的策略是将主犯糯康从缅甸逼向老挝，然后再实施抓捕。最终湄公河惨案主犯糯康在老挝境内被抓获，并被老挝引渡到中国。在这一事件中，中、老、缅、泰四国执法合作，中国与老挝的执法合作成本相对较低，也可从中窥探出老挝政府对于金三角地区的治理态度。金三角地区对老挝而言，并非仅仅只是一处边境地区，而是老挝内河水路运输的唯一途径，如若湄公河航道因金三角地区治安问题而停航，那么对于内陆国老挝而言，其打击是巨大的。因此，在金三角地区的治理问题上，老挝政府到目前为止所取得的成效是较为巨大的。

狭义"金三角"是指泰国和缅甸的界河麦赛河由西向东奔流到泰国清莱府的清盛县一带汇入泰国、老挝交界的湄公河所形成的属缅甸管辖的一块狭长、肥沃的三角洲。广义上金三角的范围是指由缅甸东部的掸邦高原一带，到泰国北部的清迈、清莱府这片古老的土地，以及老挝的丰沙里、琅勃拉邦西部、南塔和会晒的部分地区，按国际禁毒组织的官员说法，甚至扩大到缅甸北部与中国云南交界处，是世界最大的毒品产销地之一。在这块毒源地上，盛产专业化贩毒集团及帮派，然而这些贩毒集团的头目大多为缅甸籍，例如较为著名的坤沙、糯康等都是缅甸籍人，于老挝而言，地处金三角的交界却非"肇事者"而实际为"牵连者"或"受害者"。

老挝北部靠近金三角地界的山地民族，有种植鸦片的传统，而种植鸦片并没有给当地的农户带来大量的财富，鸦片贩卖所带来的巨额财富实际上被专业的贩毒集团所攫取。一如既往的贫瘠与单一的鸦片种植使得金三角地区的农民生活状况堪忧，并在毒品交易的带动下，承受着大量与毒相关的赌博与色情蔓延的环境，为平和的生活蒙上了巨大不安的阴影。这样的状况对于一直致力于国内改革的老挝政府而言，是不能容忍的。但是对于贩毒集团的治理，跨越了国界，这又非老挝政府在短期内能够凭借自身力量解决的，因此老挝对待毒品屡禁不止的金三角地带，改善当地居民生存环境以及最大限度借助外力成为了政府当前的最优选择。

（一）替代种植与引入治理

老挝早在1971年就颁布了禁止鸦片生产、消费、贩运的法律，但是法律的颁布并没有产生实际效果，因为在老挝北部山区，当地山地民族除了种植鸦片没有其他更好的生存途径。1975年老挝人民民主共和国成立后，老挝人民革命党专政使得国内大规模的毒品走私贩卖以及鸦片种植受到了极大的遏制。但是老挝北部边境尤其是围绕金三角一带，少数民族的生活文化与鸦片种植关联甚大，直接取缔是不可能的，因此尽管当时毒品贩卖与种植范围大规模缩减，但是并没有完全取缔。

1. 替代种植

老挝于20世纪90年代加强禁毒工作，加大禁毒执法力度，并且在中国的支持下开展了鸦片替代种植项目。而在金三角地区，中国对该区替代种植的扶持力度相当大，包括安排专门的境外替代种植专项资金，扶持中国企业到境外发展替代产业，对替代产业生产的产品实行返销等。这些由政府扶持的到境外发展替代项目的企业，都积极参与当地政府及禁毒部门组织的禁毒活动，包括为当地已实现罂粟禁种的村寨发放免费医疗卡、出资开办戒毒所、无偿收治吸毒人员等。另外，由欧盟重金支持的老挝政府禁毒政策颇具影响力，2011年老挝金三角地区已经没有鸦片种植与毒品加工了，只有在非常偏僻的原始森林才能找到小部分鸦片种植地。

老挝政府本身没有足够的资金解决当地鸦片替代种植问题，加之老挝北部山地民族具有毁林烧荒的迁徙传统，在这两者的破坏作用下，老挝北部山林到处都是荒地，有些被烧毁的荒地据称需要20～30年时间才能恢复耕作。在这种情况下，如果没有其他方法解决金三角地区原住居民的经济来源和生活方式，那么此前单纯的替代种植将无以为继。

2. 引入治理

在单纯的替代种植并未完全改变金三角地区原住民的经济和生活方式的状况

下，老挝政府引入了外来资金，将金三角划为经济特区，并成立特区管理委员会。目前老挝政府已批准成立了 4 个经济特区和 17 个经济专区。其中，金三角经济特区是面积最大、投资额最高、发展最迅速的样板特区。而金三角经济特区的前身，实际上就是老挝引入的中国民营企业签署协议建立的世界上首个企业与政府合作的境外特区。这个引入的中国民营企业 2007 年在老挝建立金木棉集团，金木棉在 2008 年申请设立了金三角经济特区，2009 年 9 月老挝政府批准了这个除国防、外交、司法权外实行高度自治的特区，并且成为世界上首个"企业境外"特区。因此，金三角经济特区有时也被称为金木棉经济特区。

金木棉集团在金三角经济特区的影响是巨大的，不仅带去了特区内基础设施的改善，也将金三角经济特区这一片建成了产业多元化的城市，为当地人带去了生活方式的改变以及大量的工作机会。这种引入治理的方式比单纯引入替代种植项目更能从本质上影响金三角原住民的经济来源和生活方式。而这种影响也极大地打击了当地的毒品走私贩卖与种植，"10·5"湄公河惨案发生的一个诱因在于中国民营企业所开发和投资的金三角经济特区，极大地挤占了糯康贩毒团伙的利益，导致其毒品来源与贸易受阻碍。从这个反面案例可间接地证明，老挝政府的引入治理是较为成功的，也带来了老挝境内金三角地区社会经济环境与原住民生活方式的本质转变。

（二）联合执法弥补警力不足

澜沧江—湄公河流域的国际航运始于 1990 年，在 2001 年中、老、缅、泰四国根据此前达成的航运协议于 2001 年 6 月 26 日正式实现通航。此后十余年，澜沧江—湄公河流域航运发展迅猛，2011 年从事国际航运的船舶已从最初的 8 艘发展到百余艘，总运力达到了 11851 吨，490 客位，最大单位船载重达 300 吨，参与国际航运的公司已达 30 家。但是，湄公河航道也有严重的安全隐患，很多航段都是国与国之间的界河，处于监管真空地带，因此成为了滋生犯罪活动的温床，绑架杀人、枪击等暴力犯罪常有发生。

老挝自身警力和执法装备的不足，加之金三角地区复杂的状况，使得老挝政府在金三角地区治安管辖与边境安全管理上颇有力不从心之势。老挝是内陆国家，因此水上兵力很弱且武器设备落后，20 世纪 90 年代至 2010 年前后，老挝水军人数不过 500～600 人，水军装备方面拥有内河巡逻艇共 52 艘，包括江河巡逻艇 12 艘，小艇约 40 艘，两栖武装登陆艇 4 艘。因此，如若没有联合执法的契机，地处老挝边境的金三角地带，执法监管真空"两不管"，恐怕就变成了"管不了"。

于老挝而言，自 2011 年伊始的中、老、缅、泰联合执法巡逻为湄公河航道护航 5 年，这短短的 5 年对湄公河尤其金三角地区的治安状况改善颇多，湄公河航道成为了一条名副其实的东南亚"交通走廊"，唯一内河航道的通畅对内陆国老挝来说，意味着国家发展的一个良好转机。

三、北部山地区域的安全预警

在世人眼中，老挝是一个比较祥和的国家，地广人稀，虽然经济不发达，但民间佛信甚广，人民生活简朴，一般被认为与蓄意爆炸和恐怖袭击事故牵涉甚少。但是2015～2016年老挝屡次被他国外交部发布旅游安全预警，预警区域都是老挝北部山地区域，该区域近两年常发生枪击和爆炸事件，且事件原因不明或不了了之，没有后续进展及详细的针对治理方案出台。

2015年11月，赛宋奔接连发生枪击事件，造成1死1伤。英美澳发布旅游警告，美国更禁止使馆人员前往赛宋奔。2016年1月24日上午3名中国公民在老挝遭到爆炸物袭击，2人死亡，1人受伤。此次事故为突发事件，事故发生地点是赛宋奔省，为老挝北部偏僻省区，该地区位于几省交界处，远离中心城市和交通干线，过去曾是美国扶植的苗族特种部队的根据地。2016年3月23日晚，载有25名乘客及3名司机的一辆国际班车从中国云南昆明开往老挝首都万象，在行驶至老挝北部琅勃拉邦与万象省交界处的卡西县境内时，遭路边不明身份者枪击，车上6名男性中国公民受伤，其中2名伤者身中多枪，伤势较重。2016年5月6日在连接万象省与琅勃拉邦省之间新建公路上，卡西县和琅勃拉邦 Nanh县的要道上，老挝士兵与身份不明的武装部队发生枪战事件，导致1名士兵和8名不明组织成员死亡，数人受伤。2016年5月17日韩国外交部宣布扩大对老挝北部个别地区发布的旅游安全蓝色预警范围，连接卡西（Kasi）—搭考（Phou Khoun）—香恩县（Xieng Ngeun）—穆恩南（Muang nan）—卡西的环形公路及被该公路包围的所有地区都被指定为蓝色预警地区。

近来老挝北部琅勃拉邦与万象省交界处的卡西县境内连接磨丁—琅勃拉邦—万荣—万象的13号公路上通行车辆遭路边不明身份者枪击事件时有发生。在卡西—穆恩南路段上，老挝政府军和武装部队之间发生过枪击战，导致国外公民的人身安全在此区域无法得到保障。美国驻老大使馆在2016年发布的旅游预警地图，提示了老挝三个地区的禁止使馆人员前往。这三个区域分别是："新建公路"——连接卡西县与4号公路之间的区域；13号公路220～270公里路段——位于琅勃拉邦省与万象省交界处；比亚山（老挝最高峰，海拔2817米）区域——位于赛宋奔省。

从美国大使馆的预警区域可以看出，近些年老挝13号公路连接琅勃拉邦与万象的路段时常发生枪击或爆炸事件，但老挝政府鲜少在正式官方场合谈论这些枪击或者爆炸事件背后牵涉的不明武装分子。但是美国大使馆在2016年3月初发布警示的时候，特别禁止使馆人员前往赛宋奔，这不禁让人想起了老挝赛宋奔这个区域的特殊性。赛宋奔地区，据媒体消息称其过去曾是美国扶植的苗族特种部队的根据地，1994 年老挝政府从波里坎赛省、万象省、川圹省各划出一部分设立赛宋奔行政特区，后将赛宋奔设立为经济特区希望改变极端落后面貌，2013 年 12 月底老挝又将赛宋奔重新恢复为老挝的一个省。

而老挝 13 号公路也并不是老挝国内一般意义上的公路，它是连接万象、万荣、琅勃拉邦和磨丁的一条重要公路，该公路的延长线与中国 213 国道相连。换言之，从中国兰州可以一直开车到万象。然而因为历史上美越战争期间美军大量投弹轰炸该区域，使得这条路周边区域存在未爆炸弹药的威胁。这条 13 号公路，每年让老挝中部、南部数千名百姓因炸弹而受伤及丧命。

第五章 2015～2016年老挝外交

第一节 老挝外交的特点与策略

一、注重依托国际和地区组织拓展政治外交

保持和积极发展与发达国家的友好关系是老挝全方位务实外交的重要策略之一，日本、美国、法国、瑞典、德国等发达国家是老挝获得援助服务于国内社会经济发展的争取对象。但多边外交与双边外资并重是老挝全方位外交的重要体现，也是老挝全方位外交战略的重心之一。通过积极地参与区域合作的多边外交与周边国家的睦邻友好关系互为补充和动力，并成为老挝转变内陆地缘劣势为优势的有效外交手段[①]。

在2016年1月召开的老挝人民革命党第十次全国代表大会上重申将继承一贯的对外政策，积极主动地融入地区和国际一体化进程。大会强调继续坚持和平、独立、友好、合作的外交路线，在相互尊重独立、主权和互利共赢原则基础上，开展全方位、宽领域、多层次的对外合作[②]。同时，强调与中、越等社会主义战略伙伴国家发展传统友好、团结合作。发展与周边各国、东盟各国以及其他友好国家和国际组织的友好关系，并根据不同交往对象，出台各自专门战略。继续加强与世界进步政党的团结、合作与相互支持。加强在东盟共同体和其他次区域合作机制下的合作，提高竞争力，在东盟经济共同体和世界贸易组织框架下大力推动与国际经济接轨。

---

① 方芸. 老挝全方位外交政策与老中关系 [J]. 东南亚南亚研究，2011 (2)．

② 王璐瑶. 老挝人民革命党十大规划党和国家未来发展 [J]. 当代世界，2016 (3)．国外马克思主义政党研究网，http：//www. ccnumpfc. com/index. php/View/146. html.

老挝利用地处湄公河流域中心与中国、越南、柬埔寨、泰国和缅甸五国直接相连的地缘优势，发挥其合纵东西、沟通南北的潜力，积极参与大湄公河次区域各种合作，借力大湄公河次区域合作项目和东西、南北经济走廊建设，努力将老挝打造成为大湄公河次区域的过境服务中心。在湄公河次区域内，老挝于 2008 年成功主办了 GMS 第三次领导人会议，积极参与了始于 1993 年的老挝、中国、缅甸、泰国相邻地区的"黄金四角"合作、1995 年成立的老挝、泰国、柬埔寨、越南四国组成的湄公河委员会、1999 年越南、老挝、柬埔寨三国相邻地区的"发展三角"合作，以及由越南主导的东西走廊合作机制（EWC），2003 年老挝、泰国、柬埔寨、缅甸、越南"伊洛瓦底江—湄南河—湄公河经济合作"战略机制，2004 年柬埔寨、老挝、缅甸、越南四国合作机制和 2000 年印度与柬埔寨、老挝、缅甸、泰国、越南五国的恒河—湄公河合作机制。2015 年 11 月 12 日，澜沧江—湄公河合作（以下简称澜湄合作）机制在云南景洪市正式成立，老挝积极参与。

自 1997 年加入东盟后，通过积极参与东盟事务，举办东盟峰会及其他东盟功能会议，不仅证明了老挝参与地区事务的能力和责任心，而且有效地提升了老挝的国际地位。老挝充分认识到参与东盟及东盟事务对老挝的重要意义。政治方面，老挝和其他东盟国家一起共同维护了地区和平与安全，同时加强和保护老挝人民革命党领导的政权。经济方面，老挝慢慢融入地区经济，正式发展成为地区的陆地纽带。2007 年 11 月，老挝国家领导人签署了《东盟宪章》。据老挝国内外投资管理局 2009 年 12 月统计资料显示，2001～2009 年 12 月，老挝共引进外资 122. 26 亿美元，除文莱外的东盟其余八国对老挝的投资总额达到 5089 亿美元，占老挝引进外资的 41. 63%[1]。2015 年，老挝共吸收外援额达 52790 亿基普。2016 年，老挝已加入 900 多个国际公约，与 139 个国家建立外交关系，在国外设有 39 个大使馆与办事处。

二、老挝的多元外交策略

老挝的外交原则是奉行和平、独立和与各国友好的外交政策，主张在和平共处五项原则基础上同世界各国发展友好关系，重视发展同周边国家关系，改善和发展同西方国家关系，为国内建设营造良好外部环境。2016 年老党十大重申继续坚持和平、独立、友好与合作的外交路线[2]。

---

① 老挝全方位外交政策与老中关系［EB/OL］. http：//3y. uu456. com/bp_ 29t0t5c1xx1lh1d7s70m_ 1. html.

② 山东省商务厅门户网站［EB/OL］. http：//www. shandongbusiness. gov. cn/index. php/public/html/news/200804/36799. html.

加强同中国的全面战略伙伴合作，打造牢不可破的命运共同体，保持与越南的特殊团结友好关系，加强与东盟国家睦邻友好，积极争取国际经济和技术援助。①

2016 年老挝与越南继续保持紧密的合作关系，高层频繁互访，就政治、安全、国防、文化、教育、经济和科技等领域的双边合作举行磋商会谈 30 多次。4 月老挝人民革命党总记、国家主席本扬·沃拉吉率高级代表团对越南进行友好访问，这是本扬·沃拉吉当选老挝最高领导人后的首次出国访问，这次出访增加了双方党、政府和人民长期友好的关系。6 月越南国家主席陈大光对老挝进行为期 3 天的访问，双方同意促进各层次的定期互访。11 月越共中央总书记阮富仲率代表团对老挝进行正式访问，这是自越共十二大以来阮富仲的首次出访，双方就继续发展越老特殊关系的问题交换了意见并达成共识，永远珍惜、维持与发展越老特殊关系，签署了七份合作协议。此外，越方访老挝团组还有：越共总书记特使—越共中央委员、中央对外部部长黄平君（2 月）、副外长（3 月）、国防部长吴春历（5 月）、中央检查委员会主席陈国旺（5 月）、副总理郑廷勇（10 月）、副总理兼外长范平明（12 月）。老方访越团组还有：科技部长波万坎·冯达拉（3 月）、总理通伦·西苏里（5 月）、外长沙伦塞·贡马希（6 月）、国家副主席潘坎·维帕万（7 月）、国会副主席宋潘·平坎米（8 月）、建国阵线中央委员会主席赛松潘·丰威汉（8 月）。可以说老挝十大之后，无论是高层互访次数还是层次以及紧密程度，越老关系均居于老挝对外交流访问的首位。

与中国打造牢不可破的命运共同体关系。2016 年，中老建交 55 周年，老中双方都把发展两国关系置于重要地位，致力于推动两国全面战略伙伴关系长期稳定健康发展，打造牢不可破的命运共同体关系。老挝十大召开之际，习近平总书记的特使前往老挝，向新当选的老挝党总书记送去祝贺。老挝第八次国会闭幕之后，外交部部长王毅第一时间访问老挝，与老挝国家领导人就老中关心的一些重大议题进行了深入探讨，特别是在南海问题上，中两国达成了重要共识。5 月，老挝人民革命党中央总书记、国家主席本扬应习总书记的邀请率党政高级代表团对中国进行了友好访问。本扬·沃拉吉就任老挝党和国家最高领导人后即来华访问，充分体现了老挝党和政府以及本扬本人对中老双边关系的高度重视。9 月，国务院总理李克强同老挝总理通伦举行会谈。11 月，老挝总理通伦访华，此次访华是其在 2016 年 4 月就职以来第一次对中国进行正式访问。

积极推进东盟共同体建设。老挝 1997 年 7 月正式成为东盟成员国。老挝

---

① 打造牢不可破的中老命运共同体｜张德江｜习近平｜政府_ 新浪新闻［EB/OL］. http：//news. sina. com. cn/o/2015 – 12 –03/doc – ifxmihae8877969. shtml.

2004～2005 年度担任东盟轮值主席和东盟外长非正式会议主席，举办了一系列高官会议和部长级会议，积累了举办重大国际会议的经验，树立了良好的外交形象，提高了其在东盟和国际舞台上的地位，进而增强了老挝应对一体化挑战的信心。除了积极地参与东盟事务外，老挝还与柬埔寨、缅甸和越南等东盟新成员国一起采取主动措施加快发展，以努力缩小与老成员国的差距①。2015 年 12 月 31 日，东盟共同体正式成立，它由东盟经济共同体、东盟安全共同体和东盟社会文化共同体三部分组成。2016 年老挝担任东盟轮值主席国。2 月 27 日在老挝首都万象召开东盟外长会议。2016 年 3 月 14 日，第十三届东盟国家武装部队首脑非正式会议在老挝首都万象举行。2016 年 9 月东盟峰会于老挝万象成功开幕。②

加强与美日等大国关系及其他国家的关系。1952 年 12 月，老挝与日本建交。自 1991 年以来，日本成为老挝最大的援助国，年均援助数额超过 1 亿美元。双方投资领域合作发展迅速。2013 年 5 月，老挝副总理兼外长通伦访日并出席由日本经济新闻社举办的"亚洲的未来"论坛。11 月，日本首相安倍晋三正式访老。1950 年与美国建交。1975 年后两国维持代办级外交关系，1991 年 11 月升格为大使级外交关系。1992 年 8 月，双方恢复互派大使。2005 年，美国给予老方正常贸易关系待遇。近年来，双方关系进一步发展，美国向老挝禁毒、清除未爆炸弹、民生等领域提供援助。2010 年，老副总理兼外长通伦访美，成为老挝人民民主共和国成立以来访美的最高级别官员。2012 年 7 月，美国国务卿希拉里·克林顿对老挝进行正式访问。这是美国国务卿 57 年来首次访问老挝，也是老挝人民民主共和国成立后访老的美国最高级别官员。2014 年 2 月，老挝—美国第 5 次双边全面对话会在万象举行。9 月，老挝卫生部长依沙旺访问美国③。2016 年，美老关系取得突破性进展，是美老双边关系中具有重大意义的一年。1 月，美国国务卿约翰·克里抵达老挝与老挝总理通邢·塔马冯和副总理兼外交部部长通伦·西苏里进行会面。约翰·克里是 60 年来第三个访问老挝的国务卿，约翰·克里此行为奥巴马 2016 年访老奠定基础。9 月，美国总统奥巴马对老挝进行历史性访问，这是历史上首位美国在任总统访问老挝，两国宣布建立全面伙伴关系，发布一份联合声明，开启两国双边关系新纪元。

三、注重与其他国家进行经济、军事和防务合作

老挝除了与中国和越南发展全面战略伙伴关系外，同样继续保持和发展与泰

---

① 老挝与东盟的关系 ［EB/OL］. 豆丁网，http：//www. docin. com/p-1680386592. html.

② 方芸. 从规避到合作：老挝和东盟关系的演进 ［J］. 东南亚研究，2008 (2).

③ 老挝国家概况 ［EB/OL］. 光明网国际频道，http：//world. gmw. cn/.

国、缅甸、柬埔寨等周边国家的睦邻友好关系，同时继续保持与传统友好国家（如俄罗斯、印度、古巴、朝鲜、蒙古等国）的友好关系，吸收大量外资用于发展本国经济，老挝还与很多发达国家保持务实的良好关系。如美国、日本、比利时、瑞典、澳大利亚、德国、法国、挪威、丹麦、新西兰等15个以援助为主的西方国家。

老挝、马来西亚的关系达到一个新的里程碑。在2016年举行的老挝与马来西亚两国高级官员会议上，两国外长探讨了促进双边合作，包括双边政治与安全合作，并同意建立军事咨询办公室。双方讨论了起草一份国防谅解备忘录的事宜，并交换关于安全合作的信息。

此外，朝鲜人民保安部部长崔富日大将于3月3～6日对老挝进行访问，朝鲜人民保安部代表团于老挝公共安全部举行了会谈，双方讨论了"共同关切和促进两国安全机构的合作"，老朝双方安全部门签署安全协议。

第13届东盟国家武装部队首脑非正式会议在老挝举行，探讨东盟在传统及非传统安全领域的协作。

6月30日，韩国与老挝同意互设武官办公室，以加强两国国防相关关系。黄仁武与老挝国防部副部长苏旺在会谈时签署了互设武官办公室的协议。国防官员还同意举行定期对话，建立双边国防合作，如军事教育和排雷等。

第二节　老挝与东盟其他成员国的外交

一、同越南的关系——如胶似漆

自1962年9月老挝与越南建交，两国保持着特殊团结友好关系。老挝人民革命党的"九大"和越南共产党的"十一大"均把发展两国的"特殊关系"置于外交首要地位。老越两党领导人确定2012年为"老越、越老友好团结年"，以庆祝两国建交50周年（1962～2012年）和"老越友好合作条约"签订35周年（1977～2012年），签订了《老越2011～2020年经济、文化、教育和科学技术合作战略》《老越2011～2015年经济、文化、教育和科学技术合作协议》《老越2011年度经济、文化、教育和科学技术合作协议》和《老越合作委员会第33次会议备忘录》4份文件。年内还签订了《老越政府2011～2015年合作协议》《老越政府2011～2020年合作战略决定》《老越2011～2012年教育合作战略》《老越两党中央纪律检查委员会2011～2015年合作计划》和《老越两党组织部2011～

2015 年合作备忘录》等文件①。

　　2011 年，越南公司分别投资老挝的南贡 2 号和 3 号水电站、阿速坡糖厂和万象市三升泰 5 星级宾馆；截至 2011 年底，越南在老挝投资项目累计达 422 个，总额为 35.7 亿美元，在 52 个对老挝进行投资的国家和地区当中，排名第 3；2011 年前 6 个月，越老贸易额为 3.498 亿美元，较上年同期增长 65.8%；其中，越南对老挝出口 1.216 亿美元（增长 34.6%），老挝对越南出口 2.282 亿美元，增长 88.6%；老越两国总理表示到 2015 年要将两国贸易总额提高到 20 亿美元的水平②。

　　2014 年，老挝与越南关系的主要特点有：一是越老双方继续保持政治上的特殊和亲密交往关系。访问老挝的越南领导人主要有政府总理阮晋勇、国会主席阮胜雄、越共中央政治局委员中宣部部长丁世勋、国会副主席丛氏放、副总理兼外长范平明和副总理阮春福等。此外，还有 20 余位部省级高官访问老挝。老挝国家主席朱马里、副总理宋沙瓦、中纪委书记本通和副总理本宝分别访问越南。老方 242 名干部赴越南进行中短期培训，3 批高级领导干部共 119 人赴越南进行专题经验交流。二是越老双方继续加强全面合作关系。双方在党务行政、政治理论、宣传培训社会科学研究、新闻媒体、档案文件、司法法律、边防治安、边境禁毒、经济管理、战略规划、通关便利、金融证券、纪检审计、劳务合作、民族事务以及统一阵线等方面开展合作，双方均对 2014 年全面合作成果感到满意。双方还积极为 2015 年初举行的第 37 次双方合作委员会会议做准备。三是越老经贸合作关系进一步密切：越南在老挝投资项目 423 个，总投资达 50 亿美元，居外国在老挝投资第 2 位。2014 年 1～9 月，越老双边贸易额为 995 亿美元，同比增长 35.7%，全年超 10 亿美元。越南计划 2015 年在老挝投资达到 63 亿美元，到 2020 年使双边贸易额达到 50 亿美元。老挝油气集团拟投资 3 亿～5 亿美元兴建从老挝甘蒙苔他曲县至越南广平省罗岛港全长 290 公里的输油管道，并在罗岛港工业区兴建保税仓库以及能停泊 5 万吨以上船只的码头系统，用于从越南购买石油。该项目将于 2015 年第四季度动工兴建，预计到 2017 年年底至 2018 年年初竣工。四是越南年内援助并移交老方的项目计有老挝人民革命党中央机关信息技术支持项目（造价 350 万美元）、老挝国家社会科学院办公室和信息中心（造价 1500 亿越盾）、乌多姆赛省电台电视台、凯山博物馆维修项目、华潘—广宁友谊公园（越南广宁省出资 150 亿越盾）和华潘省学校（造价 29 亿基普）③。

　　2015 年老挝与越南关系的主要特点有：一是双方继续强化特殊团结和全面

---

①②　陈定辉. 老挝：2011 年发展回顾与 2012 年展望［J］. 东南亚纵横，2012（2）：7-15.

③　陈定辉. 老挝：2014 年回顾与 2015 年展望［J］. 东南亚纵横，2015（2）.

合作关系，老越两党中央政治局仍保持一年两次的会晤机制。越南国家主席张晋创，政府总理阮晋勇，政治局委员、书记处常务书记黎鸿英，政治局委员、公安部部长陈大光上将，政治局委员、胡志明市委书记黎青海和越南国家副主席阮氏缘等分别访问老挝。此外，还有越南中央各部及省市负责人30余人相继访问老挝。老挝政府总理通邢、国家副主席本扬、国会主席巴妮、中纪委书记本通、副总理通伦和宋沙瓦以及中组部部长占西分别访问越南。此外，还有老挝多名部长和副部长访问越南。双方在干部培训、司法、纪检、新闻媒体、医疗卫生、农业科技、一站式通关、陆路货物运输、合作打击边境刑事犯罪、边境移民管制和森林管理、空中航拍、劳务以及在联合搜寻和挖掘在老挝牺牲的越南志愿军遗骸等方面开展合作。二是老越边境合作委员会第24次会议、老越边界立碑混合技术委员会第16次会议和老越合作委员会第38次会议相继在万象举行。双方决定在2015年内争取完成边界密度立碑遗留的问题，第38次会议对执行2011～2015年合作协议进行了总结，签订了老越两国2016年合作决定及2016～2020年合作协议。三是越南对老挝经贸投资合作有新的增长。2015年，越老双边贸易额有望达20亿美元，较上年13亿美元增7亿美元。越南国家化工集团对老挝甘蒙省矿盐开采与加工项目为越南企业年内对老挝最大投资项目，总投资额为5.22亿美元。四是越南政府本财年向老挝政府提供了8360亿越盾援助；越南投资发展银行向老挝提供1.76亿美元贷款；越南援助200亿基普建设万象省残疾人康复中心。此外，越南电视台还向老挝电视台赠送10千瓦VHF发射装置等。[①] 2016年，老挝与越南的双边贸易额为8.01亿美元。2016年，越南企业在老挝登记注册的投资额达51亿美元，在对老挝投资的国家中排名第三。根据老挝规划投资部官员提供的信息，越南目前在老挝的总投资为37亿美元。老挝是越南最大的对外投资国之一，而越南则是继中国和泰国后的第三大投资来源国。

二、老挝与泰国的关系——兄弟般密切

老挝在建国初期，老泰关系几经波折，时好时坏。2000年以来，老泰两国领导人互访频繁，两国关系得到了改善和发展。2009年底，老泰两国政府协商解决了影响双边关系的滞留于泰国的老挝非法移民问题，老挝与泰国睦邻友好合作关系进一步发展。一是老挝重视发展与泰国王室的关系。诗琳通公主应邀于2015年6月30日和12月8～9日两次访问老挝并会晤老挝国家主席朱马里，朱马里贺电泰皇88岁华诞。二是双方政府积极推进两国水陆边界联合勘界立碑。老泰/泰老合作委员会第二十次会议于2015年10月25～26日在泰国清莱府举

---

① 陈定辉. 老挝：2014年回顾与2015年展望［J］. 东南亚纵横，2015（2）.

行，双方一致同意加快完成陆地边界勘察与立碑工作，对于老泰水界，双方同意以法国—暹罗地图（1∶25000 比例）为依据，通过协商制定技术规范，合理解决水界划分与立碑。三是加强贸易与投资合作。两国贸易主管部门 2015 年 2 月初在曼谷举行了第 6 次合作会议，提出双边贸易额在未来 3 年内达到 80 亿美元的目标。双方计划在泰老接壤地区建立边境经济特区，首个建立的试点将是穆达汉—沙湾拿吉边境经济特区。老方拟允许货物通过 R3A 昆曼公路从中国云南省西双版纳到达泰国清孔县，以消除两国之间进出口运输障碍。泰国 SCG 集团公司投资 100 亿泰铢在老挝甘蒙省建设年产 180 万吨的水泥厂，于 2015 年 3 月 3 日举行奠基典礼，这是泰国企业年内在老挝最大的投资项目。由泰国公司为主投资建设的沙耶武里水电站（总投资 38 亿美元、装机 128.5 万千瓦）2015 年 1 月 26 日举行第二阶段围堰施工仪式。由泰国公司投资建设的老挝首个火电厂——沙耶武里省红沙发电厂（总投资 37 亿美元、装机 187.8 万千瓦）2015 年 12 月 9 日正式投入商业运营。保持与泰国的高层交往，发展老泰经贸技术合作，在禁毒、农业、教育、银行、橡胶、交通运输及商品展览等领域签订了多项合作协议，但在边界立碑问题上处于停滞状态；迄今为止，泰国在外国对老挝的投资中排名第二。鉴于目前老挝可生产更多的电力用于出口，故老挝希望明年出口至泰国的电力从 5000 兆瓦增至 10000 兆瓦，预计老挝与泰国 2016 年重新签署两国之间的电力购买协议。

三、老挝与柬埔寨的关系——合作与纷争并起

重视与柬埔寨执政党间关系，老柬军警及边境省份联手维护治安，共同打击走私毒品、盗伐木材、偷采自然资源、偷猎野生动物和治理边民非法出入境问题，双方还决定加快边界勘探和立碑的步伐。老挝与柬埔寨关系的主要特点为：一是两国元首实现了互访，老挝国家主席朱马里于 2015 年 2 月 26～28 日对柬埔寨进行国事访问，柬埔寨国王西哈莫尼于 2015 年 12 月 21～23 日对老挝进行回访。老挝、柬埔寨元首对两国传统友好关系表示满意，双方重申优良传统，继续保持两国高层互访及两国各级代表团之间的正常交往，加强政治安全、边境治安、经济贸易和教育等方面的合作并取得实际成效。二是两国中央相关部门继续保持良好的交往与合作势头。柬埔寨总检察长谢梁、副首相兼国家禁毒委员会主席高金然和副首相兼外交和国际合作部部长贺南洪分别访问老挝；老挝建国阵线中央常务副主席董耶托率团访问柬埔寨，双方在司法检察、禁毒、外交和宗教等方面加强合作。通邢于 2015 年 6 月 18 日到柬埔寨驻老挝使馆悼念去世的柬参议院主席谢辛。三是老越柬发展三角合作不断加强。老挝于 2015 年 12 月 11 日在占巴塞省巴色市主办"老越柬发展三角"部长会议，各方同意继续实施发展三

角区的总体规划，将发展重点放在经济基础设施建设、贸易和投资的发展、人力资源开发以及环境保护方面①。2016 年，老挝与柬埔寨就边界未划界地区发生对峙，双方以前曾就该问题进行多次磋商，以期能得到早日解决。2016 年 6 月 27～28 日老挝总理通伦·西苏里对柬埔寨进行工作访问。老挝与柬埔寨推动两国跨境旅游的便利化，老挝政府总理通伦·西苏里和柬埔寨首相洪森于 8 月 6 日在万象举行的会议上签署了该协议，允许其国民使用边境通行证在两国边境地区旅游②。

四、老挝与缅甸的关系——起步较晚

2015 年是老挝与缅甸建交 60 周年，两国关系的主要特点有：一是继续保持高层互访和友好合作机制，缅甸总统登盛和老挝国家主席朱马里在两国国庆互致贺电。缅甸副总统吴年吞及夫人应邀访问老挝，老挝国家副主席本扬·沃拉吉在老挝与缅甸建交 60 周年之际访问缅甸，老挝政府总理通邢于 2015 年 6 月 22～23 日出席在内比都召开的第 7 次柬老缅越合作框架峰会及第 6 次三江合作战略组织领导人峰会。二是双方加强边境治安、禁毒、金融和贸易合作。年内，分别举行了老缅合作委员会第 11 次会议和老缅第 5 次双边禁毒合作会议，双方同意继续加强边境治安及禁毒务实合作合作。两国保持高层会晤机制，继续保持两军的正常交往，共同维护边界稳定和湄公河航运安全；此外，老缅两国中央银行于 2015 年 3 月在万象首次举行双边合作会议，老缅两国还于 11 月在老挝南塔省孟龙县共同举办了第 1 届友谊贸易博览会。三是老缅友谊大桥（位于老挝南塔省孟龙县与缅甸大其力县之间）于 2015 年 5 月 9 日举行通车仪式，结束了老缅湄公河之间无桥相连的历史，老挝国家主席朱马里和缅甸总统登盛共同出席上述仪式。该桥通车将促进两国的贸易、投资和旅游，且惠及越南、中国、印度、孟加拉国等周边国家。2016 年缅甸总统吴廷觉于 5 月 6 日对老挝进行友好访问，缅甸政府国务资政兼外交部部长昂山素季随往。老挝与缅甸将加强在贸易、投资、教育与旅游等领域的合作，并重新开通两条直航航线（万象—仰光，琅勃拉邦—蒲甘）中的 1 条，以及在现有双边、多边框架下实现合作共赢进行探讨。老挝国家主席本扬于 8 月 5 日对缅甸进行访问。本扬与吴廷觉高度评价了两国在过去几年良好的合作关系和成果，双方的谈话涵盖了共同关切的区域与国际事务。双方都同意要将老缅联合合作委员会第十一次会议达成的协议与吴廷觉 2016 年 5 月访老时两国领导人达成的协议转化为现实。

---

① 陈定辉. 老挝：2015 年回顾与 2016 年展望 [J]. 东南亚纵横，2016（2）.
② 老挝与柬埔寨推动两国跨境旅游的便利化 [N]. 万象时报，2016-08-08.

五、老挝与东盟其他国家关系——扩大朋友圈保持良好发展势头

加强与印度尼西亚、马来西亚、菲律宾、文莱等国家的有关合作，老挝与马来西亚科技部签订 IT 合作协议并决定互相开放旅游业，马来西亚也成为老挝的第八大投资国，从 2000～2015 年其在老挝的投资已达 23 亿林吉特。据马来西亚驻老挝大使 Datuk Than Tai Hing 介绍，马来西亚公司目前在老挝的投资涵盖银行与金融、保险、旅游、教育、建筑以及农业部门。2016 年，马来西亚与老挝的贸易额达到 3096 万美元，较前一年增加了 75％。马来西亚在老挝共有 104 个投资项目，总投资额为 8.2 亿美元，是老挝第五大投资来源国。老菲双方决定继续增加贸易合作，2016 年，老挝对菲律宾的出口额数据超过 100 万美元，自菲律宾的进口额数据超过 51 万美元。老挝与文莱决定加强两国新闻文化合作①。新加坡与老挝关系友好，两国领导人近年来多次互访，但双边投资贸易规模不大，2016 年双边贸易额为 5100 万美元（约 7100 新元），在新加坡贸易伙伴中排名第 108 位。新加坡是老挝第 12 大外来投资来源国，投资额约 2 亿 8400 万美元。2016 年新加坡在老挝的投资项目有 70 个，总价值 1.75 亿美元。其中，33 个总价值为 9700 万美元的项目为 100％ 外商独资，而剩余 37 个项目为新老合资。新加坡国际基金会和新加坡健保服务集团 2016 年起与老挝卫生科学大学（University of Health Sciences）合作，训练来自该大学医疗科技系、当地一些非政府组织及医院的复健护理人员。最新的《新加坡—老挝避免双重课税协议（DTA）》于 2016 年 11 月 11 日正式生效。DTA 澄清了关于税收问题并且消除了与两国边境贸易相关的重复征税。

第三节 老挝与东盟外国家、地区及
国际组织的关系

一、老挝与美国的关系——日益升温

两国 1950 年建交，1975 年后两国维持代办级外交关系，1991 年 11 月升格为大使级外交关系。1992 年 8 月，双方恢复互派大使。2005 年，美国向老挝提供正常贸易关系待遇。近年来双方关系进一步发展，美国向老挝提供了包

---

① 陈定辉. 老挝：2011 年发展回顾与 2012 年展望［J］. 东南亚纵横，2012（2）：7 - 15.

括禁毒、清除未爆炸弹、民生、军队职业教育、后勤等领域的援助，并展开合作①。

2015 年是老挝与美国建交 60 周年，老美关系获重大突破。一是老美两国元首实现了首次会晤。老挝国家主席朱马里 2015 年 9 月出席第 70 届联合国大会期间，在纽约会晤了美国总统奥巴马，这是 1915 年以来老美两国元首的首次会晤。2015 年 11 月 21 日，老挝总理通邢在马来西亚吉隆坡出席第 3 届东盟—美国峰会期间亦与奥巴马进行会晤并邀请其出席 2016 年由老挝主办的第 4 届东盟—美国领导人峰会，奥巴马表示盼望早日与会并访问老挝，奥巴马有可能成为历史上首位访问老挝的美国总统。二是两国外交和军事部门继续保持正常的对话与合作机制。"美老第 6 次全面磋商会议"和"美老第 10 次防务对话"分别于 2015 年 6 月 19 日和 9 月 15～16 日在华盛顿和万象举行，美方承诺将援助老挝用于清除未爆炸弹的资金每年增至 1500 万美元。此外，美方还表示在禁毒、卫生医疗、英语培训以及人道主义援助等方面增加对老挝的援助。老方表示将继续为美方搜寻在老挝失踪的美军人员遗骸提供合作与便利。三是美老双方于 2015 年 2 月 2～3 日和 9 月 22 日分别在巴色市和万象市共同主持召开了"湄公河下游经济可持续发展论坛"和"应对灾害研讨会"。四是美国东南亚战争失踪士兵家属协会主席恩·吉利皮斯女士、美国科学大使杰拉尔丁·理查蒙德女士、美国副总统拜登夫人吉尔博士、美国加利福尼亚州议员德温和新泽西州议员佛兰克以及美国国家安全副顾问本杰明·罗兹等名人和政要分别访问老挝，凸显了美国对老挝实行官民外交相结合。

2016 年 9 月 14 日老挝主席本扬·沃拉吉和美国总统奥巴马在万象举行了会谈。会谈指出老挝和美国在相互尊重和双边利益关系上，将开启一个伙伴关系的新时代。新的伙伴关系将涉及老挝政治和外交、经济贸易、教育培训、环境健康、打击贩毒、未爆弹药的清除、人权领域、文化事业等多个领域。未来 3 年，美国将提供 9000 万美元用于老挝未爆弹药拆除。未来 5 年，美国将提供 2700 万美元用于老挝学校供餐计划。美国还将提供 600 万美元，用于为期 3 年针对妇女儿童的老挝社区卫生和食品计划。老挝和美国在 2004 年恢复正常贸易关系，至今两国之间的贸易值增加了 5 倍。2015 年两国贸易金额达到 6970 万美元②。

二、与法国的关系——冷淡的合作

随着法国对老挝殖民统治的结束，老挝与法国于 1951 年正式建立了平等的

① 李好．老挝投资环境分析报告［R］．2013－10－26．
② 老挝美国伙伴关系新时代．老挝新闻（通网新闻—老挝通）［EB/OL］．http：//www. laowotong. com/article－2340－1. html.

外交关系，但双方关系一直很冷淡。老挝人民民主共和国成立后，由于法国不顾老挝的强烈反对仍然支持老挝反政府组织的活动，双方冷淡的外交关系并没有改变。1978 年 2 月，老挝政府关闭法国在老挝的法国文化中心。同年 6 月 30 日，法国驻老挝使馆的两名参赞被驱逐出境。8 月 22 日，老挝关闭驻法国使馆。老法两国的外交关系由此中断。直至 1982 年 8 月，在法国政府的建议下，老挝政府才决定恢复与法国的外交关系，双方互派大使。

1997 年 4 月，老挝总理坎代应邀访问法国，加强了两国友好与合作。1998～2000 年，法方向老方提供援助共计 8040 万美元，援助额继日本、德国、瑞典之后位居第四，主要用于基础设施建设、文化、人力资源开发、农业、卫生等领域。[①] 2001 年，法国向老挝农业、医疗等部门提供了总计约 1600 万欧元的援助。2004 年 2 月，法国合作部长在访老期间就南吞 2 号水电站项目同老挝领导人进行了会谈，法国政府和法国电力公司（EDF）决定将继续支援位于甘蒙省的南吞 2 号水电站项目建设。当月，法国政府还决定向老挝政府提供 300 万美元援助，用于万象市自来水系统 2004 年至 2007 年的技术培训，以提高全国自来水系统职工的能力。2006 年 3 月和 10 月，法国发展基金（AFD）向老挝提供总计 320 万欧元无偿援助用于农业和农村发展、文物古迹保护等；10 月，法国政府向万象市提供 470 万欧元无偿援助用于改善交通设施[②]。2010 年，法国外贸事务国务秘书皮埃尔访问老挝。2016 年 3 月 21 日法国驻老挝大使馆举行"法国味道"的法国美食节，宣传法国文化、展示法国人的生活方式。2016 年 6 月 3 日法国开发署（AFD）与老挝规划和投资部间有两项新的金融协议。第一个协议旨在跟进老挝咖啡行业发展，扩大对北部省份以及国家组织的支持；第二个协议与修复甘蒙省灌溉区域有关。

三、与德国的关系——鼎力支持者

老挝与德国于 1958 年建交，德国是开展对老挝人力资源援助最早的国家之一，是仅次于日本的老挝第二大援助国。1964～1928 年，德国向老挝提供各类援助资金共计 2.8 亿美元，尤其是 2006～2008 年，援助金额达 2400 万美元，受到老方欢迎。2005 年 6 月，德国政府向老挝提供政府合作项目资金共 1000 万欧元，用于 6 号公路及波乔、琅南塔省农村地区道路建设及发展农村职业学校。2008 年 1 月，老挝外交部在万象举行老挝、德国建交 50 周年纪念仪式，老挝副外长蓬沙瓦在讲话中高度评价两国半个世纪来的友好合作；2009 年 12 月，德国与老挝签署备忘录，德国政府将无偿援助老挝乌多姆赛省 230 万美元罂粟替代种

---

①② 老挝概况（五）.军事、外交［EB/OL］.http：//www.360doc.com/content/15/0313/11/19962827_454781655.shtml.

植项目，用于老挝乌多姆赛省停止种植罂粟后当地群众的脱贫项目，主要包括保证当地孟赛县、昏县及拉县 50 个村的农业生产、粮食供应，支持小企业发展，并协时当地防治毒品传播，对吸食毒品者进行治疗等①。2016 年 11 月 9～10 日，老挝—德国双方政府就新的承诺与核心项目及计划达成协议并于 11 月 10 日签署了关于谈判的赠款协议。德国政府将提供 4580 万欧元用于支持老挝 2015～2016 年的可持续发展，其中 1880 万欧元将被用于金融合作，而 2700 万欧元将被用于技术合作。

四、与日本的关系——紧密合作

1952 年 12 月，老挝与日本正式建立外交关系。老挝人民民主共和国建立后，两国继续保持正常的外交关系。1988 年，老挝外交部部长西巴色访问日本，标志着老日关系进入一个新的发展时期，两国交往逐渐增多。1989 年，时任老挝部长会议主席凯山·丰威汉访问日本，与日方领导人就经贸合作、对老援助等多方面问题进行了广泛磋商。1995 年，老挝政府总理坎代·西潘敦访问日本，对老日关系的发展起到了极大的推动作用。此外，老日之间还进行过多次部长级会谈。进入 21 世纪，老挝和日本的关系继续向更高层次发展。目前，老挝与日本的关系在东盟"10＋3"体制下得到了不断提升。从 2004 年底，日本采取扩充援助额的战略开始定期与柬埔寨、老挝、越南 3 国举行每年一次的首脑会谈。

自 1991 年以来，日本一直是老挝的最大援助国。日本对老挝的援助占整个老挝援助的 23%，年均援助数额超过 1 亿美元，其中包含无偿援助、技术援助、通过日本国际合作机构（JICA）援助四个大项目：开发人力资源、发展农林业、发展能源和基础设施以及满足基本需求等②，覆盖赈灾、公共基础设施建设、水电工程、科技、教育等各个方面，在老挝经济建设中起着重要作用。2008 年，日本政府在首次日本—湄公河外长会议上表明向横跨湄公河地区 5 国（泰国、越南、缅甸、柬埔寨、老挝）的东西走廊物流网建设提供 2000 万美元的无偿资金援助。2009 年 10 月，日本政府利用日本粮食援助基金购买 2000 吨老挝本地大米，价值 114 亿基普（约合 135 万美元），作为日本政府援助老挝的紧急救灾储备粮③。2009 年 11 月，在第一届"日本与湄公河流域各国首脑会议"上，日方表示将在 3 年内向湄公河流域 5 国提供超过 5000 亿日元（约合人民币 377 亿

---

① 德国援助老挝北部罂粟替代种植项 [EB/OL]．http：//www. mofcom. gov. cn/aarticle/i/jyjl/j/2009
12/20091206664900. html.

② 日本是老挝的最大援助国．中华人民共和国驻老挝人民民主共和国大使馆经济商务参赞处 [EB/
OL]．http：//la. mofcom. gov. cn/article/sqfb/200608/20060802815325. shtml.

③ 日本购 2000 吨老挝本地大米作援老紧急救灾储备粮 [EB/OL]．中华人民共和国驻老挝人民民主
共和国大使馆经济商务参赞处，http：//la. mofcom. gov. cn/aarticle/jmxw/200910/20091006549439. html.

元)。今后还计划继续提供同等规模的援助，支持东盟成员国之间消除经济差距以及东盟在 2015 年实现一体化。

2010 年，老挝国家主席朱马里、总理波松分别访日，日本外相冈田克也访问老挝。2010 年 3 月，朱马里对日本进行国事访问期间，向日本政府表达了谢意，感谢日本为改善老挝贫困阶层的生活提供各种援助。他还表示愿意在防止全球变暖的问题上与日本合作。日本外相冈田克也表示，关于湄公河流域开发问题，日本将在水资源管理、森林保护等环保领域单独强化援助措施，"日本愿从保护动物多样性的观点出发提供援助"以保护濒临灭绝的湄公河豚；他对强化两国在经济上的合作关系也表示了期待。2011 年，日本是老挝第四大贸易伙伴，双边贸易额为 0.87 亿美元。2016 年，由日本承建的瓦岱国际机场扩建项目已完成了合同目标的 11%，预计在 2018 年初完工。该项目从日本政府获得了大约 90 亿日元的优惠贷款。2016 年 5 月 4 日老挝外长沙伦赛·贡马希在万象会见日本外相岸田文雄，双方就援助项目签署交换协议。日本将为老挝提供大约 25 亿日元用于 9 号国道沿线的桥梁建设，并为老挝的人力资源开发提供 2.47 亿日元。2016 年末，日本企业在老投资项目共 89 个，价值超过 438 亿美元，成为老挝的第八大投资国。同时，日本也是为老挝提供官方发展援助最多的国家。2016 年，日本为老挝提供了大约 1.22 亿美元支持其五年社会经济发展项目的实施①。

五、与朝鲜关系——同根相顾的好伙伴

老挝与朝鲜关系友好。2001 年 3 月 8～11 日，朝鲜金日成社会主义青年团第一书记李日焕访老。3 月 11～16 日，朝鲜最高人民会议常务委员会副委员长杨亨燮率团出席老党"七大"并向大会致辞。3 月 28 日，朝鲜新闻委员会副主席吴申真率团访老。4 月 14～17 日，老党中央政治局委员、中宣部长奥沙甘·坦马铁瓦率老挝党代表团访问朝鲜并出席朝鲜纪念金日成的"阳光节"活动。4 月 24～28 日，老挝副总理兼外长宋沙瓦·凌沙瓦访问朝鲜。7 月 14～17 日，朝鲜最高人民会议常务委员会委员长金永南访老，坎代·西潘敦主席与其会谈，双方签署了两国避免双重征税协定、卫生合作协定、文化交流计划三份文件，访问结束后双方发表《联合新闻公报》。8 月 5 日，朝鲜祖国统一民主主义战线中央委员会主席康连鹤访老。

2002 年 5 月 11～14 日，本扬·沃拉吉总理访问朝鲜，洪成南总理与其会谈，朝鲜最高人民会议常任委员会委员长金永南会见。

1 月 14 日，老朝友协、朝鲜驻老挝大使馆和万象市联合举行金正日 60 寿辰

① 巴特寮通讯社，2017-03-10。

庆祝集会。4月10日，老朝友协与朝鲜驻老使馆联合举办金日成诞辰90周年庆祝集会，建国阵线中央主席西沙瓦·乔森潘主持。

朝方访老的团组有：朝鲜《民主朝鲜报》社长（4月），朝鲜劳动党中宣部副部长郑基加（音）（7月），朝鲜劳动党中央党报副总编李俊翰（音）（10月）。老方访朝的团组有：工会联合会中央常务副主席波赛坎·冯达拉（9月）。①

六、与韩国的关系——积极参与密切友好的伙伴

2002年老韩交往密切。5月16～20日，本扬·沃拉吉总理对韩国进行正式访问，两国总理举行会谈。釜山大学授予本扬总理政治学名誉博士学位。老方访韩的团组还有：宋沙瓦副总理兼外长（11月）。韩方访老的团组有：总统特使张满春（音）（4月），外交通商部长官崔成泓（10月），釜山大学校长金素友（音）（11月）。7月，韩国国际合作机构向老挝劳动和社会福利部提供200万美元援建老—韩职业培训中心②。

2013年11月，时任老挝国家主席朱马里·赛雅颂对韩国进行正式访问，并成为首位访问韩国的老挝国家主席，在两国的外交发展历程中具有重要意义。11月22日，韩国总统朴槿惠与朱马里在青瓦台举行了会晤。之后，两位领导人签署了《2013韩国国际合作团无偿援助基本协定》《2014～2017对外经济合作基金借款基本协定》和《为保护世界文化遗产占巴塞景观的相关谅解备忘录》等多个援助文件③。

在老挝和韩国之间的贸易和投资稳步上升后，双方一致同意继续扩大互利经贸合作。老挝国家工商总会（LNCCI）与韩国工商会（KCCI）2016年8月3日在万象签署了一份谅解备忘录，旨在建立两个商会之间的总体合作框架，以进一步促进老挝和韩国之间的经济关系。根据谅解备忘录，双方一致同意定期交换市场信息、商业机会和经济代表团互访，以促进两国间贸易、投资和商业交流。双方还将扩大两个商会内企业家和组织间的合作。据韩国统计信息服务报告，2015年韩国对老挝出口额达1.7亿美元，同比增长9.2%，主要出口产品包括客车、卡车、电动机、汽车部件和施工设备。2015年老挝对韩国出口额达2290万美元，同比增长52.5%，主要出口产品包括钾肥、咖啡、粗铅和废料、面料和用于制作药品的蔬菜原料。据老挝工贸部报告，韩国是在老挝投资的第四大来源国，其在老挝投资的257个项目总值达8亿美元。2015年两国贸易总额达1.99亿美元。2016年9月9日韩国与老挝签署18项经济合作谅解备忘录，以深化双边贸易投资、卫生保健、基础设施开发和文化交流。

---

①②③老挝的经济与外交状况［EB/OL］. http：//www.china.com.cn/chinese/zhuanti/zgdm/444606.htm.

七、与印度的关系——亚洲不可忽视的重要伙伴

老挝与印度在 1956 年建立外交关系。随着印度东进战略的实施，老挝与印度的传统友谊逐渐升温。1997 年老印友好协会成立，2002 年印度首脑第二次访问老挝，双方在禁毒、国防、互免签证、反恐、地区开发、科技合作、资源开发等方面的合作达成共识。印度为老挝加入世贸组织提供 1000 万美元援助，老挝则表示支持印度成为联合国安理会常任理事国，并主动担当了印度与东盟关系的协调国。2008 年老挝国家元首时隔 31 年访问印度，印度表示将继续在人力资源、公共卫生、文化、经济、投资、抗灾等方面提供援助，老挝承诺将为印度企业赴老挝投资经营提供便利。2000～2009 年底，印度对老挝投资项目为 6 个，投资总额达到 3.52 亿美元，在对老投资国中位居第七[1]。2016 年老挝国家主席朱马里、总理通邢以及副总理兼外长通伦分别向印度相应领导人致贺电，庆祝老挝—印度建立外交关系 60 周年。2016 年 6 月印度与老挝即将开通直航，作为增加两国文化交流与双边贸易倡议的组成部分。印度驻老挝大使 Ravi Shankar Aisola 称，连接两国的直飞航班已进入最后的批准阶段，并将很快开通。老挝驻印度大使 Southan Sakonhninhom 说印度企业可以将老挝作为进入东盟市场的途径，鼓励印度企业增加在老挝的电力、旅游和农业投资。

八、与俄罗斯的关系——渊源已久的老朋友

1960 年 10 月，老挝王国政府与苏联正式建立外交关系。1975 年老挝成立人民民主共和国后，苏联一度成为老挝最大的援助国。苏联解体以前，老挝与苏联及东欧各国一直保持着密切的关系，双方之间互访频繁，就经济、军事、贸易、航空、科技、文教和卫生等多个领域的合作与交流进行了磋商，两国关系保持了稳定发展的态势。1991 年 9 月苏联解体，苏联对老挝的援助也随之终止。[2]

1991 年 12 月，老挝政府发表声明宣布承认苏联的 12 个加盟共和国独立，也承认俄罗斯联邦接替苏联外交事务，并愿意在和平共处、平等互利的基础上与独联体国家发展友好关系。1992 年 3 月，老挝和俄罗斯互派大使。1994 年，两国签署友好关系原则协定。此后，老挝与俄罗斯的关系保持平缓的发展态势，两国高层保持正常往来。近年来，老挝和俄罗斯之间的高层互访不断增多，双方保持各领域友好交流合作，双方就解决老挝拖欠苏联债务问题上的谈判也取得进展。2003 年 6 月，老挝总理本扬对俄罗斯进行正式访问，俄罗斯总理米哈伊尔与其会

①　张瑞昆. 走进老挝［M］. 北京：经济日报出版社，2011.

②　老挝的经济与外交状况. http://www. china. com. cn/chinese/zhuanti/zgdm/444606. htm.

谈，俄罗斯宣布免除老挝政府所欠债务的70%，其余3.8亿美元延期11年偿还①。

2010年，老挝国会主席通邢正式访问俄罗斯，俄罗斯外长拉夫罗夫访问老挝。

2011年10月，老挝国家主席朱马里·赛雅颂正式访问俄罗斯，与俄罗斯总统梅德韦杰夫、总理普京举行会谈。这是自苏联解体以来，老挝最高层领导人首次访问俄罗斯。梅德韦杰夫认为双方在经济领域和人道主义援助方面应加强沟通与合作，在国际事务中，尤其是在亚太地区关系中应加强协作，朱马里此次访问无疑将对进一步发展俄罗斯与老挝的友好关系做出贡献。朱马里表示希望此次访问不但能够巩固老挝、俄罗斯传统的友好关系，更能够为两国关系的发展提供新的框架。会谈后，双方就老挝与俄罗斯在亚太地区发展战略伙伴关系发表了声明，双方还签署了一系列文件，包括在医疗和旅游方面进行合作的协议。

俄罗斯总理普京会见朱马里·赛雅颂主席时称，俄罗斯企业对老挝水力动力、通信和矿业领域的联合项目抱有兴趣。如果启动大规模的项目，俄罗斯对老挝经济的投资额将显著增长。普京还重申，俄罗斯愿意继续同老挝在教育等人文领域进行合作，当前有7000多名老挝学生在俄罗斯大学接受教育。朱马里表示，老挝视俄罗斯为"老朋友"并珍视"苏联人民为解放老挝"所做的贡献。

2016年5月19日，俄罗斯总统普京在索契与老挝总理通伦·西苏里举行会谈。普京提出，俄罗斯将与老挝发展友好关系，俄罗斯人将老挝总理视为好朋友。2016年，老挝与俄罗斯的双边贸易额达到1630万美元，俄罗斯在老挝的直接投资额达到5270万美元。

九、同其他国家关系——外交朋友圈在扩大

2001年2月12～14日，瓦努阿图外长瑟奇·沃霍尔应邀访老，西沙瓦·乔森潘总理会见，双方同意互派大使，并签署投资及金融领域合作谅解备忘录。2月18～20日，瓦努阿图总理巴拉克·塔梅·索佩对老挝进行正式友好访问。坎代·西潘敦主席、沙曼·维亚吉国会主席、西沙瓦·乔森潘总理分别会见，双方发表两国政府联合声明并签署经济合作协议和成立两国合作委员会协议。

3月11～17日，古巴共产党中央委员胡利奥·拉斐尔·罗德里格斯率团出席老党"七大"并向大会致辞。4月3～7日，老国家体委主任朴通·显阿空率团访问古巴。4月24～25日，古巴共产党中央政治局委员豪尔赫·路易斯·谢拉·

---

① 老挝的经济与外交状况［EB/OL］. http：//www. china. com. cn/chinese/zhuanti/zgdm/444606. htm.

克鲁斯率团访老，双方签署两党合作协议。11 月 26～30 日，老挝副外长蓬沙瓦·布法访问古巴。11 月 25～28 日，古巴外国投资和经贸合作部副部长诺埃米女士访老并出席老古合作委员会会议，双方签署了经贸合作备忘录。12 月 1～15 日，老党中央政治局委员、中央办公厅主任波松·布帕万率团访问古巴并出席第 10 次圣保罗论坛国际会议。

2 月，瑞典合作发展组织向老挝政府提供 120 万美元无偿援助和 1 亿瑞典克朗贷款，用于修建道路。5 月，瑞典政府向老提供 1 亿瑞典克朗无息贷款，用于整修 8 号公路。10 月，瑞典政府与老挝签署协议，瑞典政府将在 2002～2006 年每年向老挝提供至少 1200 万美元援助，用于老挝基础设施建设等项目。11 月 20 日，瑞典合作发展组织向老挝提供 2600 万瑞典克朗无偿援助，用于开展 2001～2004 年国家统计局项目。近年来瑞典政府每年向老挝提供 1800～2000 万美元援助。1997～2000 年，瑞典政府已向老挝的道路建设、农业发展、统计、环境保护、医药卫生和教育普查等项目提供了数千万美元的无偿援助和贷款。

5 月 18 日，宋沙瓦·凌沙瓦副总理兼外长对卢森堡进行首次正式访问，双方签署关于卢森堡为老挝血库修建制冷系统等 3 份合作协议。

8 月 30 日～9 月 1 日，老挝副总理宋沙瓦·凌沙瓦对白俄罗斯进行正式访问，双方签署经济贸易合作协议。12 月 16～19 日，白俄罗斯国防部副部长罗科契夫斯基率团访问老挝，副总理兼国家计委主任通伦·西苏里、国防部长隆再·披吉少将分别会见。

9 月 17 日，比利时交通运输和能源部长斯蒂夫访老，双方签署两国交通合作谅解备忘录。

12 月 6～8 日，德国联邦议会议长沃尔夫冈·蒂尔泽访老，国家副主席朱马里·赛雅颂会见，国会主席沙曼·维亚吉与其会谈。①

2002 年有：外国访老团组：比利时合作与发展副大臣 Eddy Boutmans（1 月），古巴全国妇联代表团（2 月），澳大利亚移民及民族事务部部长 Mr. Philip Ruddock（3 月），古巴全国总检察长胡安·埃斯卡洛纳·雷格拉（4 月），蒙古国大呼拉尔副主席宾巴道尔吉访老（5 月），匈牙利副外长 Barsony Andras（8 月），古巴共产党中央政治局委员亚迪拉·卡西亚瓦拉女士（9 月），印度共和国总理瓦杰帕伊、瑞士发展合作组织（SDC）总干事 Walter Fust（11 月），德国驻联合国代表 Haralol Broun（12 月）②。

十、同地区及国际组织关系——扶贫的主要支持者

老挝于 1997 年 7 月加入东盟，是大湄公河次区域经济合作（GMS）成员，

①② 老挝的经济与外交状况［EB/OL］. http：//www. china. com. cn/chinese/zhuanti/zgdm/444606. htm.

2000 年加入《多边投资担保机构公约》，2008 年成功举办 GMS 第三次领导人会议，2012 年 10 月老挝成为 WTO（世界贸易组织）的第 158 个成员国。

老挝与联合国、欧盟、世行、亚行等国际机构保持良好合作。亚行、世行、欧盟和联合国是向老挝提供官方发展援助与贷款最多的 4 个国际（金融）组织①。

2016 年 9 月 8 日老挝政府与联合国在万象签署了新的五年期合作框架，《2017～2021 年老挝—联合国合作伙伴框架》反映了联合国支持老挝发展优先事项、帮助老挝实现摆脱最不发达国家状态、为所有公民提供高质量的服务的追求。老挝与联合国国家团队的 21 个机构结成新的伙伴关系，预计每年将为老挝带来 8000 万美元的技术合作。

2011 年亚行和世行对老挝援助总额分别为 1.1528 亿美元和 1.2140 亿美元；欧盟已为老挝 2016～2020 年倡议提供了 1.62 亿欧元，欧盟已支持老挝营养、基础教育和未爆炸弹（UXO）的清除等众多的项目万欧元援助；联合国向老挝提供了合计 2122 万美元的无偿援助。此外，国际农业发展基金于 2011 年向老挝提供 1396 万美元援助，以保证公众粮食供应。

2001 年 1 月 15～17 日，世界贸易组织专家组访问老挝并为老挝加入世贸组织工作提供技术支持。3 月 29 日，坎代·西潘敦主席正式批准与国际原子能机构签署的防止核扩散条约，老挝是 1991 年 11 月 22 日签署该条约的。6 月 2～3 日，国际足联主席布拉特对老挝进行工作访问，国际足联向老挝提供总计约 80 万美金的援助用于支持老挝足球事业。7 月 16～19 日，亚洲开发银行行长千野忠男访问老挝。11 月 1 日，国际货币基金组织副总裁山崎重光访问老挝。2001 年亚洲开发银行共向老挝提供总计约 9500 万美元的贷款，国际货币基金组织向老挝提供 4020 万美元贷款。12 月 24～26 日，联合国教科文组织总干事松浦晃一郎率团访问老挝，坎代主席、新闻文化部部长潘隆吉和教育部部长披马逊分别会见。老挝占巴塞省瓦普寺被正式接受为世界文化遗产。

2002 年，老挝副总理兼外长宋沙瓦·凌沙瓦先后出席了联合国儿童特别联大（5 月），罗马联合国粮农组织"世界粮食峰会后五年"会议（6 月），万象亚太地区执行新千年发展目标研讨会、贝鲁特第 9 届法语国家元首及政府首脑峰会（10 月）等重要的国际会议。蓬沙瓦·布法副外长出席在印度尼西亚举行的亚太地区非法贩卖人口与跨国犯罪部长级会议（2 月）。此外，老挝领导人还分别出席了国际湄公河委员会第十五次会议（3 月），世界卫生组织第 55 次年会（5 月），第 90 届国际劳工组织会议（6 月），世界银行和国际货币基金组织年会（9

① 李好. 老挝：投资环境分析报告［R］. 2013－09－09.

月），第 2 届亚洲政党国际会议、第 13 届国际妇女民主大会（11 月）和第 2 届亚太议会会议等。

2002 年亚行向老挝发放 4500 万美元贷款，用于南俄河水库开发项目、第三期财政开发项目及小型农村开发项目等脱贫计划。此外，ADB 通过湄公河次区域项目给老挝约 4500 万美元援助，用于基础设施开发和从北到南的经济线路开发。2002 年，ADB 还将提供 1500 万美元的小型城市开发项目备用贷款，并计划提供约 450 万美元的业务援助。1970 年以来，ADB 已向老挝提供贷款和无偿援助约 10 亿美元。

2002 年 2 月，联合国禁毒署承诺将在 2004 年 8 月前向南塔省孟龙县提供 203 万美元无偿援助，用于禁止种植罂粟项目；8 月，世界银行承诺将向老挝政府提供 4500 万美元信贷，用于老挝财政部门宏观调控项目和减贫基金项目。2002 年，老挝在亚太经社理事会（ESCAP）第 58 届年会上首次获得人力资源开发优秀奖[1]。

2016 年世界卫生组织（WHO）为老挝政府提供 600 万美元用于促进其卫生部门的可持续发展。WHO 对老挝卫生部的年度资金承诺较去年增长了近 30%，部分增加的资金是为应对脊髓灰质炎的暴发。

2016 年，老挝与欧盟签署了关于欧盟支持老挝的文件，例如欧盟援助老挝实施 1500 万欧元的 2014/2015 年基础教育项目，1900 万欧元的营养项目，价值 550 万欧元的治理改革以及 500 万欧元的未爆炸弹清除（项目）。双方讨论了欧盟对老挝提供的价值大约 1.62 亿欧元的援助（2016～2020 年联合项目）。

2016 年，亚行计划为老挝的高中教育和职业技术教育与培训计划提供无偿援助和优惠贷款，并在 2017～2019 年提供 3 亿多美元的优惠贷款和无偿援助，以此加强农村基础设施、促进农业价值链和旅游业发展、扩大水供应和走廊城镇发展、促进贸易并完善卫生服务。

老挝与各主要欧盟国家保持传统友好的关系。其中，德国、瑞典、法国、卢森堡均为老挝的主要援助国，援助主要集中在基础设施建设、文化、人力资源开发、农业和卫生等领域。2011 年 8 月，欧盟表示将放宽原产地规则，包括老挝在内的最不发达国家可以获得普惠制体系的豁免资格，并将作为欧盟的优惠贸易伙伴进口原材料、生产成品并出口欧盟市场。

2016 年 4 月 28 日，老挝政府与国际农业发展基金会（IFAD）签署新的关于粮食安全与营养项目战略支援的融资协议。IFAD 向老挝提供 2400 万美元，以资助老挝粮食安全和营养项目。该项目预计于 2016～2021 年在丰沙里、华潘、乌

---

[1] 老挝的经济与外交状况 [EB/OL] . http：//www. china. com. cn/chinese/zhuanti/zgdm/444606. htm.

多姆赛和川圹四省实施。项目旨在支持扶贫战略和改善粮食安全，尤其是农村地区人口的粮食安全。

十一、老挝与非政府组织的关系——入户又入心的人文关怀

老挝对国外非政府组织持开放性态度。据老挝2011年8月统计，登记注册的国外非政府组织已达188个。2001～2011年6月，合计有180个非政府组织向老挝提供援助项目603个，援助金额达3.03亿美元。2011年前6个月对老挝援助金额达2200万美元。50多个非政府组织及非营利组织年内出资1500万美元与老挝教育部合作在老挝全国17个省市发展国民教育[①]。

第四节　十大后老挝外交走向——谋求政治安全与经济发展的多元外交

从老挝近年来的外交活动及外交策略看，老挝有一个较为宽松的外交环境。依据老挝外交现状及地区国际形势，一段时间内老挝外交政策走向主要体现在以下几方面：

一是保证本国政治安全。国家利益是一国制定对外决策的出发点，国家制定对外政策就是要实现或维护国家利益。安全利益是国家最首要的利益[②]。作为世界上最不发达国家之一，急需资金脱贫，虽然资金来源能影响老挝外交政策，但并不起决定性作用，确保政治安全才会是其对外政策的首要出发点。

二是实现经济发展。外交政策必须要符合国内经济和社会发展需要，老挝经济基础薄弱，国内发展资金严重缺乏，外国投资和经济援助是老挝社会经济发展的主要动力，因而老挝的外交政策也必须以有助于引进更多外资和外援、实现经济发展目标为条件之一。

三是融入地区和国际社会。老挝地处大陆内部，与海不相邻，不具有地缘政治优势，在自身政治和经济能力都有限的情况下，为谋求经济社会发展，只能以更加开放的姿态融入国际社会中来。虽然当前国际环境充满不确定性因素，但老挝已从担任东盟主席国这一平台提升了国际影响力并扩大了国际活动空间。作为融入地区和国际社会的受益者，今后外交也必将继续融入地区和国际社会以实现利益最大化。

---

① 李好. 老挝：投资环境分析报告［R］. 2013-09-09.
② 阎学通，阎梁. 国际关系分析［M］. 北京：北京大学出版社，2013.

第六章　老挝参与区域合作概况

老挝具有典型的"小国"特征。老挝人民民主共和国（以下简称老挝）建立以来，根据老挝国内政治、经济形势发展以及外交政策的需要，老挝参与区域合作的政策发生了较大的变化。老挝参与区域合作主要可以分为以下三个阶段：①选边站队阶段：建国之初，受意识形态、"冷战"格局、与苏联、越南特殊关系等因素的影响，老挝仅仅与意识形态相近的越南等国开展有限的区域合作，在东南亚地区相对孤立。②有限参与阶段：随着"冷战"的结束，东南亚地区格局发生重大变化，老挝开展全方位的外交政策，老挝的区域合作政策发生了重大调整。以老挝参与东盟为例，老挝开始慎重地参与东盟。③全面参与阶段：老挝正式加入东盟之后，开始全面参与东盟以及以东盟为核心的区域合作机制，与周边国家展开多种形式、多领域的区域合作。

本章研究的主题是老挝参与区域合作的概况。围绕这一核心内容，本章主要梳理和研究以下内容：总结梳理老挝参与区域合作机制的基本情况；分析研究老挝参与区域合作的基本特征和动力机制；选取老挝参与东盟、湄公河委员会作为案例，并对老挝参与区域合作进行具体分析。

第一节　老挝参与区域合作的主要机制

老挝参与的区域合作机制主要可以分为三类：第一类，与周边国家合作建立区域合作机制，主要包括越老柬三角经济合作开发、中缅泰老"黄金四角"、柬老缅越合作与发展、柬老缅泰越经济合作战略等。第二类，围绕湄公河建立的次区域合作机制，主要包括湄公河委员会、大湄公河次区域合作机制、东盟—湄公河流域开发合作以及域外国家主导的湄公河合作计划等。第三类，以东盟为核心的东亚区域合作机制，主要包括东盟、东盟"10＋1"（包括中国、日本、韩国、澳大利亚、新西兰、印度、美国、俄罗斯等）、东盟"10＋3"（中国、日本、韩国）、东亚峰会、东盟地区论坛等。

其中，第一类区域合作主要以经济合作为主，基本不涉及政治议题；第二类区域合作主要与湄公河水资源开发与利用合作相关，涉及环境、经济、政治、人文等诸多领域；第三类区域合作主要以东盟为核心展开，东盟共同体以政治安全、经济、人文等领域合作为主，东盟主导的"10＋1""10＋3"地区合作主要以经济领域为主，东亚峰会是成员国领导人引领的战略论坛，东盟地区论坛是东亚地区规模最大、影响最广的官方多边政治和安全对话与合作渠道。

表 6－1　老挝参与区域合作概况

组织	加入时间	主要功能	合作领域	主导者	角色
大湄公河次区域合作	1992 年	促进大湄公河流域合作机制	交通、通信、能源、旅游、环境、贸易等	亚洲开发银行（日本、美国）	参与者
"中缅泰老"黄金四角	1993 年 5 月	次区域合作机制	交通、通信、旅游、环保、禁毒等	泰国倡议	参与者
柬老缅越四国峰会	1999 年	次区域合作机制	贸易、投资、旅游、气候、禁毒等	无	参与者
柬老缅泰越四国峰会	2004 年 11 月	次区域合作机制	贸易与投资便利化、农业、工业与能源、交通、信息技术、旅游业和人力资源开发等	无	参与者
越老柬三角经济合作开发区	2002 年	次区域合作机制	贸易与投资便利化、农业、工业与能源、交通、信息技术、旅游业和人力资源开发等	无	参与者
湄公河委员会	1995 年 4 月	地区合作与外交的平台	水资源管理、航行自由等	无	倡导者、参与者
东盟	1997 年 7 月	区域一体化组织	政治安全、经济、社会等	东盟	参与者
东盟"10＋1"	1997 年	东盟与伙伴关系国对华机制	贸易、金融等	东盟	参与者

续表

组织	加入时间	主要功能	合作领域	主导者	角色
东盟 "10+3"	1997年	区域合作机制	贸易、货币、金融、粮食等	东盟	参与者
东亚峰会	2006年	地区领导人引领的战略论坛	能源与环保、金融、教育、公共卫生、灾害管理、东盟互联互通等	东盟	参与者
东盟地区论坛	1994年	地区政治与安全合作机制	政治、安全等	东盟	参与者
东盟防长扩大会议	2010年10月	地区安全合作机制	安全领域，非传统安全领域	东盟	参与者
澜沧江—湄公河合作	2015年	次区域合作平台	政治安全、经济和可持续发展、社会人文	中国	参与者
东盟—湄公河流域开发合作		次区域合作平台		东盟	参与者

资料来源：笔者根据相关资料整理所得。

一、周边次区域经济合作机制

1. 中缅泰老 "黄金四角"

中缅泰老 "黄金四角" 合作机制是老挝自实施革新开放政策以来，参与较早的次区域合作机制。泰国于1993年提出 "黄金四角成长计划"，主要目标是 "变战场为商场"。泰国试图以平等互利、共同发展的原则，在泰国、老挝、缅甸、中国四国邻接地带建立 "黄金四角" 经济合作区①。"黄金四角" 经济合作的核心区直接涵盖中国云南南部的景洪、思茅，缅甸东北部掸邦的景栋、大其力，泰国北部和东北部地区的夜柿，老挝西北部的南塔等广大区域②。"黄金四角" 主要合作领域包括交通、通信、港口码头、机场等基础设施、能源、旅游业开发、贸易投资与经济技术合作、环境保护、禁毒和艾滋病防治等③。泰国提出 "黄金四角" 倡议后，老挝积极参与 "黄金四角成长计划"，并且在基础设施、

---

① 关于中缅泰老 "黄金四角" 方面的合作，参见钟振明. 泰国的区域经济合作战略评析 [J]. 当代亚太，2007，9：46－52.

② 黎鹏. 地缘经济区的合作开发及其实践策略调整——以中国—东盟合作开发地缘经济区的实证分析为例 [J]. 经济地理，2006，2：187－191.

③ 刀书林. "黄金四角" 计划及其发展前景 [J]. 现代国际关系，1994，5：11－14.

交通运输等领域取得积极进展。1997 年，东南亚金融危机爆发后，泰国深陷经济危机的泥潭，无力推动次区域经济合作①，同时泰国倡导推动的"黄金四角成长计划"日渐边缘化。

2. 越老柬三角经济合作开发（CLV）

越老柬三角经济合作开发区是老挝较早参加的周边经济合作机制。老挝、越南、柬埔寨三国地缘上邻近，历史上同属前法属印度支那联邦，三国希望在东盟内部加强团结②，三国在加强地区合作的意愿与动力强烈。1999 年，老挝、越南、柬埔寨三国政府领导人首次在老挝首都万象举行非正式会议，签署了旨在促进区域安全稳定、共同发展、改善民生的"柬埔寨—老挝—越南三角开发区总体方案"。③ 三国政府首脑每 2 年举行一次会议，会议由 3 个国家轮流主办。三国强调加强经济合作对三国经济发展的重要性，并就水资源、电力、人力资源、交通运输、环境保护、边境贸易等问题展开磋商。

2002 年 1 月，在越南胡志明市，老挝、越南、柬埔寨三国政府领导人举行第二次非正式会晤，三国政府首脑正式决定将三国邻近的区域划分为"三角发展区"。2004 年，老挝、越南、柬埔寨三国政府首脑在柬埔寨暹粒举行第三次非正式会晤，重点讨论合作开发三国交界地区的总体规划，并决定将这一规划纳入双边和多边合作以及大湄公河次区域和东盟合作的框架之内。④ 越老柬"三角发展区"作为非正式的合作机制，在确立之初除了探讨三国合作总体规划外，还要重点加强三国参与东盟等区域合作机制方面的合作。

随着合作的深入，越老柬"三角发展区"越来越聚焦于本地区的发展合作。2010 年 11 月 16 日，第六届柬越老三角地区发展峰会在柬埔寨首都金边召开，并签署了《金边宣言》。其中，重要内容包括：三国协调委员会签署相互谅解备忘录；修改 2010~2020 年柬埔寨、越南、老挝社会经济发展总纲⑤。同时举行的还有第六届柬越老三角地区发展峰会。2014 年 11 月 25 日，第八届越老柬三角发展区峰会在老挝首都万象举行。会后，三国政府首脑发表了《关于三角发展区峰会的联合声明》（以下简称《联合声明》），该《联合声明》主要内容包括加强互联互通、经贸交流、投资与贸易合作，联合打击跨国犯罪、恐怖行为和毒品流通，

① 毕世鸿. 越南参与大湄公河次区域经济合作的回顾与展望 [J]. 东南亚纵横，2006，2：48.

② 晓朱. 东盟中形成越老柬发展三角 [J]. 东南亚纵横，2000，1：18.

③ 参见"老挝总理通伦赴柬埔寨参加柬埔寨—老挝—越南三角开发区第九次峰会"，中国商务部网站，http：//www. mofcom. gov. cn/article/i/jyjl/j/201611/20161101884427. shtml，2016 - 12 - 20.

④ 柬埔寨、老挝、越南举行首脑会议　表示将进一步加强合作，新浪网，http：//news. sina. com. cn/o/2004 - 07 - 22/10513163750s. shtml，2016 - 08 - 20.

⑤ 柬越老三国峰会召开《金边宣言》促发展三角地区 [EB/OL]. 中国新闻网，2010 - 11 - 16，http：//www. chinanews. com/cj/2010/11 - 16/2660148. shtml，2016 - 08 - 20.

反贩卖人口，加强排雷合作及拟订三角发展区的行动计划蓝图等①。三国领导人还共同提出《2020 年越老柬三角区经济社会发展总体规划》，拟加强促进贸易与投资便利化、人力资源开发、商业、投资、社会发展、基础设施、旅游和环保、农业等领域的合作②。

2016 年越南计划投资部公布了《越老柬发展三角区经济社会发展总体规划》（以下简称《规划》）。本《规划》主要目标是在加强经济合作的基础上，逐渐缩小三国各地区之间的发展差距。《规划》将服务业、工业、农林业、贸易和投资便利化、社会和科技领域、环保、国防等列为优先合作与发展领域。在《规划》中，三国提出 2011 ~ 2020 年阶段经济增长目标为每年 10% ~ 11%。三角区人均 GDP 预计由 2010 年的 838 美元增至 2015 年的 1300 美元、2020 年达到 2000 美元③。2016 年 11 月 22 ~ 24 日，越老柬三角开发区第九次峰会在柬埔寨举办。峰会期间，柬老越三国领导共同签署了《柬老越三角开发区贸易便利化协定》和《第九届柬老越三角开发区峰会联合声明》④。

3. 柬老缅泰越经济合作机制

柬老缅泰越经济合作机制是老挝继越老柬三角经济合作开发机制之后，参与的又一周边区域合作机制。该机制领导人峰会每 2 年举行一次，其目的是将"四国边境地区变为永久和平区和经济增长区"，促进四国间的合作，并进而推进东盟的一体化。2003 年 11 月，老挝、柬埔寨、泰国、缅甸四国总理在缅甸蒲甘召开会议，并签署了《蒲甘宣言》，并将四国的合作称为"湄公河—湄南河—伊洛瓦底江经济合作战略"（MMAEC）⑤，这标志着柬老缅泰合作机制的正式形成。2005 年 11 月 3 日，老挝、柬埔寨、缅甸、泰国、越南五国政府领导人在泰国首都曼谷举行了第二次"伊洛瓦底江—湄南河—湄公河经济合作战略"峰会。此次会议越南又加入其中，柬老缅泰经济合作机制发展成为柬老缅泰越五国合作机制⑥。2015 年 6 月，第六届柬老缅泰越五国峰会在缅甸首都内比都举行，本届峰

① 柬埔寨、老挝、越南举行峰会　加强发展三角区合作［EB/OL］. 新华网，http：//news. xinhuanet. com/world/2014 - 11/26/c_ 127253250. htm，2014 - 11 - 26.

② 越老柬三国召开合作会议［EB/OL］. 南博网，http：//www. caexpo. com/news/info/expo/2014/08/01/3628518. html，2014 - 08 - 01.

③ 越公布越老柬发展三角区八大优先发展合作领域［EB/OL］. http：//www. mofcom. gov. cn/aarticle/i/jyjl/j/201207/20120708254744. html，2012 - 07 - 27.

④ 柬老越三角开发区峰会圆满落幕　投资柬埔寨再迎契机［EB/OL］. 中国网，http：//zgsc. china. com. cn/zxun/zhzx/2016 - 11 - 25/553243. html，2016 - 11 - 25.

⑤ 贺圣达. 大湄公河次区域合作：复杂的合作机制和中国的参与［J］. 南洋问题研究，2005，1：6 - 14.

⑥ 柬老缅泰越五国峰会举行　宣言四方面加强合作［EB/OL］. 腾讯新闻网，http：//news. qq. com/a/20051103/001985. htm，2005 - 11 - 03.

会通过了《第六届伊洛瓦底江、湄南河及湄公河经济合作战略组织峰会内比都声明》和《2016~2018年伊洛瓦底江、湄南河及湄公河经济合作战略组织行动计划》，以此支持2015年建成东盟共同体和2015年以后的发展规划①。

4. 柬老缅越合作机制

柬老缅越合作机制是由柬埔寨、老挝、越南、缅甸四国组成的。2004年11月，柬埔寨、老挝、缅甸和越南（以下简称"柬老缅越"，CLMV）合作与发展首届峰会在老挝首都万象举行，四国领导人签署了《万象宣言》标志着合作机制正式形成。柬老缅越合作机制的核心使命是确保区域和平、稳定和繁荣的未来；主要目标是：缩小东盟内的发展差距，协助东盟共同体发展；增加各国之间和各国与其他地区的投资资金；致力于实现可持续增长和包容性发展。②《万象宣言》确立的柬老缅越的合作重点是加强贸易与投资便利化、农业、工业与能源、交通、信息技术、旅游业和人力资源开发7个优先合作领域。③ 2008年11月，柬老缅越4国召开首脑会议，就柬老缅越次区域合作问题取得了一系列的具体成果，包括确定了58个具体优先合作项目名录。重点与优先领域包括：贸易与投资便利化；东西经济走廊、南部走廊及大湄公河次区域合作框架下的经济走廊建设；加快建设联结四国国际公路网等④。这些具体的合作领域表明柬老缅越四国的合作已迈向了实质性的落实阶段。

2015年6月，第七届柬老缅越四国峰会在缅甸首都内比都举行，会后发表了《联合声明》。在《联合声明》中，四国将建设经济走廊，使边境贸易和人员往来更加便利化，扩建"一站式"服务的边境口岸；进一步加强农业、工业、能源、通信、信息产业、科技、旅游等领域的合作。⑤ 2016年8月，柬老缅越四国经济部长在老挝首都万象召开会议，并发布了柬老缅越《2017~2018年合作行动计划》（以下简称《计划》），根据该《计划》，四国将在贸易与投资合作、落实地区承诺、柬老缅越国家发展框架和人力资源开发四个方面实现重点推进。⑥

① 柬老缅泰越五国峰会重申促进本地区和平稳定和发展［EB/OL］. 老挝资讯网，http://www. 360laos. com/? action - viewnews - itemid -1925, 2016 - 08 - 26.

② 第八届柬老缅越合作峰会. 抓住机遇、规划未来的联合声明［EB/OL］. 中越新闻，http:// www. zyzj. com. cn/news. php? aid =13603, 2016 - 10 - 30.

③ 综述：柬老缅越携手求发展［EB/OL］. 新华网，http://news. xinhuanet. com/world/2008 - 11/ 08/content_ 10326064. htm, 2008 - 11 - 08.

④ 综述：柬老缅越携手求发展［EB/OL］. 新华网，http://news. xinhuanet. com/world/2008 - 11/ 08/content_ 10326064. htm, 2008 - 11 - 08.

⑤ 柬老缅越四国峰会强调加强合作［EB/OL］. 新华网，http://news. xinhuanet. com/world/2015 - 06/22/c_ 1115686641. htm, 2015 - 06 - 22.

⑥ 柬老缅越推动区域一体化发展［EB/OL］. 人民网，http://world. people. com. cn/n1/2016/0816/ c1002 -28638282. html, 2016 - 08 - 16.

同年，10 月 26 日，柬老缅越合作峰会发表了《抓住机遇、规划未来的联合声明》（以下简称《联合声明》）。《联合声明》强调：促进贸易与投资便利化，重申充分落实四国之间所签署各协议的承诺；加强交通基础设施互联互通，兴建连接各国的各条公路和高速公路；加强工业、旅游、人力资源发展、农业、能源等领域的合作[①]。

二、湄公河合作功能性重叠

1. 湄公河委员会

湄公河委员会最早可以追溯至 1957 年联合国亚洲及太平洋经济社会委员会（ESCAP）发起成立的"湄公河下游调查协调委员会"。后来由于长期持续的印支战争，该机构停止运行。到 1995 年 4 月，为实现湄公河流域水资源的可持续发展、保护和管理的目标，湄公河下游老挝、泰国、柬埔寨、越南四国在泰国清莱签署了《湄公河流域可持续发展合作协定》（*Agreement on the Cooperation for the Sustainable Development of the Mekong River Basin*），成立了新的下湄公河流域河流组织，即湄公河委员会（Mekong River Commission）。湄公河委员会由理事会、联合委员会和秘书处三个常设机构组成，秘书处在老挝首都万象和柬埔寨首都金边设有办事机构。在众多大湄公河次区域合作机制中，湄公河委员会是唯一具有固定机构的国际组织，是成员国家分享公共水资源，开展水外交与地区合作的平台。[②] 湄公河上游国家中国与缅甸是对话伙伴国。2010 年召开首次湄公河峰会，与会人员包括成员国领导人、对话伙伴国、发展伙伴国等高官以及相关专家学者，峰会每 4 年召开一次。2014 年第二届湄公河委员会峰会在胡志明市举行[③]。

2. 大湄公河次区域合作[④]

1992 年亚洲开发银行（ADB）发起成立了大湄公河次区域合作机制（Greater Mekong Subregion Economic Cooperation Program，GMS），成员包括中国、缅甸、老挝、泰国、柬埔寨、越南等澜沧江—湄公河流域内的全部六个国家。GMS 最高决策机制是领导人会议，会议由各成员国轮流主办，每 3 年举行一次，并采取

---

① 第八届柬老缅越合作峰会. 抓住机遇、规划未来的联合声明［EB/OL］. 中越新闻，http：// www. zyzj. com. cn/news. php？aid＝13603，2016 – 10 – 30.

② About MRC，http：//www. mrcmekong. org/about – mrc/，2016 – 10 – 20.

③ 新华网，http：//news. xinhuanet. com/world/2014 – 04/05/c_ 1110120795. htm，2016 – 10 – 20.

④ 任娜，郭延军. 大湄公河次区域合作机制：问题与对策［J］. 战略与决策研究，2012，2：61 – 66；贺圣达. 大湄公河次区域合作：复杂的合作机制和中国的参与［J］. 南洋问题研究，2005，1：6 – 14；杨爱萍，吕志奎. 大湄公河"次区域"政府合作：背景与特色［J］. 中国行政管理，2007，8：95 – 98；刘闯，王晋年，曾澜. 大湄公河次区域合作框架下二十年投资及其地域分异研究［J］. 世界地理研究，2009（2）：16 – 27.

协商一致的合作原则。其主要机构是 GMS 部长级会议，常设机构是 GMS 秘书处，秘书处设在菲律宾马尼拉亚洲开发银行总部，主要负责处理日常事务。GMS 合作涉及交通、能源、通信、旅游、环境、人力资源开发、贸易和投资以及环境保护和禁毒等领域。亚洲开发银行在 GMS 合作中发挥了多重功能，既作为融资和技术支持方，为 GMS 合作中的项目提供了资金融通，提供技术支持和项目咨询；还为 GMS 项目发挥秘书处和协调人的功能，组织各方参与 GMS 项目，并帮助各利益方达成一致①。迄今为止，大湄公河次区域合作机制是亚洲诸多区域经济合作机制中一个成功的范例。其主要成功之处在于投资领域，是近 20 年来世界上最成功的国际区域性经济合作案例之一②。

在大湄公河次区域合作框架下，2009 年泰老越三国签署《口岸跨境运输协定》（CBTA），三国允许每年总数为 1200 辆车的（每个国家各 400 辆）自由过境，对过境货物实施"一站式"海关检查，不需要装卸货物及转换车辆等便利化措施，减少物流管理成本和风险。③ 2010 年，老挝实施"湄公河次区域过境服务中心"战略，重点发展交通路网，优先发展公路基础设施建设，充分发挥中老南北经济走廊和越南、老挝、泰国的东西经济走廊沿线城市经济带动作用④。

3. 东盟—湄公河流域开发合作

1996 年 6 月，由东盟发起，东盟 7 个成员国和湄公河沿岸的老挝、缅甸、柬埔寨以及中国在马来西亚首都吉隆坡举行东盟—湄公河流域开发合作首次部长级会议。会议通过了《东盟—湄公河流域开发合作框架协议》（以下简称《协议》），东盟倡议主导的东盟—湄公河流域开发合作机制正式形成。根据该《协议》，东盟—湄公河流域开发合作的领域包括投资与贸易、基础设施、农业、矿业等八项合作领域。由于受东盟主导，该机制与东盟"10 + 1"合作密切相关，随后日本、韩国也相继接受东盟邀请加入其中。

4. 澜湄合作机制

2015 年 11 月 12 日，在云南景洪举行的澜沧江—湄公河合作首次外长会，中国主导倡议由中国、缅甸、老挝、泰国、柬埔寨和越南六国建立了"澜沧江—湄公河对话合作机制"（以下简称"澜湄合作"），成为六国共商、共建、共享的次区域合作平台。根据澜沧江—湄公河合作首次外长会发布的《联合新闻公报》，合作领域包括：扩大贸易投资，改善互联互通，促进水资源合作等。机制建设将

① 付瑞红. 亚洲开发银行与湄公河次区域经济合作 [J]. 东南亚研究，2009（3）：60.

② 刘闯，王晋年，曾澜. 大湄公河次区域合作框架下二十年投资及其地域分异研究 [J]. 世界地理研究，2009（2）：18.

③ 东西经济走廊正式建成 [EB/OL]. 中国商务部，http://www.mofcom.gov.cn/aarticle/i/jyjl/j/200906/20090606327740.html，2009 - 06 - 12.

④ 2009 年的老挝经济及 2010 年展望 [J]. 云南商务，2010（2）.

建立包括领导人会议、外长会、高官会及其他领域工作组在内的多层次合作机制。2016 年 3 月，中国主办首次澜湄合作机制领导人会议，澜湄机制建设进入全面推进阶段①。

5. 域外国家主导的湄公河合作计划②

2000 年 11 月，印度与柬埔寨、老挝、缅甸、泰国和越南在老挝首都万象召开了第一次部长会议，共同签署了《万象宣言》，并正式确立了湄公河—恒河合作倡议。2001 年 7 月，该组织通过了《河内行动计划》，由部长会议、高官会议和工作小组构成的工作机制，合作领域包括旅游、教育、文化、交通等。日本介入湄公河次区域合作主要是通过 GMS 框架，对于湄公河流域五国开展大规模政府开发援助（ODA）。2007 年 1 月，日本在菲律宾举行的第 12 届东盟峰会上提出"日本—湄公河地区伙伴关系计划"。2009 年 11 月，日本主办了第一届日本—湄公河流域国家首脑会议，会议达成了《东京宣言》和"63 点行动计划"。2015 年 7 月，日本—湄公河流域国家首脑会议上，日本提出将在 3 年内对该地区的 5 个国家提供 7500 亿日元（约合 374 亿元人民币）的经济援助。③ 2009 年美国实施重返亚太战略，美国开始高调介入湄公河次区域合作，同年 9 月，美国与湄公河下游国家：老挝、泰国、越南和柬埔寨在泰国普吉举行外长会议，会议启动了"湄公河下游行动计划"（Lower Mekong Initiative），合作领域包括环境、卫生、教育和基础设施等④。

以上合作机制除少数合作机制外都较为成功，如湄公河委员会，功能定位较明确；大湄公河次区域合作，在投资项目领域取得成功。其他多数合作机制存在组织松散、项目资金不足等问题，尽管上述合作机制最初对本地区区域合作产生了积极影响，但是由于受到多种因素的限制，发展缓慢，如中缅泰老"黄金四角"；或停滞不前，如湄公河—恒河合作倡议；或者与其他合作机制关系密切，如东盟—湄公河流域开发合作与东盟"10 + 3"合作框架关系密切等。而近期兴

① 澜沧江—湄公河合作机制你了解多少？［EB/OL］. 新华网，http：//news. xinhuanet. com/world/2015 - 11/13/c_ 128425502_ 2. htm，2015 - 11 - 13.

② 宋哲，马丹丹. 冷战后印度同湄公河流域国家关系的发展及其影响［J］. 印度洋经济体研究，2014，5：82 - 93；邓蓝. 湄公河—恒河合作倡议：十年发展与前景展望［J］. 东南亚南亚研究，2010，4：67 - 79；毕世鸿. 机制拥堵还是大国协调——区域外大国与湄公河地区开发合作［J］. 国际安全研究，2013，2：58 - 73；毕世鸿. 试析冷战后日本的大湄公河次区域政策及其影响［J］. 外交评论，2009，6：112 - 123；任远喆. 奥巴马政府的湄公河政策及对中国的影响［J］. 现代国际关系，2013，2：21 - 26.

③ 外媒：日本强化与湄公河国家合作 处处针对中国［EB/OL］. 腾讯网，http：//news. qq. com/a/20150706/023196. htm，2015 - 07 - 06.

④ 美国国际开发署湄公河下游计划［EB/OL］. https：//www. usaid. gov/asia - regional/lower - mekong - initiative - lmi，2016 - 08 - 20；美国国务院湄公河下游计划［EB/OL］. http：//www. state. gov/p/eap/mekong/，2016 - 08 - 20.

起的美国主导的"湄公河下游计划"，日本主导的"日本—湄公河地区伙伴关系计划"等凸显了大国主导的大湄公河次区域合作的竞争态势。老挝在参与上述合作机制与参与区域一体化组织东盟有着显著的不同。主要表现为：与参与东盟的拒绝、犹豫或者有限地参与不同，尽管上述合作机制功能有所重叠、区域有所嵌套，但是老挝仍然表现出积极参与上述合作机制的态度，尽管相关资料并不充分，但是从许多机制形成的会议都在老挝首都万象召开来看，老挝十分热衷于参与区域合作并力求发挥主场优势。

第二节　老挝参与区域合作的特征与动力

老挝的小国特征可以作为其参与区域合作研究的逻辑起点。[①] 老挝在参与区域合作进程中，具有依赖性、脆弱性、边缘性等特征，这是老挝参与区域经济一体化的劣势。但是提高区域影响力，促进国内资源开发，融入区域经济一体化成为老挝参与区域合作的强大动力，驱动着老挝调整参与区域合作的政策。

一、老挝的小国特征

老挝具有典型的小国特征。国际关系学界一般从国家实力来描述国家的规模，国家人口、领土面积、经济实力、军事实力等指标都可以作为衡量国家规模的指标。摩根索认为"国家的实力决定其国际地位，实力是由地理、自然资源、工业实力、军备、人口、民族特性、国民士气、外交性质、政府性质等因素综合而成的。"[②] 摩根索并没有给出国家实力具体衡量指标，也没过界定大国与小国的本质区别。克莱因提出衡量国家实力的公式是：$P = (C + E + M) \times (S + M)$。（P 代表国力；C 代表基本实体，包括人口、面积；E 代表经济能力；M 代表军事能力；S 代表战略意图；W 代表贯彻国家战略的意志）罗伯特·罗思坦认为"小国认为它不能够主要通过运用其自身的力量来获致安全，为了实现自身的安全，它必须在基本上依赖于其他国家、制度、进程和发展的帮助。"[③] 中国学者韦民认为将当今国际体系中的小国界定为人口规模低于 1000 万的主权国家较为

---

① 韦民. 小国概念：争论与选择 [J]. 国际政治研究，2014，1：59.

② [美] 汉斯·摩根索. 国家间政治：权力斗争与和平 [M]. 徐昕，郝望，李保平译. 北京：北京大学出版社，2006.

③ RobertL. Rothstein, Alliances and Small Powers [M]. New York and London：Columbia University Press，1968，p. 29. 转引自周方银. 无政府状态下的小国长期存在 [J]. 世界经济与政治，2005，2：43.

合理①。

尽管国际关系学界对于小国概念始终难以达成广泛共识②，但是依据上述概念，老挝确实是国际体系与地区格局中典型的小国。老挝是位于中南半岛北部的一个内陆国家，国土面积较小，仅 23.68 万平方公里，人口规模较低，2015 年总人口仅 680.2 万。经济方面：经济总量小，人均水平低，是典型的不发达国家。近年来经济增长保持在 7% 以上，是世界上经济增长速度最快的国家之一。2016年国内生产总值 123.3 亿美元，人均国内生产总值（GDP）仅为 1812.3 亿美元。军事方面：军事实力弱小。老挝人民军（前身为老挝爱国战线领导的老挝人民解放军）总兵力仅 5 万多人，每年军费支出约 1 亿美元。③ 政治外交方面：老挝坚持社会主义制度，老挝人民革命党是执政党；外交方面，坚持全方位的平衡外交，其地区与国际影响力较弱。

二、老挝参与区域合作的特征

小国在参与地区合作之中具有鲜明的特征。首先，一般认为，小国在地区合作中没有实质性影响。"无论是独立行动还是通过小集团的形式，对地区以及国际体系都完全不能产生重大影响"。④ 其次，小国在地区合作中是规则的被动接受者。小国只是国际体系的被动"接受者"和"服从者"，是"没有能力挑战国际体系现状的国家"。⑤ 在此，小国生存发展依赖于地区合作中稳定的规则体系。由于小国需要一个稳定的国际环境，但是它们几乎没有能力去影响体系的变动，所以小国更加依赖一个建立在法律和秩序上的国际体系。⑥ 最后，小国在参与区域合作之中，更具脆弱性和边缘性。由于国家规模大小，小国通常具有以下脆弱性：公共产品的人均成本较高；容易受到外国威胁和入侵；市场经济规模较小；国家政府再分配能力较弱等⑦。脆弱性对小国的政治经济影响是全方位的，小国

① 韦民. 小国概念：争论与选择［J］. 国际政治研究，2014，1：59.

② 韦民. 小国概念：争论与选择［J］. 国际政治研究，2014，1：59；Peter R. Baehr, Small States：A Tool for Analysis［J］. World Politics, 1975, 27（3）：459 – 460.

③ "盘点老挝军事实力"［EB/OL］. 西陆军事网，http：//junshi. xilu. com/2011/0615/news_ 56_ 166382. html，2011 – 06 – 15.

④ Robert O. Keohane, Lilliputians' Dilemma：Small States in International Politics［J］. International Organization, 1969：295 – 296.

⑤ 韦民. 小国概念：争论与选择［J］. 国际政治研究，2014（1）：63 – 64.

⑥ Björn G . ólafsson：Small States in Global System：Analysis and Illustrations from the Case of Iceland Ashgate Publishing Limited，1998，p. 2. 转引自方军祥，李波. 西方国际关系理论中的小国概念分析［J］. 国际论坛，2005（4）：40.

⑦ Alberto Alesina. The Size of Countries：Does it matter？"［EB/OL］. https：//www. upf. edu/faceron/_pdf/alesina. pdf，2016 – 08 – 12.

的另外两个重要特性也因此衍生并凸显出来，那就是"依赖性"和"边缘性"①。

老挝在参与东南亚以及东亚区域合作的过程中，具有小国参与区域合作的典型特征，但又与理论设计不完全一致。

1. 老挝参与区域合作具有依赖性

这种依赖性主要表现为：自然属性的依赖。老挝是东南亚国家中唯一的内陆国，交通不便，商品和货物依赖于越南和柬埔寨等国的港口出海。经济属性的依赖：老挝自然资源丰富，地广人稀，但经济发展水平长期处于不发达国家状态。老挝实行革新开放政策以来，老挝经济对外开放，逐渐融入区域与国际经济一体化进程中，这对于促进老挝的经济发展十分重要。但是在此过程中，老挝经济虽然保持高速增长，但是这种增长却是高度依赖外国投资和援助，老挝财政赤字严峻，财政恶化，本国经济风险增大。

2. 老挝参与区域合作具有脆弱性

经济上的脆弱性。老挝国内市场狭小，技术水平落后，很多产业处于起步期。老挝参与东盟经济共同体，加入世界贸易组织也对于本国经济带来不小的挑战。老挝经济发展水平低，技术落后，实施贸易自由化，国内落后的产业必然会受到冲击。安全上的脆弱性。老挝本国军事实力弱小，武器装备落后，一旦国内或地区局势动荡，很难依靠自身实力维护国家安全。目前老挝安全多数依赖于《东南亚睦邻友好合作条约》、东盟地区论坛等东盟、东亚地区政治安全合作机制与规范，与越南、新加坡等军事实力较强的国家相比，老挝在安全上具有脆弱性。资源上的脆弱性。以湄公河资源利用与开发为例。湄公河流经老挝境内的流域较为广泛，且蕴含着丰富的电力、渔业、灌溉等资源。但是老挝湄公河水资源的开发与利用，既面临着上游国家水电开发的挑战，也承受着下游国家的制约。

3. 老挝参与区域合作具有边缘性

受制于国家实力弱小，老挝在参与区域合作中的影响力较小，具有显著的边缘性特征。老挝既没有雄厚的经济实力为依托，去开拓他国经济市场；也没有足够强大的军事实力，与他国开展军事合作；而且老挝在外交上尽管奉行全方位的自主平衡的外交政策，但是受地缘、历史、意识形态等因素影响，越南对于老挝外交政策仍然有一定的影响，尤其是老挝参与东盟的过程中，越南是否加入、何时加入东盟对于老挝影响很大。老挝这种参与区域合作的政策特征与其谨慎、温和的外交政策有一定的关系，但是另一层的主要原因是老挝参与区域合作的经验并不充分，使其很难在区域合作中展开有效的合作，并提高其影响力。

---

① 韦民．规模、体系与小国脆弱性［J］．国际政治研究，2013（1）：76．

三、老挝参与区域合作的动力

"冷战"结束以来，东南亚乃至东亚地区合作具有典型的新地区主义特征。在此过程中，老挝搭上东盟的"末班车"，成为东盟的成员国，开启参与区域合作的新篇章。老挝虽为小国，但在新的国内、地区与国际形势下，老挝参与区域合作的动力日渐增强。近年来，老挝实施"陆联国"战略，促进本国基础设施建设，实现与周边国家和区域的互联互通，变地缘劣势为地缘优势。

1. 提高区域影响力

老挝作为单一的小国地区影响力必然十分弱小，但是老挝加入了类似东盟的区域一体化组织之后，老挝的区域乃至国际影响力就有显著的提升。首先，协商一致、平等的"东盟方式"赋予了老挝作为成员国天然的影响力。老挝作为东盟成员国之一，直接决定着东盟的整体发展，而且老挝可以利用其作为东盟主席国，以及利用设置议程等优势，将自身发展战略与规划纳入或融入东盟整体发展规划之中。其次，东盟作为东亚地区主导区域合作的"小集团"，尽管只是一匹"小马"，但却拉动着东亚地区合作的这架"大车"。老挝作为东盟的成员国，可以与中国、美国、俄罗斯、日本等大国展开对话，提高了其国际影响力。2016年，美国总统奥巴马正是借老挝举办东亚地区领导人系列峰会之际访问老挝，成为首位访问老挝的美国总统。老挝与美国的关系也因此次访问而得到明显的提升。

2. 促进国内资源开发

湄公河是老挝拥有的宝贵财富，但也是整个湄公河流域所有国家的公共产品，老挝的湄公河资源开放与利用受到整个澜沧江—湄公河流域国家的制约。老挝加入湄公河委员会等跨境河流管理机制，水资源开发与利用进行利益协调。水电作为老挝的优势有可能成为老挝经济发展的重要助力。但是老挝自身经济实力、财政能力有限，并不具备大规模开发水电的能力，而且即便是水电得到大规模开发，老挝国内也没有足够大的市场来消费。因此，老挝必须参与类似于大湄公河次区域合作机制等，获取建立水电站的资本，与相关国家开展合作，向周边国家输电。

3. 融入区域经济一体化

尽管老挝参与区域经济合作具有依赖性和脆弱性等特征，但是老挝参与区域经济合作所能获得的收益将远远大于其所付出的成本。这也是老挝参与区域经济合作的最大动力。自老挝加入东盟之后，老挝利用东盟这一平台，积极融入区域经济一体化进程。从1998年开始到2008年依照东盟自由贸易区共同执行具有约束性优惠关税税率协议（CEPT），老挝的关税税率已降低至0%～5%，到2015

年降低到 0。2012 年东盟区域内流通的老挝商品税率低于 5% 的有 9110 种，约占全部商品的 95.31%。① 此外，老挝还借助"10 + 3""10 + 6"机制与中国、日本、韩国、印度、澳大利亚、新西兰等国签订了建设自由贸易区的协议。

第三节　老挝参与区域合作的案例分析

为了进一步研究和论证老挝参与区域合作的特征与动力，本书选取老挝参与东盟、湄公河委员会等区域合作机制作为典型的案例，对于老挝参与区域合作的进程进行更为详细的论述。

一、参与东盟过程

区域一体化组织东盟最为明显，在老挝实施对外开放政策的实践和加入东盟的进程中，老挝与东盟的关系经历了从对立、拒绝、有限参与到全面参与的过程②。

1. 对立阶段

东盟成立于 1967 年，最初由印度尼西亚、新加坡、泰国、菲律宾和马来西亚五国组成，主要目的是反对共产主义在东南亚地区的扩散。1975 年 12 月 2 日，老挝人民革命党推翻了"亲美"老挝王国，成立了老挝人民民主共和国。在"冷战"格局下的东南亚地区，由于意识形态分歧，以及老挝与越南的同盟关系，老挝、越南与东盟以及作为其成员的资本主义国家间的关系存在着严重的对立。

2. 缓和阶段

随着中国、苏联、越南等社会主义国家先后采取国内改革、对外开放的政策，老挝人民革命党逐渐调整国内外政策，1985 年，老挝人民革命党第四次全国代表大会（以下简称"四大"）明确提出在外交上要实行对外开放、广交朋友的政策。老挝与东盟国家间的关系明显缓和。1991 年，老挝人民革命党进一步确立了"多边"的外交新方针，开始主动地参与地区与国际多边组织机构。但是由于老挝强调继续保持同越南的"特殊关系"的同时，重视发展同周边国家和东盟国家的关系，因此老挝周边外交政策有明显的"跟随"越南的倾向。1992

---

① 沙蒙迪. 解放后老挝经济外交研究（1975～2014）[D]. 北京：外交学院，2014.

② 方芸. 从规避到合作：老挝和东盟关系的演进 [J]. 东南亚研究，2008 (1)：15；张良民. 老挝与东盟关系 [J]. 东南亚纵横，2008 (7)：43.

年，第 25 届东盟外长会议在马尼拉举行，老挝、越南加入了《东南亚友好合作条约》，并成为东盟观察员国，这是老挝与东盟国家改善关系的关键行动，也是老挝加入东盟的重要环节。

3. 有限参与

尽管"冷战"已经结束，老挝已经实施革新开放的政策，但是意识形态、政治制度、经济水平、文化认同等方面差异都是摆在老挝与东盟国家之间的鸿沟。因此，在老挝加入东盟的过程中，老挝还存在着一定的抗拒心理，东盟国家对于接纳老挝作为成员国也存在一定的疑虑。真正促使老挝加入东盟的是老挝与东盟之间认识到区域合作的重要性。20 世纪 90 年代，以欧盟、北美自由贸易区为代表的区域经济一体化进程加快，亚太地区以亚太经济合作组织（APEC）为代表的新地区主义兴起。在此背景下，加快东南亚地区合作步伐，建设东盟政治、经济、社会共同体成为东盟国家共同的愿望，1994 年 5 月，东南亚 10 国非正式会议在马尼拉举行，签署了《关于建立东南亚 10 国共同体设想的声明》。

4. 全面参与

在东南亚地区的合作进程中，"东盟方式"作为促使东盟扩大与整合的规范逐渐形成。"东盟方式"作为地区合作新规范，促进地区身份认同，建构地区安全共同体，有助于缓解物质层面的差距与差异，并促进其包容性合作。1995 年，越南正式加入东盟，为老挝加入东盟扫清了外交方面的障碍。老挝开始积极加入东盟，并提出申请正式加入东盟。1996 年第 29 届东盟外长会议接纳了老挝的入盟申请，1997 年老挝正式成为东盟成员国。

5. 主办峰会

2004 年、2016 年，老挝先后两次作为东盟轮值主席国举办东盟峰会以及东亚领导人系列峰会。2004 年 11 月，老挝首次主办第十届东盟峰会，达成《万象行动纲领》和《东盟关于一体化优先领域的框架协议》，提出进一步缩小成员国之间的发展差距。2016 年 9 月 6 日，第 28 届、第 29 届东盟领导人会议在老挝首都万象拉开帷幕。东盟轮值主席国老挝领导人呼吁继续推动东盟共同体建设，加强区域和外部合作以应对新挑战。作为东盟轮值主席国，老挝将 2016 年会议的主题定为"将充满活力的东盟共同体愿景变为现实"，确定了互联互通、贸易促进、中小企业发展、文化遗产合作、防灾救灾、可持续发展、基础设施建设等优先领域。东盟系列会议的主题是"将愿景变为现实，建立充满活力的共同体"①。东盟峰会以及东亚领导人系列峰会在老挝的召开，提升了老挝的区域与国际影响力。

---

① Chairman's Statement of the 28th and 29th ASEAN Summits, http：//asean. org/storage/2016/08/Final － Chairmans － Statement － of － the － 28th － and － 29th － ASEAN － Summits － rev － fin. pdf.

表6-2　2016年老挝担任轮值主席国期间东盟系列重要会议①

会议	时间	地点
第20届东盟财长会议	4月4日	老挝万象
第48届东盟经济部长系列会议	8月3～6日	老挝万象
东盟外长非正式会议	2月26～27日	老挝万象
第49届东盟外长会议及系列会议	7月21～27日	老挝万象
第13届东盟国家武装部队首脑非正式会议	3月14～15日	老挝万象
东盟国防高级官员扩大会议	4月20日	老挝万象
第10届东盟国防部长会议	5月25日	老挝万象
第20届东盟社会文化共同体高级官员委员会会议	6月2日	老挝琅勃拉邦
东盟地区论坛高官会	5月8日	老挝琅勃拉邦
第28、29届东盟峰会及系列会议	9月6～8日	老挝万象

资料来源：杨卓娟. 落实共同愿景　推动形成活力务实东盟——老挝担任2016年东盟轮值主席国述评〔J〕. 广西大学中国东盟研究院，2017.

二、参加湄公河委员会

老挝具有丰富的水电资源，奠定了老挝作为东盟第一大电力输出国的地位。水电出口对于促进国内经济发展具有重要作用，老挝希望通过电力实现经济跨越式发展。2015年，老挝建成的发电站累计已达38座，总装机达626.4万千瓦，年发电量333亿千瓦。② 2016年至2020年，老挝将完成境内15座水电站工程建设。其中，沙耶武里水电站投资38亿美元，由泰国投资，中国电工承建，总装电能力为1285兆瓦。2012年11月项目开始动工，预计2019年完工。通过水电站的建设，预计到2020年，老挝政府希望实现全国95%的住户通电，沙耶武里水电站建成后所发电力的95%将出口到泰国。

此前，老挝的水电站主要建在湄公河支流上，沙耶武里水电站是首个建在干流上的大坝。根据湄公河委员会协议规定：任何国家的任何使用干流河水的基础设施建设在旱季的同一流域，以及在雨季两个流域之间的基础设施建设都必须先经过事先协商程序。③ 因此，沙耶武里水电站成为自1995年《通知、预先协商与签署协议》（PNPCA）设立以来的首次应用。由于下游国家越南与柬埔寨的反对，老挝政府曾一度叫停了该项目。此后，老挝请日本承担的环境评估结果，并

① 根据有关资料整理。
② 陈定辉. 老挝：2015年回顾与2016年展望〔J〕. 东南亚纵横，2016，1：13.
③ 湄公河委员会相关协议。

就环保方面的问题加以讨论和改进，以此消除邻国的疑虑。

2012 年 11 月，老挝正式开工建设沙耶武里水电站。按照老挝能源与矿产部部长苏里冯·达拉冯的说法，"目前，项目按正确完整的步骤推进，设计调整到位并通过了模拟验证，不会对湄公河生态系统产生负面影响"①。但是柬埔寨、越南等国家出于对下游渔业和农业的担忧，很难接受老挝在湄公河上游干流建设大坝。

2012 年 9 月老挝在湄公河建设第二座大坝洞萨宏（Don Sahong）水坝，距离柬埔寨边境仅 2 公里。根据 2010 年湄公河委员会战略环境评估报告（SEA），洞萨宏（Don Sahong）水坝建设将堵塞唯一的鱼类洄游通道，影响下游柬埔寨的渔业发展，而且目前还没有有效的技术缓解建设大坝的这一负面影响。因此，老挝提交的沙耶武里水电站和洞萨宏水电开发项目都没有获得湄公河委员会一致同意。② 自从 2012 年老挝决定单边建设沙耶武里水坝，湄公河委员会联合决策程序被有效地破坏。老挝不能遵守约定，湄公河委员会的合作性与权威性将受到挑战③。

2016 年 11 月 9 日，老挝准备在北部乌多塞姆省建设第三座水电站北本（Pak Beng），该水电站计划 2017 年 12 月开始筹建，工程筹建期 18 个月，建成后成为湄公河干流上第三个水电站。老挝政府再次向湄公河委员会秘书处提交报告，并进行相关的事前咨询程序。2017 年 2 月 22 日北本水电站项目有关各方论坛在老挝的琅勃拉邦省举行。与会各方集中讨论水电站项目影响评估报告，为北本水电站项目进一步评估与研究工作做好铺垫。会议期间，老挝自然资源与环境部部长宋马·奔舍那曾表示，该论坛是湄委会各国与各发展伙伴进行磋商，最大限度地保障老挝和湄公河流域各国人民利益的机会④。

———————

① 郭延军. 湄公河下游水资源开发与环境保护：各国政策取向与流域治理［J］. 世界经济与政治，2013（3）：145.

② Laos to consult Mekong River Commission before developing new hydropower project, http：//news. xin-huanet. com/english/2016 - 11/09/c_ 135817511. htm.

③ Effects of Laos dam project to be revealed, http：//wwf. panda. org/wwf_ news/？2243 98/Effects - of - Laos - dam - project - to - be - revealed, 2014.

④ 越通社. 北本水电站项目有关各方论坛在老挝举行［EB/OL］. http：//cn. qdnd. vn/cid - 6123/7183/nid - 536787. html, 2017 - 03 - 20.

第七章 2015~2016 年老挝社会文化

第一节 居民与宗教

一、人口

老挝位于中南半岛背部，东面邻近越南，南部毗邻柬埔寨，北邻中国，西北有缅甸，西南与泰国相接，是东南亚唯一的一个内陆国家。根据联合国开发计划署的统计要求，老挝每 10 年进行一次人口和居住地调查，第四次人口和居住地调查结果显示，2015 年该国人口共 647 万，其中万象是人口密集度最高的地区，达到每平方公里 209 人，而赛孙本省和川圹省人口密度最小，每平方公里只有 10 人左右；同时，调查结果也显示，老挝的人口增长比较缓慢，在过去的 10 年里年均人口增长率为 1.45%；而 2016 年 3 月的调查结果显示，老挝人口数为 6472400 人，其中女性为 3237600 人，男女比例基本平衡①。

二、民族

1. 三大主要民族

老挝是多民族的国家，共有 68 个民族（含部族和支系），分属泰—老语族、孟—高棉语族系、苗—瑶语族、藏—缅语族、越—蒙语族和汉语族六大语族。老挝各少数民族的发展很不平衡，同时国内的一些少数民族是跨国民族，如泰族跨越了泰国，苗族跨越了我国的云南。之后，为了便于组织领导和消除民族矛盾，

---

① 老挝人口 647 万 增长低于预期 ［EB/OL］．世界人口网，http：//video. tudou. com/v/XMjQyN TM1NzgzMg = =. html，2017 - 04 - 15.

按居住区域，老挝把这些民族分为三大体系：老龙族系、老听族系和老松族系①。其中老龙族人口占总人口的70%或2/3，主要生活在平原和低地，其风俗习惯在很大程度上代表了老挝的风俗习惯；老听族人口占总人口的20%，主要生活在海拔3500米以下的山区；再次是占总人口10%的老松族系，该族系主要生活在海拔3500米以上的山区。

（1）老龙族。老龙族主要生活在平原的广大农村，以种水稻为生。在很长一个时期里，老龙族人口总数占老挝人口总数的1/2以上，是老挝最大的民族。老龙族下又分为老族、普泰族、卢族等17个支族。老龙族对佛教有很强的信仰，在老龙族几乎每个村庄都有一个寺院供村民烧香祭拜。寺院作用不仅仅限于此，比如在没有完善的教育体系的时候，寺院还作为许多农村青少年学认字的地方。寺院每年的定期修缮，节日的组织与庆祝，以及和尚与尼姑的身体健康都由村委会负责。除此之外，老龙族也同时信奉神灵（Phi），拜村神作为一件很重要的事情在村里传承，他们每年最少进行一次拜村神的祭祀活动。

（2）老听族。老挝的少数民族之一，曾经叫作佧族。老听族由34个支族组成，各个支族之间人口分布极不均匀，有的部族人口很多，但是少的部族人口仅有几百人，大的部族人口可以跨出国界，所以各个部族的发展也存在差异。

（3）老松族。老松族是老挝三大民族中最晚来到老挝的民族，主要由花苗、红苗、白苗等17个族支组成。大部分人口都是移民而来，主要来源于19世纪初老挝北方的领国，所以很多老松族都住在老挝北方的高山地区，以烧荒耕地为生。苗族人是老松族人口最多的族支，大约有25万，占整个老松族人口75%以上。

2. 民族政策

老挝是一个多民族国家，为了正确处理各种民族关系，促进社会的稳定，老挝人民革命党成立以来一直非常重视民族问题，所以也致力于制定一系列的民族政策②。

（1）老挝人民革命党夺取政权以前的民族政策。老挝人民革命党的民族政策是在《老挝爱国阵线行动计划》（1956年10月通过）的基础上提出来的。由此制定出来的民族政策具有国情特点。老挝在争取民族独立时期，人民革命党领导的革命运动得到许多少数民族地区如南部的波罗芬高原地区、与越南"胡志明小道"相邻的地区以及东北山区的热烈欢迎和大力支持。1975年以前有很多老挝人民革命党党员都来自少数民族，凯山·丰威汉认为民族团结是革命取得胜利

① 马树洪. 老挝的民族、宗教及其政策 [J]. 东南亚，1998（3）：42.
② 张传鹤. 老挝的民族宗教问题及其政策 [J]. 东南亚纵横，2006（8）：7－11.

的基本保障。

（2）老挝人民民主共和国初期的民族政策（1975~1980年）。1980年以前，老挝人民革命党所采取的民族政策措施较为激进，比如在1976~1979年人民革命党曾希望在短期内采取比较激进的措施改掉当地民族的一些陋习，比如说有些许少数民族为了庆祝节日仍然宰杀奇缺的耕畜，还有一些少数民族坚持一些破坏国家林业资源的生活方式，比如刀耕火种的耕作方式等。为此，老挝人民革命党曾通过各种渠道号召部落少数民族破除这些迷信和落后的离群索居生活方式，也为此采取了很多实际行动，政府还想通过农业集体化操作减少各个少数民族刀耕火种的粗放式耕作方式，另外还考虑在合适的地方开垦水田给少数民族耕种，以水稻为主要经济作物。虽然政府做了很多努力，但是一些少数民族仍然抵制政府的做法，为此有的少数民族甚至迁移到了国外。导致这种结果的原因在于一些部落从一开始就很不适应这种突然而来的集体劳动方式，有一些人住惯了高海拔地区，突然要到海拔低的地方居住一下子变得很不习惯，而且还要担心感染疾病的情况，同时不适应政府的管理与监督也是抵制这种合作社方式的原因之一。

（3）中期老挝人民革命党的民族政策（20世纪80年代）。相对于20世纪80年以前，老挝人民革命党1980年后所采取的民族政策措施温和而稳健，明显特征主要体现在三次政治报告当中，第一次是1982年，老挝人民革命党"三大"政治报告指出，要"加强各族团结和统一，发挥民族统一战线作用，提高人民爱国精神，增强人民统一祖国的意识，实现民族间的平等互助，消除帝国主义、封建主义和我国经济文化落后造成的民族仇恨与隔阂"[①]。其中少数民族极具文化价值的传统得到了政府的极大肯定，比如手工艺、舞蹈及其他文化价值等，政府给予了极大的肯定，同时，政府也采取温和的劝说方式去说服少数民族回归政府的管理，一方面为了说服少数民族迁移到条件更好的地方，逐渐放弃原有粗放型的耕作方式，政府采取了长期宣传政策；另一方面政府开始转变自身姿态，逐步提高对高原山区的重视度，首先，将政府的部分工作重点转移到提高海拔高的地区的农作物单位面积的产量上面，其次政府还尝试通过国营商店为少数民族供给衣物、药品等必要的消费品。第二次是1991年，民族问题被老挝人民革命党五大政治报告定位为特别关注的问题来处理，要通过各方面努力团结各个民族，使得民族团结形成一股很强大的力量。第三次是1996年，老挝人民革命党六大报告把民族工作放到实现国家的统一和强大的高度上。所以，最为基础的条件是逐步培养起各民族团结、统一、互助的民族精神，积极防止民族矛盾的发生。老挝

---

① 吴彬康等．八十年代世界共产党代表大会重要文件选编（上卷）[M]．北京：中国广播电视出版社，1989：279.

国家人民政党通过积极的民族政策，全面发展，力图缩小各个民族之间的差距，使得各个民族之间平衡发展，同时积极为各个少数民族培养具有知识的人才干部队伍。

（4）老挝人民革命党民族问题"四大政策"。在建立政权之后，老挝国家人民革命政党采取积极的努力调整民族政策，但这些调整在处理民族问题上无疑都具有相当一致性的认知：一是以法律为根基，通过宪法有效赋予各族人民在政治上具有平等的权益。二是依据民族发展的现状，因地制宜，对于各个少数民族自有的特点采取了一定的倾斜扶持政策，以促进少数民族地区的经济、社会和文化的发展。三是实行民族融合政策，实现民族理论和民族政策方面的一大创新。为促进更好地均衡发展，鼓励小民族慢慢迁往大民族聚居地或较富裕地区，慢慢破除游耕、采集、狩猎等落后生活方式，找到适合自己的生活方式，并慢慢定居下来。同时，将偏远地区的民族迁移到交通方便的地方，方便居民的衣食住行，即实行所谓的"小民族迁往大民族地区或富裕地区的政策"。四是维护民族团结，反对民族分裂。对于那些少数民族武装组织活动的部分山区，政府的政策也是比较温和、包容，并采取了积极措施去维护民族的团结，比如在较好的地区统一建立好居民点，并做好基础设施工作，吸引少数民族搬迁等，这些政策极大地带动了少数民族地区经济的发展，较大幅度地提高了人民的生活水平，同时也加强了人民的国家文化意识，对于发展民族关系，缓和民族矛盾有重要意义，这也有利于让那些反政府的少数民族尽快转变观念，维护民族间的团结。

三、宗教

老挝的主体民族称为老族，也叫老龙族，他们信奉上座部佛教（也称小乘佛教），加上其他宗派的佛教教徒，老挝有 75%～85% 的人口信奉佛教，因此，佛教是老挝的国教，其他宗教如原始宗教、基督教、伊斯兰教、婆罗门教在老挝信仰的人数都很有限①。

1. 佛教

1353 年法昂统一了老挝，建立澜沧王国，并娶吴哥公主为妻。之后，小乘佛教由一批柬埔寨僧侣传播到了老挝，因而法昂将佛教定为了国教，以此为发展契机，佛教尤其是上座部佛教得到了发展。在 16 世纪初，老挝国王将《三藏》由梵文译成了老挝文，佛教文化由此得到了大范围的传播，并得到快速发展，老挝也因此成为了当时东南亚最重要的佛教中心之一。17 世纪，老挝国王为佛教

---

① 谢泽鑫. 老挝宗教问题的现状与展望［C］. 中国国际共运史学会 2014 年年会暨学术研讨会，2014.

设立僧官制度，并修建了许多寺庙和佛像，创立了巴利语佛教学校和实行僧侣考试制度。因此，佛教文化在老挝的发展是迅速而深入的，在 16～17 世纪，老挝一直是东南亚的佛教中心。18 世纪开始老挝连连遭到外来的侵略，佛教文化的发展受到了限制。佛教的发展停滞是在 19 世纪末老挝沦为法国殖民地之后，当时寺塔被毁、佛像被劫、僧侣惨遭杀害的现象随处可见。19 世纪 60 年代开始，老挝救国运动不断发展，全国性的佛教协会成立，意在团结全国的佛教信徒参与到国家的独立战争中来。到了 20 世纪，佛教又重新得到了复兴。

老挝人民民主共和国于 1975 年成立后，虽然没有从国家的层面上将佛教定为老挝的国教，但是由于老挝长期的历史文化特点，佛教得到了老挝人民政府以及老挝人民革命党的很好传承，大部分节日以及风俗被很好地传承下去甚至发扬光大，佛教信仰深深扎根在社会，享有崇高地位。1976 年成立了老挝的唯一佛教组织——老挝佛教联合会。直到今天，佛教文化都深深影响着整个老挝国家，和其他上座部佛教国家一样，不管你是什么身份，贫民或贵族都要接受剃度出家当和尚的习俗，长的要几个月，短的也有三五天，以接受佛教文化的熏陶。同时，老挝佛教协会等组织也在不断地加强与外界的友好交往，践行佛陀的慈悲本愿，传播和平与和谐的佛音，如 2016 年 4 月邀请云南省佛教协会驻会副会长、大理州佛教协会会长、大理崇圣寺方丈崇化法师率大理佛教的访问团，双方开展友好交谈，加深了解、加强合作、不断拓展合作的领域。

2. 原始宗教

除佛教外，老松族和老听族中的很多民族、泰族人以及 15% 的老族人都还信仰信奉鬼神和图腾崇拜，即原始宗教。比如泰族人信奉鬼神，鬼神中又可分为家神"秕享"、山神"秕巴"、村神"秕班"三大类；瑶族人则崇拜祖先，迷信各种鬼神，并认为各种天灾人祸、生老病死是"巫害"所为，所以若被认为是"巫害"的人，也将受到严重的惩罚，比如赶出村寨或被处死等。

3. 基督教

基督教最初是由法国殖民统治者带来的，在 1893～1954 年法国殖民时期以及 1954～1975 年以美国为首的帝国主义干涉时期，法、美等西方国家为了宣扬自己的殖民统治思想，通过传播基督教打压佛教的高压政策实现这一目的。而佛教在老挝由来已久，而且具有根深蒂固的影响，基督教的宣扬也曾一度激起老挝社会尤其是佛教界的反对和抵制。随着社会发展，在老挝仍然存在一部分基督教的信徒，在老挝信奉基督教的信徒中，可分为信奉天主教和新教两种，其中信奉天主教的教徒大都是泰族，以桑怒（华潘）省的泰族为最多，此外侨居老挝的越侨大部分也信奉天主教。为了能够在老挝社会树立起良好的形象，并发展一些信众，近些年来老挝基督教团体兴建了一些公共设施，同时还提供了一些社会服务。

4. 伊斯兰教

伊斯兰教在老挝发展得很缓慢，信徒也很少。在人民民主共和国成立之前，老挝的穆斯林由三大部分组成：第一部分是来自印度的泰米尔穆斯林，定居在万象市内的市场周围，主要是做肉食市场的买卖；第二部分是来自中国云南的穆斯林，是低地居民和山区百姓的贸易中间人；第三部分是来自农村穆斯林群体，他们都居住在高山上，并一直与城镇保持联系，以便换取必要的商品①。

5. 婆罗门教

在公元 8 世纪或 9 世纪中，老挝曾一度成为柬埔寨帝国的一个组成部分，所以，老挝尤其是万象和琅勃拉邦或多或少也受到了印度婆罗门教宗教思想的影响。婆罗门教在老挝的盛行可以通过该国的碑铭和文物得到证明。直到 14 世纪，婆罗门教才逐渐被小乘佛教所取代，但是婆罗门教对老挝的社会文化、寺庙建筑等的影响至今依然存在，如老挝的许多传统节日和宗教仪式都起源于婆罗门教；社会上流行的在婚礼上、灾病时、建房时举行的拴线仪式、招魂仪式、祈愿仪式原本都是婆罗门教的仪式，现在多是由佛寺的僧侣主持。同时，老挝的许多寺庙建筑也保留了婆罗门教的痕迹，如许多塔、寺建筑结构和风格都与婆罗门教的建筑一样，呈现出十字形。以曲线顶部为特征的古代婆罗门建筑在老挝随处可见，许多寺庙中的雕刻及装饰反映的也都是婆罗门教的主题。此外，在民间故事和传说中充斥着来自婆罗门教的诸神灵；取材于婆罗门教的故事《罗摩衍那》和《摩诃婆罗多》在老挝流传十分广泛；老挝的古典戏剧多取材于《罗摩衍那》中的情节②。

四、语言

在历史上由于老挝曾一度被法国、日本、美国等国家殖民统治，在语言政策上无疑会留下了殖民统治的痕迹。虽然老挝人民共和国独立后，制定了相应的以老挝语为官方语言和教学语言的语言政策和语言法规，巩固老挝的教学语言和教学制度，加强老挝语言在本国内的传播和学习。但是，法语、英语、汉语、越南语、泰语在老挝社会交际中仍然具有重要的作用。

老挝语属汉藏语系壮侗语族壮傣语支，是在梵文和巴利文的基础上逐渐演变而来的。老挝语是一种孤立型语言，其文字与泰语文字大同小异，有高辅音 16 个，中辅音 14 个，低辅音 19 个，即 49 个辅音；其中有 26 个单辅音，6 个复合

---

① 李晨阳. 老挝的伊斯兰教 [J]. 世界宗教文化，2002（4）：51.

② 对老挝文化影响至今的婆罗门教 [EB/OL]. 东盟网，http://www.asean168.com/a/20140714/6961. html.

辅音，17 个结合辅音。同时，老挝语共有 29 个长短元音，其中有 12 个单元音，12 个复合元音，5 个特殊元音。此外，老挝语有 6 个声调，词序和虚词是语法意义的基本表达手段；句子中主语在谓语之前，宾语和补语在谓语动词之后，名词的修饰语在名词之后，数词、量词和名词组合时，顺序为"名词＋数词＋量词"，但数词"1"置于量词之后①。

在老挝的拼音文字中，主要分为以下两种不同的形体：第一种是形体、拼写和当代的泰文非常相近的"多老"，意为"老文"；第二种是形体、拼写与旧傣仂文非常相近的，较为古老的"多坦"，意为"经文"。其中，第二种拼音文字用得比较少，主要在佛学院中使用，寺庙的《贝叶经》可能比较常见。这两种拼音文字都来源于孟—高棉文的改革体，也是老挝当今官方通用文字②。

第二节 民 俗

老挝的每一个民族都有自己的历史与文化，在长期的发展历程中各民族逐渐形成了自身多姿多彩的人文景观。

一、服饰

老挝各民族的服饰文化差异比较大。比如老龙族的民族服装和我国云南西双版纳傣族的民族服饰具有很大的相似性，男子穿没有领子对襟的白布、灰布或者黑布上衣，下穿黑色、褐色或者其他颜色的长管裤，裤裆比较肥大。女子大都穿白色、粉红色、黄色或者其他颜色的紧身内衣，外套白色或者粉红色的无领斜襟上衣，袖口和腰部比较窄，一般没有扣子，用布带扎结，下穿粉红色、褐色或者用各种花布制作的长筒裙，盘发髻。蒙莱（花苗）、瑶族和其他老松族系民族大都穿黑色、青蓝色等深色的衣裤。老佤、老努和其他老听族系以黑色衣裤为主，男子穿红边黑衣，下穿黑色大裤裆布裤，女子穿对襟黑色上衣，银纽扣，下穿管裤③。

除了上述这些特色的民族服饰之外，也有一些诸如工作制服和学生制服等比较统一文化的服饰。学生的制服绝大多数都是淡蓝色衬衫加上长裤或筒裙下装，而且颜色统一；工作制服则是根据工作性质、所在部门的标色制作，类似军装，

---

① 马树洪，方芸. 列国志——老挝［M］. 北京：社会科学文献出版社，2003：39.
② 老挝语［EB/OL］. http://baike. so. com/doc/5708635－5921356. html.
③ 马树洪，方芸. 列国志——老挝［M］. 北京：社会科学文献出版社，2003：50.

一般都佩有相关胸章和袖标①。这些统一的服饰常常成群结队出现，场面壮观，也是老挝一道亮丽的风景线。

二、饮食

靠山吃山，靠海吃海，生态环境决定老挝的饮食方式和饮食文化特色与泰国的饮食具有较多的相似性。

（一）主食——糯米和米制品

老挝属热带、亚热带季风气候，全境雨量充沛，特别适合水稻的生长，自然而然稻米就成了老挝国家的主食原料。在老挝，米饭和米制品的主食产品种类可谓千姿百态，其中比较具有代表性的有炒面、炒饭、咖喱饭、鸡饭、椰浆饭、米粉及粽子等。其中老挝人最喜欢吃的米类是糯米，糯米饭大约占到老挝食物构成中的70%。吃的时候用手抓出一小团捏紧，之后蘸着蘸料来吃，蘸料主要是用鱼露、辣椒、蔬菜等制作而成的。在农村地区，老挝人常常是清早蒸一锅糯米饭放在陶罐里，随吃随抓②。

（二）菜品丰富

老挝的菜肴具有酸、辣、生的特点，菜品丰富，总的来讲有蔬菜和水果、水产品和肉制品两大类。得益于地理条件和气候因素，老挝盛产蔬菜和水果，所以，在老挝水果和蔬菜的地位仅次于大米。水果当中最为普遍的是榴莲，其他如凤梨、柚子、红毛丹、香蕉、龙眼、莲雾、菠萝蜜、芒果、椰子、荔枝、山竹、椰子等，即作为每餐的配料，还经常成为烹饪的材料。蔬菜中以圆白菜、生菜、空心菜、黄瓜、番茄、马铃薯最为常见③，常常是蘸着自己调制的、以酸甜辣为主的蘸料生吃。水产品和肉类常用炒、烧、串烤等烹调方法制作成各种菜肴，如烤鱼、烤鸡、炒肉末加香菜等。在平时，老挝人最爱吃鱼，鱼的做法有多种多样，常见的是烤鱼；还爱吃一种用肉末制成的凉拌佳肴——"拉帕"，类似云南西双版纳傣族人吃的"剁生"。拉帕一般用黄牛肉、鸡肉或者猪肉、鱼肉等剁碎后，拌上柠檬汁、薄荷、辣椒、花椒、葱、姜、蒜和鱼露等香料做成。拉帕是老挝人逢年过节或者招待客人的佳肴，有"走好运"的含义，意味着吃了"拉帕"就会有好运④。而老挝啤酒（Beerlao）也是一种不可缺少的饮料，传统的凉菜和烧锅烤配上老挝啤酒，舌尖上的诱惑发挥得淋漓尽致。

（三）调味品丰富

同其他东南亚国家一样，老挝的调味品相当丰富，最具代表性的有咖喱和咖

① 老挝特色服饰［EB/OL］. 南博网，http：//www. caexpo. com/news/asean/laowo/renwen/fqms/2012/03/23/3556742. html.

②③ 郑南. 老挝饮食文化略论［J］. 楚雄师范学院学报，2015，30（8）：7－11.

④ 李小元，李锷. 老挝社会文化与投资环境［M］. 北京：世界图书出版公司，2012：78.

喱酱、柠檬、辣椒、鱼露、醋和酱油、香茅和丁香等香料。在老挝的烹饪过程中用得最多的是鱼露、葱油、炸干葱和花生碎粒，它们是老挝菜系烹饪过程中不可或缺的调料，而且大都是用新鲜的植物调制而成。这些香料都各具特色，比如香茅，它是老挝菜最为寻常的调味佐料，内含浓郁的柠檬香；具有异国情调的洋葱、青葱、欧芹；同时柠檬草、罗勒、薄荷、芹菜给老挝菜增色不少。老挝在制作菜品时通常会先将肉类原料用香料腌制，然后再进行烹调，这样做的一大好处是使佐料的香味足够深入肉质里，咀嚼起来会口齿生香，回味无穷。

（四）饮食有讲究

由于佛教是老挝的国教，大多数老挝人都信奉佛教，具有一定的佛门禁忌。比如饮食方面，虽然老挝不禁酒，也不要求说食素，但肉类食物有其禁忌：象肉、虎肉、豹肉、狮肉、马肉、狗肉、蛇肉、猪肉、龟肉都是忌食的①。

三、居住

老挝人民的居住条件存在比较大的差别。在城市中，人民居住的主要是钢混、砖混合竹木结构住房，而在农村地区则是竹木和竹草结构的高脚楼居多。在农村地区，不同的民族其居住条件也不一样。老族和其他老龙族系各民族的住房多是竹木结构的高脚楼，老佤及其他老听族系各民族和苗族及其他老松族系各民族主要居住在竹草结构小高脚楼或者是单层小屋②。

四、婚姻

老挝是一个多民族国家，每一个民族都有其自己独特的婚姻习俗。

1. 自由婚姻

在老挝提倡婚姻自由，恋爱自由，青年人都可以自己挑选合适的对象，父母不会干涉他们的婚姻和恋爱自由。虽是如此，但老挝人却有着较为独特的感情表达方式，比如，在老龙族和老听族中倘若哪个男子看上了自己心爱的姑娘，便可以用吹横笛或高声歌唱的方式来向对方表达爱慕，若女方同意，便可邀请男方到自己家中。

在婚姻观上老族人实行一夫一妻制，而且不允许近亲结婚，而且男子结婚前都必须经过剃度为僧。从恋爱到婚姻一般要经过三个过程：恋爱、订婚和结婚。比如男子长到十六七岁以后，便可以和本村或外村的姑娘自由恋爱，姑娘的父母也十分欢迎小伙子前来。恋爱成熟以后，男女青年就会跟各自的父母讲明，得到父母的认可后，男方就会请媒人或长辈带礼物到女方家里订婚，由媒人或者长辈

① 潘冬南，蒋露娟. 东盟客源国概况 ［M］. 北京：经济管理出版社，2015：117.
② 马树洪，方芸. 列国志——老挝 ［M］. 北京：社会科学文献出版社，2003：51.

和女方的家长商谈结婚日期、彩礼数量等事宜，婚礼多在女方家举行。同时，新郎和新娘在结婚的前一天要到寺院去听经、礼佛和斋僧。婚礼上要举行一个拴线仪式，以表示对新婚夫妻的祝福。此外，结婚后新婚夫妇一般不与父母同住，但也有在女方家生活的现象，这主要依双方家庭的劳力和生活状况而定①。

2. 男人时兴"倒插门"

"倒插门"在老挝已是较为常见的现象。但主要在以下两种情况下会发生"倒插门"的现象。第一种是男方家里男性孩子太多，支付聘金有困难以及女方家庭缺乏劳动力则一般男方会入赘到女方家中；第二种是源于老听族一直流传的习俗，如果夫妻双方，妻子一方是家中长女，那么丈夫就必须要入赘到女方家，但两人如果都是家中的长子和长女，那么这时就要比拼两个家庭的经济实力了，一般情况下富有的一方拥有娶妻或招婚的选择权。在老挝，不管是入赘的仪式和娶妻的仪式都具有相当的重要性，只有一点不同的是，若是入赘，那么就是女方派人到男方家里迎亲。迎亲中，女方家要给礼金后男方才能过门。婚后，如果上门男子的妻子死了，则男子可以另娶对象，也可以和孩子在岳父母家继续生活。如果婚后还没有孩子，那么女方家可以帮男子另娶媳妇。这个过程中入赘男子的身份由女婿身份变成了"儿子"，在家中的地位也会相应发生改变，拥有了更多的主宰权和决定权。

3. 婚礼花费比较高

老挝人对婚礼的重视程度非常高，由此也会花费大量的金钱在婚礼上。比如老挝的泰族对婚礼非常重视。首先，在婚礼前男子要给女方家一定的彩礼和相当的赎金。如果以银元或银锭折算支付的话，娶一个普通姑娘至少要付 8 条银锭，1 条银锭折合 8 个银元，一共至少要付 64 个银元，这只是婚礼举行前的部分花费。到了婚礼时花费则更大，但一般婚礼首先会在女方家里举行，所以所有在女方家的婚礼费用由女方承担。届时婚礼一般会持续几天几夜，所以要宰牛、杀猪和鸡等，邀请宾客聚集在一起，尽情享用各种美食并为新人送上祝福。婚礼结束后，新郎要在新娘家住 3 天后才可带新娘回家，并参加由男方家主持的婚礼，只有经过这样几次程序，整个结婚的仪式才算完成。

五、丧葬

在老挝，常见的殡葬形式有三种：火葬、鸟葬（天葬）和土葬。不同的民族有不同的习俗。

比如老龙人多行火葬，一旦家中有人亡故，家属马上要分头先办三件大事：

---

① 老挝婚俗［EB/OL］. 炎黄风俗网，http://www.fengsuwang.com/yiyu/waisu2096.asp.

商请僧团到家中进行诵经、处理遗体、通知不在家中的亲属同时与村中老者商定出殡火化的日期。由于老龙族深受小乘佛教的影响，认为人的死亡表示他已"脱离苦境"，因此葬仪隆重，没有十分悲哀的气氛。当某人病重垂危，其亲属往往找来鲜花、香烛、让他双手捧着，提醒他忆念三宝（佛、法、僧）恩德，以便求路上天堂。人死后，除被杀、溺毙、摔死等意外死亡者，不洗浴尸体，草草装棺掩埋。此外，属于正常死亡者，要用香汤洗浴尸体，给死者梳头，换上新装。同时，老龙人都信仰佛教，认为人死了是脱离苦海，对死亡的态度非常淡然，因而有时葬礼比婚礼还隆重。在治丧期间，死者家里并非是悲伤的气氛，而是有说有笑，下棋玩游戏或放电影等，当然也会安排僧侣诵经。

同时傣族很多也是实行火葬，但葬礼形式会因姓氏不同而不同。如韦姓氏族，死者在入棺时，氏族长者用大竹扇向死者猛力一扇，扇灭点燃在尸体旁的蜡烛，然后才盖棺；而梁姓死者出殡前用生猪进行祭拜，停尸时间大约会有7～15天，有的甚至会更长，出殡时棺材不能从屋前的正门抬出，只能从屋后抬下去，且死者的妻子、子女或丈夫都不能去送葬，同时其他妇女和儿童也不能参加葬礼。此外，如果死者是未婚成年女性，就会把木制阳具放在女性尸体旁一同下葬；如果死者是未婚成年男性，则也会精心刻制一个女性生殖器放在棺材内。据说，如果不这样做，死者的灵魂就永远没有办法升天，从而就会经常来骚扰村中的异性，特别是其生前的恋人或异性朋友。

老挝瑶族也实行土葬，用棺木。人死后，全寨男女老少都停止生产活动，人们带着食物到死者的家中吊唁，并帮助办理丧事，主人家则招待大家，表示感谢。

六、节日

老挝的节日主要有政治节日和民间节日两大类。

（一）政治节日

老挝法定的政治节日有五个：独立节（10月12日），国庆节（12月2日），建党节（3月22日），建军节（1月20日），爱国战线成立纪念日（1月6日）。

1. 独立节（10月12日）

老挝1945年10月的独立运动是独立节的起源。1945年8月，越南的"八月革命"取得了胜利，日本战败投降，法国在老挝的殖民统治慢慢削弱，以此为契机，老挝"伊沙拉"组织以老挝人民的名义请求当时的首相佩差拉亲王出面提出独立要求，然而当时的国王西萨旺·冯却于9月7日表示继续接受法国的统治，引起了老挝民众的强烈反对，因此出现了以"伊沙拉"成员为骨干的"起事委员会"在10月12日进行起事，并将"起事委员会"改名为"国民委员会"，以便成立人民议会和民主政府的相关活动，独立战争也由此打响。同年10月11日，国民委员会组成了由披耶坎冒为首相的新政府，次日，宣布独立的盛典在万象省府机关的广场举行，成千上万的群众参与。在会上主要宣布了以下四个重要事项，主要包括国家的独立、改变政体的声明、临时宪法、首相和政府大臣的任命四个方面的问题。但不幸的是，这样争取独立的政治运动在法国殖民统治者的强烈进攻下，仅仅维持了半年的时间，便宣告失败。运动虽然失败了，但却迈出了老挝人民争取独立的第一步，拉开了全国范围内反法武装斗争的序幕，推动老挝革命进入一个新的发展阶段。所以，1945年10月12日这个光辉的日子就成了老挝人民的独立纪念日，称之为"独立节"①。

2. 国庆节（12月2日）

1975年，老挝人民革命党号召全国各地军民开展了夺权斗争。经过不懈努力，老挝人民解放军开始相继进驻老挝各个重要城镇。1975年6月，美国军事人员撤离老挝，老挝人民抗战取得顺利；11月29日西萨旺·瓦达纳国王宣布自愿退位，12月爱国战线中央召开全国人民代表大会，宣布废除君主制度，并建立起老挝人民民主共和国。所以，每年12月2日这一天被定为老挝的国庆节②。

3. 建党节（3月22日）

1955年3月22日至4月6日，原来的印度支那共产党老挝籍党员代表300多人召开大会并正式成立老挝人民党，同时制定了《老挝人民党章程》，凯山·丰威汉为人民党党委书记。因此，老挝将每年的3月22日定为其建党节。

4. 建军节（1月20日）

1949年1月20日，人民党党委书记凯山·丰威汉在桑怒省香科县建立一支游击队，并命名为"拉萨翁"。同年10月1日，寮国战斗部队正式命名为老挝人民解放军，并确定每年的1月20日为建军节。

5. 爱国战线成立纪念日（1月6日）

1956年1月6日，老挝伊沙拉阵线改为老挝爱国战线，该战线其实就是老挝人民党的公开身份，其行动纲领主要是联合全国人民为反对殖民主义者、争取民族独立和解放而斗争。因此，每年的1月6日就成为了爱国战线成立的纪念日。

（二）传统节日

老挝的民间传统节日与宗教信仰有着极大密切的关系，而且都受到重视。

1. 泼水节

泼水节又称"五月节"和"宋干节"，是佛历新年（佛历5月，公历4月13～15日），泼水节在老挝的地位与我国的春节不相上下，是老挝民间最为隆重

---

① 曾枫．老挝独立日［EB/OL］．http：//www.asean168.com/a/20141112/67210.html.

② 老挝国庆日［EB/OL］．http：//baike.so.com/doc/7691432-7965527.html.

的节日。在这个节日里人们会去寺院拜佛、浴佛等，而在家里、大街上则相互泼水以表示让纯洁的水洗掉灾难和疾病，祈愿国家安康祥和。

2. 塔銮节

"塔銮节"是万象市规模最大、场面最隆重的传统宗教节日，因在塔銮举行而得名，但有时也叫"光明节"，在每年佛历12月（公历11月）举行，整个节日时间持续半个月左右。在节日举办期间，全国各地的民众、僧侣以及佛教徒都前往塔銮进行朝拜，同时各地民众也会向僧侣布施。与此同时，老挝还举办全国展览会，文艺、体育等表演活动，展览会还会邀请周边国家参展，在节日期间整个塔銮广场热闹非凡，人潮人海。

3. 稻魂节

稻魂节在每年佛历2月，公历1月举行，因此也被称为"二月节"，但具体举行日期每年都有不定性，时间主要会安排在稻谷收割、打晒后到入库前的其中任意一天。这是一个庆丰收，祭奠鬼神和向祖先表感谢的节日，同时也是为了表达期望的节日，祈求来年五谷丰登。因为人们认为正是由于鬼神和祖先的保佑，他们才能获得好的收成。在佛历2月，如果哪户人家确定了具体的日期，就要开始为节日的物品做准备了，比如香火、鲜花、蜡烛等，除此之外还要准备食物以斋僧和招待客人。节日当天，主人家会请5位以上的僧侣进行诵经和把圣水洒到田地、看护庄稼的窝棚上等；同时，主人及其亲朋好友、周围的乡邻向僧侣献斋，并祭拜鬼神和祖先。另外，主人家宴请招待大家，并朗诵祈祷词对丰收进行庆祝。

4. 高升节

高升节也叫"六月节"，用老挝的语言来说叫"本邦费"，是老挝的民间节日。由于佛教徒认为放高升可以驱除灾祸，迎来福分，所以高升节这一天佛教徒都会祭拜天地，祈求风调雨顺，五谷丰登。

5. 涅槃节

传说佛历3月15日是佛祖涅槃日，所以涅槃节在每年佛历的3月15日举行，据说这一天也是佛祖训谕1250名门徒继续传播佛教的日子。所以在涅槃节当天，所有寺庙都会举行涅槃法会，人们聚集法会，面对着释迦牟尼佛圣像诵听《佛遗教经》，并进行供奉。在这一天不方便参加法会的人也可以在家诵读《佛遗教经》或念佛、向佛像供奉香、花、果、清水等各种吉祥物品。总之，对佛的供奉没有完全固定的形式，只要有诚心就是最好的修行。

6. 守夏节

守夏节类似于我国云南西双版纳傣族的关节，其别名又被称为迎水节。守夏节从每年的7月中旬左右开始，大约持续3个月，因为这个时期正是雨水密集时期。寺庙内的僧侣从 7 月中旬开始，3 个月内需要专心在寺内悟道，不可以随便走出寺庙。民间在这段时间内也不能婚嫁。

7. 出雨节

出雨节相当于我国云南西双版纳傣族的开门节，与守夏节相对，是继守夏节后的节日，也就是说在守夏节后从每年的 10 月中旬左右开始。出雨节期间，僧侣可以外出，民间可以婚假。该节日主要的庆祝活动形式有点灯笼、放船灯等。另外，和出雨节相重叠的赛舟节也是在这个时期举行，所以也会有划独木舟比赛等活动。

8. 水灯节

水灯节在每年佛历的 11 月即公历的 10 月。在节日期间，每家每户都会制作小竹船，并插上蜡烛，晚上燃放爆竹后，点燃蜡烛，将小竹船放入河中随波漂荡，河面上灯火万点，忽远忽近，颇为奇观。在沿河的两岸，男女青年载歌载舞，通宵达旦①。

七、礼俗与禁忌

（一）礼俗

老挝以佛教为主要宗教，佛教文化已经影响着人民生活的各个方面，所以，老挝的风俗礼仪或多或少都与佛教相关。比如进入寺院必须脱鞋，进入居民的房屋一般也要脱鞋；参观佛寺佛像一般要出一点功德捐赠钱物，钱物多少不限；寺院和寺塔内不能大声喧哗或者打闹等。

老挝人善良朴实，待人客气，彬彬有礼，见面时为表示礼貌都会行双手合十礼。合十礼主要有两种：一是一般的合十礼，双手手掌伸直，十个手指并拢；二是特别的合十礼，用以表达自己对别人的致意，双手合十外还要行鞠躬礼，但这种行礼方式用得比较少，只有是对方特别尊敬的情况下才会使用。在日常生活中，对认识的人，见面时要说"萨白迪"，也就是"你好"的意思，不需要再行其他的礼仪，分手时也要告别，说"拉告恩"即"再见"的意思。在打招呼时，如果知道对方姓名，那么就要直接称呼对方的名字，显得更为有礼貌。同时，也可以根据不同对象，在对方名字前加上不同的敬语，如在社会地位较高的男子名字前加"陶"，女性则加"娘"，亲王加"昭"，称不知姓名的老大爷为"耶泡"，称老大娘为"耶麦"，称弟弟、妹妹为"耶侬"，称大哥为"耶艾"，称大姐为"耶娥"等。除此之外，还有其他的一些日常礼仪，如年少者应主动向比自己年长的人施礼问好，女子应主动向男子施礼问好，主人应主动向客人施礼问

---

① 马树洪，方芸. 列国志——老挝 [M]. 北京：社会科学文献出版社，2003：69.

好（但男主人见女客人只问好而不主动施礼），受礼者也要适当还礼等。再如老挝人在行握手礼时，一般也要男士等女士主动伸出手才能行此礼，这点和许多其他西方国家有相似之处，并且在握手前最好先把帽子脱去。

除了那些基本的日常礼仪外，老挝还有自己较为特别的民俗，比如民间较为流行的拴线祝福礼，这是专为远道而来的客人而行的礼。主人把用香水浸泡过的线先拴在客人的左手腕上，再拴右手腕。拴完后双手合十，并举到胸前说"愿您长寿、健康、幸福"之类的吉利话。在行拴线礼 3 天后客人才可以将线解开，这也是老挝人对远方客人表示真挚友情和良好祝愿的一个礼仪方式。

除上述列举的几种常见礼俗之外，在老挝，还有针对平民和君主的十四条规约，即"十四俗"①。

1. 针对平民的十四条行为规约

第一条：瓜果成熟后要先让守戒的人吃，然后自己才能吃；

第二条：不贪占小便宜，不挣、不花昧心钱，不以恶言秽语相向；

第三条：要在佛寺周围修篱笆、筑围墙，要在屋子周围修建神龛供奉神仙；

第四条：在上房屋之前，要先洗干净脚；

第五条：每逢斋日要向自己住宅里的火塘神、楼梯神和门神表敬意；

第六条：要先打水给丈夫洗脚后方可就寝；

第七条：每逢斋日要向丈夫和长辈致敬意；每逢布萨日要向僧侣献鲜花和香烛表示敬意；

第八条：每逢望日或晦日，要请僧侣到家里诵经，并斋僧；

第九条：僧侣到家化缘，不能让其久等，布施时手不能触及僧钵和僧人的身体，也不能穿鞋、撑伞、以布包头、抱着小孩或携带武器；

第十条：比丘坐禅省身结束时，要准备八宝献给他们；

第十一条：路遇比丘高僧，要蹲地双手合十敬礼，之后方可与其交谈；

第十二条：不可踩踏有德之比丘和沙弥的影子；

第十三条：不可把吃剩的食物拿去斋僧或给丈夫吃；

第十四条：不可在斋日、入夏节、出夏节和宋干节时行房事。

2. 针对君主的十四条行为规约

第一条：为君主者，要善用贤人；

第二条：为君主者，要善于团结臣子臣民，让国家昌盛，百姓幸福；

第三条至第六条：为君主者，在新年泼水节到来之际，要带领臣子臣民进行浴佛、浴僧、礼佛、赊佛等活动；

---

① 谢英. 从西勐娘娘庙看老挝文化的特点［D］. 南宁：广西民族大学，2008：29－30.

第七条：为君主者，到七月除邪节，要带领臣子臣民祭城隍神（社稷神）、弧勐神（负责教育事务的神）、达勐神（负责外交事务的神）和通勐神（负责守护城柱的神）；

第八条：为君主者，到了八月，要组织臣子臣民拜祭八方神灵"罗西"两兄弟、十五处圣地的那伽王，并举行颂咒驱鬼的活动，以保社稷平安，祛病除灾；

第九条：为君主者，在九月晦日（月末）之日要提醒臣子臣民拜祭先人，并举办划舟比赛；

第十条：为君主者，在十月望日（十五）之日要提醒臣子臣民举办"抓阉节"的活动；

第十一条：为君主者，在十一月望日之日，要主持"宗西塔"庆典，请僧侣来诵经；十六日，要提醒民众放灯船，敬奉那伽神；

第十二条：为君主者，十二日朔日（初一），要组织朝中大臣观看"划舟比赛"；望日（十五）要出席膜拜"塔銮"（大塔）的庆典；

第十三条：为君主者，要虔心向佛，勤于布施，在斋日要守"五戒"和"八戒"，要具备"慈""悲""喜""舍"四无量心，要慈悲为怀，遵守"君主守则十条"；

第十四条：为君主者，要拥有十四个方面的人才，即有负责外交事务的（达勐）、负责教育事务的（弧勐）、负责法律事务的（坚勐）、负责国防事务的（巴度勐）、负责天文星相事务的（哈勐）、担任国家事务管理顾问的（绕勐）、负责基层管理事务的（科勐）、军队的将士（法勐）、负责维护传统习俗的（变勐）、负责维护边防安全的（可勐）、从事贸易经营活动的（萨迪勐）、负责医疗卫生事务的（宅勐）、负责农业种植的（卡勐）和负责守护城柱的（通勐或箧勐）。

（二）禁忌

佛教主要禁忌：佛教认为头顶是一个人最为尊贵的地方，所以在老挝不能乱摸他人的头顶，特别是小孩子的头顶；进入佛殿前要把鞋子脱掉，不要随便去触摸佛像；不能把狗肉、马肉、蛇肉及酒等带进佛寺里面，也不可以把佛寺里面的东西带出佛寺外面，更不能在佛寺或佛寺附近的地方杀生、砍伐菩提树、椿树；佛寺外的人不可以同和尚一起用餐，也不可以喝和尚水壶里面的水，除非是和尚给你喝，但外人可以饮用佛寺中的池塘、水缸或锅中的水，但不能喝和尚水壶里的水。此外，在佛教节日期间，老挝人不杀牲，市场不卖肉，人们也不能吃肉。

老挝人多临河而居，用水很方便，但老挝人对村旁河水的使用有着非常严格的划分，主要由三个部分组成：分为上段、中段以及下段，上段主要是提供饮用水，中段是给男人洗澡的地方，而下段是妇女洗澡的地方。在取水时，在有如竹筒之类公共用具的地方一般都会用公共用具取水，若没有才可以用私人的用具去取水。此外，对室内的用水也具有严格的区别，如小竹筒或葫芦里的水是饮用水，不能用来洗东西之类的等。老挝城市公厕很少，特别是农村，人们一般会到比较隐蔽的地方，如竹林、灌木丛等地方去大小便，但也有禁忌，比如说在河边、菜地、果园或猪、牛厩内、稻田，大小便是被禁止的。

在老挝，如果主人不邀请或者不同意，不能主动地提出去参观主人的庭院和住宅。来到主人家里，也不能随便去触碰主人客厅里除书籍、花草以外的私人物品以及其他室内的陈设，即使是比较熟悉的朋友。同时拜访时，进入房屋前要把鞋子脱掉。进屋后席地而坐，不可将脚对着别人，女性坐时并膝后将双脚放在侧边，男子则多为盘膝。在室内，不可随地吐痰，也不能在火塘边烘烤鞋袜，更不能在供神处坐卧或放置物品。在别人对坐谈话时，不能从谈话两人中间穿过，特别是女性，如果实在没有办法绕行，必须从中间穿过的情况下，则要低头穿行并表示歉意。

第三节　民族文学与艺术

一、文学

老挝是一个多民族和多宗教国家，其文学的发展受到民族、宗教的影响，创造了丰富多样的文学作品。

（一）古代文学

老挝具有悠久的历史，其古代文学开放包容、兼收并蓄。老挝的古代文学主要包含两个部分：第一部分是以佛经故事、叙事诗、散文诗等为主的书面文学，第二部分是以民间故事、传说、歌谣、戏剧等口头文学为主并含有多种艺术表现手法的文学经典。其古代文学中最为核心的部分是澜沧文学，也是老挝文学史上最为灿烂辉煌的经典文学宝库。

1. 佛教文学

小乘佛教的传入使佛教文化对老挝社会各方面都产生了重要的影响，佛教文学应运而生。

（1）统治者重视文学，使佛教文学的发展获得政治保障。澜沧王国是老挝历史上一个重要的时期，其历史可以追溯到14世纪中叶（1353年）在昭法昂统一老挝一直到 19 世纪（1893 年）老挝沦为法国殖民地之前的这段时期，这个时期国家富强，思想开放包容，文化内外融合，极大地丰富了文学创造力；同时，澜沧王国的统治者召法昂重视文学，引进佛教，使佛教文化极大地影响了文学的发展。之后，澜沧王国的其他统治者也都提倡和爱好文学，对文学的发展起到了极大的促进作用。老挝第一部书面文学作品《昭法昂的训谕》是在 14 世纪中叶昭法昂在统一老挝的庆功宴上完成的；15 世纪，小乘佛教在老挝逐渐兴盛，同时也催生了很多佛教经典译作和教化作品，如《萨马颂散》《西屯》《帕维三顿》《伽拉那幕虽》《娘单黛》《因提庵教子》《修萨瓦》等；16 世纪是具有史料色彩的本土创作兴起时期，比如第一部老挝佬族史书——《坤布隆的故事》，其作者是马哈帖銮①。

（2）佛教的不断发展为佛教文学的繁荣奠定文化基础。随着小乘佛教的传入，历代老挝澜沧王国君主都致力于修筑佛寺、佛塔，弘扬佛教文化，使佛教文化得到了很大提升，为文学的发展奠定了坚实的文化基础，同时也为文学创作提供了丰富的资料。老挝最为深远的佛教文学作品是《佛本生故事》，主要叙述印度佛陀前生的传记文学，称作《佛本生经》或《本生经》，是南传佛教巴利文经藏五部中《小部》十五部经书的第十部经书②。在《佛本生故事》里的《大隧道本生》讲到释迦牟尼，他的前世曾是一位智者——玛诃索德。而《玛诃索德》是老挝妇孺皆知的一本故事集，这是根据《大隧道本生》改写的，在民众的心里，玛诃索德就是智慧的化身。此外，老挝还出现了很多直接译自佛经的作品，如《帕维三顿》《娘单黛》等。其中《帕维三顿》就出自 15 世纪末，是老挝高僧马哈特普銮对古印度史诗《佛本生故事》翻译而成的作品，后人又将其演绎成了两种不同版本、两种不同的文学体裁，其中琅勃拉邦版本为民间歌舞——《三藏经歌舞》，而万象版本为和尚诵经歌——《三藏经诵歌》。

2. 富有鲜明的宫廷争斗特征

进入 16 世纪以后，老挝古代文学开始慢慢延伸，已不仅仅局限在对宗教的宣传和教育上，开始慢慢去触及社会、政治宫廷，这个时段也出现了一些有名的散文小说、诗歌及长篇叙事诗等优秀作品，其中最著名的作品有：《信赛》《散勒帕孙》和《香茗故事集》，在老挝，《信赛》是每一个受过教育的知识分子必读的作品。这是一部长达十六章，四千多行的长篇叙事诗，主要讲述古槟占国王的幼子信赛的故事，整首诗所表达的主体突出鲜明，结构严谨、格律整齐、语言优美，描景、叙事、写人面面俱到，表达艺术十分高超。

① 陈有金. 试论老挝古代文学的特征［J］. 东南亚纵横，2015（5）：73.

② 谢英. 老挝澜沧文学繁荣面面观［J］. 广西民族大学学报（哲学社会科学版），2011，33（4）：172.

3. 世俗文学

澜沧王国建立之后，国家日益强大，到了 16～17 世纪老挝的封建社会逐渐进入上升阶段，繁荣的经济和安定的社会环境为老挝世俗文学的发展提供了良好契机，所以这个时期老挝的时速文学体裁逐渐丰富化，逐渐出现了新的文学形式如寓言、长篇叙事诗、诗体小说、散文体小说等。这个时期的作品主要分为两大部分：一是外来品，这些作品主要是根据印度史诗或者寓言翻译进行改编；二是本土作品，是指老挝作家的原创作品，这两类作品相互融合，共同发展。这些文学作品的题材主要有歌颂纯洁爱情、赞颂正义必将战胜邪恶、讴歌人们为追求幸福与大自然或社会黑暗势力进行斗争的精神等，并具有如下几个特征[①]：一是充满佛教文化色彩。这类作品在其内容、主题思想及语言文字和创作手法等方面都显得与佛教文学息息相关。二是情节同质化。老挝世俗文学作品中大部分都是对正义与非正义斗争的叙事，并且正义一方的代表比如勇敢、善良等往往都会战胜邪恶的一方，更多展现的是人性的积极向上。作为主要外来作品和本土作品的代表主要有：

（1）主要的外来作品。主要代表作是《罗摩衍那》，老挝语为《帕拉帕拉姆》，意译为《罗什与罗摩》。这是一本在老挝流传广泛的著作，凡是寺庙几乎都会收藏，但这本书的作者和具体出书的年代已经不详，这是后人大约于 17 世纪改编成书的。这是印度学者嘎亥博士在 1973 年以万象省南班那宋寺的藏本为基础，与波喔寺、班洪寺藏本进行对比、整理之后用老挝文出版的。此外，《罗摩衍那》在老挝还存在多个不同的异文，如芒辛地区广泛流传的傣语版本《蓬玛加》《小兰嘎》，琅勃拉邦王宫的安南语版本《吐拉披》等[②]。

（2）主要的本土作品。本土的作品主要以道德教化、爱情和英雄传奇、历史传说和地方志为题材。最有名的当属前文提到的《信赛》，是澜沧王国时期最优秀、也是深受老百姓欢迎的作品。另外有名的作品如普塔可萨占的《祖父教孙子》、乔东达的《孙子教祖父》，其创作时间都是大约在澜沧王国苏里亚旺萨时期。《祖父教孙子》主要是对孩子的教导，包括尊敬长辈，懂得报恩，待人诚实，按照佛教的五戒要求自己，积极向上的择友观，远离色狼、赌徒、酒鬼、好吃懒做的人等。而《孙子教祖父》则主要是对长者的敬告，主要是讲述长者要长者有其样，要做好表率作用，这样才能得到子孙的敬畏。

（二）近现代文学

1893 年，老挝沦为法国的殖民地，西方殖民者入侵，随着民族觉醒和独立运动的发展，老挝文学进入了新的发展时期——近现代文学。

---

① 黄勇．16—17 世纪老挝世俗文学及其特点［J］．东南亚纵横，2012（1）：56.

② 张光军．语言·文学［M］．北京：军事谊文出版社，2000：191－193.

1. 进步文学

老挝进步文学约产生于 20 世纪四五十年代。这一时期的作品比较少，刊登在进步报纸上的只有一些散文和诗歌，而且作者都是一些老挝爱国战线的工作人员和寮国战斗部队的战士，比如宋西·德萨坎布、乌达玛、坎马·彭贡和西沙纳·西山。他们的作品大多是控诉帝国主义侵略罪行，宣传老挝爱国战线的方针、政策，号召人民抗击侵略，争取解放，如《救国之歌》《持久抗战之歌》《老挝人民之歌》《老挝土地之歌》《老挝越南同欢乐》等家喻户晓的作品。除了诗歌之外，这时期的进步文学中的散文体小说也有了一定的发展，出现评论、故事、纪实性文章等，主要代表作有《我们的家乡》《母亲的精神》《梯西的生活》《光明永远照耀在正义一方》等。

2. 王国政府控制区文学和解放军区文学

1954 年《日内瓦条约》签订之后，伴随着法国殖民主义者的撤退，美帝国主义者加紧了对老挝的干涉和侵略，对老挝文学的发展也产生了直接的影响和制约。1954～1975 年，老挝文学主要分为王国政府控制区文学和解放军区文学两个区域文学，两个区域的文学各具特色，前者的基调是清闲性、消遣性，后者的基调是革命性，抗美救国是压倒一切的主旋律。

王国政府控制区文学的主要代表作家有巴莱、东占芭、东吉以及辛东、瑟里帕等人。这些作家运用现实主义创作方法，创作了一批诗歌、散文，最具有代表性的就是东占芭的《谁说金钱是上帝》。解放军区的文学作品是一批老挝革命作家以民族的命运为自己的命运，创作出了一批反映抗战，讴歌革命、讴歌解放军区的诗歌、小说、报告文学和回忆录。这些作品的题材多样，内容丰富，比如表现被压迫的劳苦大众奋力抗争，坚持不懈地寻求革命真理的过程的《生活的道路》《西奈》等；一些表现了革命战士艰苦奋战的情景，如苏万吞的长篇小说《第二营》、塔努赛的《不朽的西通》；还有的反映了普通劳动妇女在革命洪潮中的觉醒、反抗、转变以及对革命的贡献，如《离别西番顿》《生活的火焰》等。这些作品弘扬了文学的正气，提高了民族凝聚力，是老挝人民反抗压迫、民族解放斗争不可缺少的精神食粮[①]。

（三）当代文学

1975 年 12 月 2 日，老挝人民民主共和国成立，老挝的文学进入了一个崭新的发展时期，涌现出了许多新的作家，作品内容丰富，主要反映了反美斗争、人民当家做主、现实社会主义改造和建设的题材，也有大量的革命回忆录。如反映战争题材的《党的女儿》《黑暗中的光明》《生命风暴》等，而《邦那之花》

---

① 郝勇，黄勇，覃海伦. 老挝概论［M］. 北京：世界图书出版公司，2012：137－140.

《太阳照在东娘岛上》等则反映了社会主义改造和建设生活的内容。20世纪90年代之后，随着东欧剧变和苏联解体，老挝的外交政策发生了巨大变化，采取务实主义，实行革新开放政策，文学的内容开始关注人们的个人权利和社会现实生活，如《男子汉》真实地反映了社会阴暗的面貌；也有展现人们对爱情、幸福以及高尚情操的追求，最具有代表性的是著名作家占提·敦沙万的短篇小说《夜宿密林》，该篇小说曾于1999年获得"东盟文学奖"①。

（四）戏剧

老挝的戏剧大约是在14世纪从高棉流传而来的，得到进一步发展是在十六七世纪，是老挝文学不可或缺的一部分。19世纪后，由于西方殖民者入侵，老挝的戏剧受到严重的摧残，后又受到美国文化的影响，但仍不时有新作问世。如年轻剧作者汶通·玛尼拉创作的话剧《两条道路》。这是典型的对老挝革命斗争侧面描写的作品。戏剧主要讲述了一个青年学生，他出生在旧警官家庭，旧制度的腐朽使他走上了与家庭决裂进入革命道路的故事。目前，老挝的戏剧种类有歌剧、舞剧、话剧等，但由于佛教文化对老挝的影响深刻，所以老挝的戏剧在创作题材上同老挝文学的其他形式一样，或多或少地都联系着佛教。

比如老挝的舞剧，主要来源是宫廷舞剧，演员的服装多是绚丽多彩，舞姿主要以手部与臂部为主，舞台设置布景唯美。内容选题多是关于神仙鬼怪，有些选自印度史诗《罗摩衍那》里的片断。这类古典舞剧多是以大团圆为结局，塑造的人物也往往是积极向上的，比如说男主角往往是俊秀英勇的王子或品德高尚的少年；女主通常是一位聪明温柔的美女等，中间的故事情节是曲折的，具有种种的考验和磨难，但最终都是团圆结局，表达对邪恶势力的憎恨以及对幸福生活的向往之情。

相反，老挝的话剧更多贴近底层，话剧的取材多来源于民间故事，比如说一个比较著名的话剧《财主与长工》，就是典型歌颂劳动人民智慧、揭露了封建官吏的残暴和愚蠢的代表。

二、音乐

老挝的音乐文化深受佛教的影响，而且与泰国、柬埔寨等邻国有密切的关联。

（一）乐器

在老挝乐器被认为是神圣的，特别是打击乐器围锣，在宫廷中和宗教仪式上演奏围锣时，要点燃香烛，敬献供品。最广泛使用的乐器竹笙称作"加恩"，分6管、14管、16管、18管4种类型，其中16管笙最为普及，它长达1米左右。

---

① 郝勇，黄勇，覃海伦.老挝概论［M］.北京：世界图书出版公司，2012：141.

笙的演奏者为男性，能独奏，或为声乐、舞蹈伴奏。打击乐器有高、低音围锣，演奏旋律，它是乐队的基础。此外还有木琴、鼓、锣、钹等。弦乐器称"索"或"宾"，属胡琴类，有2～4根金属弦（也有用丝弦或肠弦的），共鸣体为椰壳或圆形木筒。此外，老挝的乐队有专门的乐器。老挝的乐队主要有两种。一种以打击乐器为主，称"赛那依"，用于宫廷典礼仪式或为戏剧舞蹈伴奏，乐器有围锣、帕塔拉（竹排琴）、大鼓、双面鼓、小钹和唢呐（类似泰国的皮帕特乐队）。另一种为混合乐队，称"赛诺依"，主要为声乐伴奏或演奏现代作品。乐器有围锣、木排琴、胡琴、笙和鼓；演奏现代作品时常增加小提琴和手风琴①。

（二）曲调

老挝的声乐无论是宗教歌曲、民歌或英雄史诗的吟唱，都与老挝语的声调密切相关，其起伏和变化的语言声调对老挝曲调风格的形成产生了很大影响。音乐基本上为五声音阶，避免用四度音，七度音也只作为经过音出现。常用的调式有两种：一种为sol、la、do、re、mi称"伦海丰"；另一种为la、do、re、mi、sol称"耀安蒙苏"。老挝的传统音乐有两种曲调类型。流行于上寮地区的称"卡"，流行于下寮地区的称"喃"。不同地方的"喃"和"卡"又有一定的差异。如在湄公河附近，"喃"有"喃松"和"喃班绍"；在上寮的"卡"有"卡香贡"和"卡松诺"等。它们在音调的进行、节奏的运用和风格色彩方面都表现出各自的特点。《佛本生故事》和英雄史诗《信赛》是两部著名的古老传统声乐作品，它们都是用巴利文和老挝文写在棕榈叶上而流传下来的，多为4行诗，每行有7个或更多的音节，每个单词均标有一定的声调符号，音韵有严格规律，押头韵和腰韵②。

（三）民歌

老挝民歌是老挝人民日常生活中，尤其是节日中不可缺少的一部分，多以爱情为主题，讲究韵律；演唱形式常为男女对唱，并伴以舞蹈，多用笙伴奏。民歌形式多样，其中最为流行，也最受人民欢迎的是一种称为"拉姆"的民歌，它是在弦乐伴奏中，一男一女边唱边说，互相挑逗，十分风趣，颇能引起观众的兴奋。在老挝人们普遍爱唱的是"卡""喃"这两种曲牌的民歌，而每一种曲牌又根据地区曲调的差异分为"卡桑怒""卡琅勃拉邦""卡丰沙里""卡孟怒""喃达""喃兑""喃朗抗"等，形式自由，可以即兴编词演唱。

（四）现代歌曲

随着全球化进程的加快，年青一代的老挝人对传统的民歌不是很感兴趣，现在很多老挝青年更喜欢泰国音乐和英文歌曲，甚至是一些摇滚和说唱形式的艺术

①② 老挝乐器［EB/OL］. http：//www.chinabaike.com/article/316/religion/2008/200801031124483. html.

· 135 ·

表演。老挝本土也有一些流行歌曲，这些流行歌曲大多是模仿泰国流行歌曲的风格，但是创作水平和表演水平还有待进一步提高。近年来，随着中老两国文化交流的日益密切，许多经典的中文歌曲也在老挝开始流行起来，中文歌曲越来越受到老挝民众的喜爱。中文歌曲比赛是老挝国立大学孔子学院的一个品牌项目，深受学生的喜爱，并于2013年将参赛范围扩大到万象市的高校。2013年12月6日，10名老挝籍大学生在中国驻老挝大使馆和老挝国立大学孔子学院联合主办的老挝大学生中文歌曲比赛的决赛中，深情地演唱了《听海》《美丽的神话》《羞答答的玫瑰静悄悄地开》等耳熟能详的中文歌曲①。2015年2月7日晚，6位老挝组选手和7位中国组选手在万象举办的2015年"中国梦·老挝情"首届中文歌曲大赛决赛中同台竞技，老挝组选手演唱了《蓝莲花》《我爱你中国》《存在》等熟悉的中国歌曲，引起了现场中国观众的共鸣，特别是《我爱你中国》的演唱者普达鹏甚至到高潮时跪在了舞台上，引爆全场第一个高潮。这样的比赛为中老两国民众通过歌曲增进友好情谊提供了平台，中国选手通过歌曲表达对祖国的爱，而老挝选手则通过歌曲表达对中国的友好感情②。

三、舞蹈

老挝的舞蹈包括古典舞蹈和民间舞蹈两种：

（一）古典舞蹈

老挝的古典舞蹈最早起源于老挝澜沧王国时代的古老文化，别称又叫宫廷舞蹈。据记载，柬埔寨吴哥王朝国王的公主乔京难是澜沧王国法昂王的王后，她带来了柬埔寨吴哥王朝时代的古典舞蹈，并在此基础上与老挝原有的宫廷舞蹈相结合，从而形成了老挝新的舞蹈艺术——古典舞蹈。由此可见，老挝的古典舞蹈深受柬埔寨舞蹈艺术的影响。老挝的古典舞蹈共有68个基本姿势，动作优美，静中有动，动中欲静，动作连贯；同时用歌唱来表现剧情的发展，表演舞蹈的时候，由民族乐器伴奏，用歌词来解释舞蹈中演员的臂膀、手脚、脖子等肢体语言的含义以及剧情的发展。此外，老挝古典舞蹈的内容十分丰富，主要表现了国王、王后、王子、公主、仙女，还有魔鬼、妖怪、道士等各种角色之间的复杂关系。如代表作《娘西达》反映的就是帕拉和王后娘西达、帕拉的兄弟帕廊在神仙、猴王等援助之下战胜凶恶魔王的故事：魔王在花园中施法术，把王后娘西达带到了遥远的魔窟，并用各种手段强迫娘西达做他的妻子；娘西达非常厌恶和反

---

① 荣宝霞，韦健. 2013年老挝大学生中文歌曲比赛落下帷幕［EB/OL］. 新华网，http：//news. xinhuanet. com/2013－12/06/c_ 118457746. htm，2013－12－06.

② 王俊景. 老挝首届中文歌曲大赛：老挝选手倾情一跪，中国亮嗓震全场［EB/OL］. 选手新华网，http：//news. xinhuanet. com/world/2015－02/09/c_ 127474324. htm，2015－02－09.

感魔王的无耻行径，所以一直英勇反抗。后来，在神仙和猴王哈奴曼的大力援助下，帕拉、帕廊两兄弟救出了娘西达并消灭了魔王，帕拉、娘西达最终幸福地团聚了①。

（二）民间舞蹈

老挝民众喜欢民间舞蹈，同时具有浓厚的民族特色，舞蹈的道具、服饰简单、朴实，常常以鼓、芦笙、木琴、笛子、二胡做伴奏。

1. 南旺舞——最具代表性的民间舞蹈

老挝最具代表性的民间舞蹈就是南旺舞。在近代，南旺舞又被称为"南旺沙玛奇"，意思是团结舞或团结圆圈舞。南旺舞是一种集体舞，它的基本动作形成了老挝各种民族舞蹈的基础。南旺舞具有古朴、自然、端庄、文雅的特点，与老挝人民的社交举止规范十分相符。同时由于南旺舞的舞蹈动作多为简单易学的基本动作，所以深受男女老幼的喜爱。在老挝人的生活中无处不见：在民俗节日中，凡有游行活动，就有跳着南旺舞的队伍；在民俗礼仪活动中，也有男女老少跳着南旺舞庆贺助兴等。总之，众人喜欢跳着南旺舞，边走边舞，欢快向前②。现在，多姿多彩的南旺舞也成为老挝迎接外国客人的一种隆重仪式。

2. 占巴花灯舞——最大型的民间舞蹈

老挝最大型的民间舞蹈是占巴花灯舞，表演的演员多达几十人甚至几百人。其取名与老挝的国花占巴花相系，占巴花就是我们平时所说的鸡蛋花，老挝的街头巷尾、房前屋后到处都是，其花螺旋状，每朵花五片花瓣，瓣边如蛋白，瓣心如蛋黄，大片绿叶衬托着，在枝条末端摇曳，发出阵阵清香。占巴花灯就是用细的竹条来做灯架，再扎成占巴花的样子，主要有粉红色、黄色和白色的花灯。演员在表演占巴花灯舞时，歌舞兼并，歌词主要是颂歌，并配以舞蹈，同时以花灯表现出老挝文的祝福短句及各种佛塔、王冠等民族图案。

四、建筑艺术

在历史上，老挝在很长一段时期内都是被邻国占领，因而其建筑艺术也受到了泰国、缅甸等邻国的影响。同时，老挝的建筑艺术也反映了老挝的动乱历史，有些建筑也带有浓厚的本国特色。比如老挝是一个宗教色彩很强的国家，因而其建筑艺术也充满了浓厚的宗教色彩，建筑物形状多是传统的印度风格，成穹形、底部圆、顶尖如箭。另外，建筑物都是用来供佛，但是规模远不如泰国。

① 李达. 老挝的舞蹈艺术［J］. 印度支那，1985（2）：47.

② 唐三彩. 南旺舞：最具代表性的老挝民间舞蹈［EB/OL］. 东盟网，http://www.caexpo.com/news/asean/laowo/renwen/fqms/2012/05/15/3562917.html，2014 - 08 - 05.

1. 各地区的建筑风格不同

老挝的建筑艺术风格主要分为三种：琅勃拉邦、川圹和万象。

（1）琅勃拉邦风格。该建筑风格的屋顶有一层到三层的壁凹，几乎低垂到接地，香通寺就是典型的代表。

（2）万象风格。万象的建筑与泰国中部寺院相似性较大，特点是高、尖、厚，其建筑大部分为长方形，建筑物的底基高出地面，正门入口的台阶有龙把守，房屋一般都有 3 个、5 个、7 个房间，住屋的房间主要包括卧室和休息室（客厅）等。同时万象的建筑也是全国最高的，比如典型代表玉佛寺。

（3）川圹风格。川圹风格综合了上述两种建筑风格的特点，主要用于寺院建筑，屋顶宽、成鞍形，几乎低垂到接地，圣殿建在数层三角楣上。

2. 农村和山区村镇以吊脚楼为主

在老挝，城市的建筑一般以钢筋混凝土或者砖混结构建筑为主，而在农村和山区村镇，则是以吊脚楼为主，这也是老挝的苗族和高棉族主要的住宅形式。老挝的吊脚楼跟老挝的气候有密切的关系。老挝地处东南亚，雨季时间较长，为防洪水而发展成了吊脚楼，而在农村，吊脚楼可以防蛇虫进入室内。吊脚楼是苗族的传统建筑，楼上住人，楼下架空，往往依山傍水，层叠而上。老挝的吊脚楼地面以上是一到两米等高的柱子，上面再架横梁铺楼板，所以要进入楼内，得先登一段楼梯；屋顶有的是木板，有的是茅草覆盖，几乎全是木质结构；褐色的木板交错立放成墙壁。吊脚楼主要集中在老挝南部人口比较集中的地方，公路两旁的吊脚楼数量比较多；而北部地区由于比较贫穷、人口稀少，所以吊脚楼也少。吊脚楼里住的都是妇女、老人和小孩，据说男人都到外地打工挣钱去了。

五、传统工艺

在老挝的经济生产中，手工业算是比较发达的一个产业，生产的工艺品很精致，颇具当地特色，主要产品有木雕品、织锦布、珠宝、金银饰品等工艺品，其中木制品和布料是老挝主要的出口产品，反映了老挝人民的勤劳与智慧。

1. 木雕

老挝的木雕是一项传统的艺术，向世人展示了老挝人民原生态的生活方式。老挝的木雕通常包括一些佛像和老挝传统的神像，供奉在寺庙当中。木雕工艺品所用的都是上好木料，并且大小木器都由一根原木做成，很少是经过合成的，雕工精湛，因此具有很高的艺术价值；同时大多制成有如花的形状，或是动物的形状，既有观赏价值又有实用价值。

2. 金银饰品

绝大多数的老挝妇女都有佩戴金饰的习惯。因此，金银饰品是老挝最流行的饰品，银饰也是老挝传统的手工艺品。老挝的金子售价通常是固定的。老挝最精美的银饰是由高山部落群众制造的。

3. 丝织品

老挝生产丝织品有很悠久的历史。至今，老挝丝织品的生产仍然保留了传统的手工织机的生产模式。老挝大多数妇女都会编织，棉布织品和丝织品图案各异。丝线经由老挝农村妇女手工制成，然后在设计好花纹款式后，遵循传统的织作方式织成。丝织品除了染色，也有高质量的印花；采用的都是老挝当地的棉花和丝，织品上的图案通常是老挝人民的精神象征、神话图案或是动物等。目前，这些产品大多出口到欧美和日本，也包括就地卖给来老挝观光旅游的外国游客。

第四节　现代教育和文化事业

在国家成立之前和建国初期，由于经济社会等各方面落后，老挝的教育和文化事业发展相对滞后。到了 21 世纪之后，随着政府投入的不断增多以及相关政策的制定，老挝的教育得到了较快的发展，民众接受教育和培训的机会越来越多，报纸、杂志、电视、广播、互联网等文化事业等也得到了快速发展。

一、现代教育

（一）现代教育的发展历程

1. 现代教育的初始阶段

在法国殖民主义者进入老挝之前，老挝当时教育的主体是佛寺教育①，还没有开展现代教育。而老挝的现代教育真正开始是在 20 世纪 20 年代，当时的法国殖民主义者创建了一些学校，而且要求中小学的所有课程都必须用法语授课，授课的对象主要是老挝的统治阶层。而在 1893 年抗美救国时期，政府对教育事业比较重视，老挝的现代教育取得了一定的发展成效，全国兴办了一批大、中、小学校，年轻男子的识字率达到 75%，妇女的识字率达到了 30%②。

2. 现代教育的发展阶段

老挝人民民主共和国成立之后，老挝的现代教育进入了发展阶段，这在很大程度上得益于老挝政府对教育事业的重视程度。老挝人民民主共和国成立后将教

---

① 郝勇，黄勇，覃海伦. 老挝概论［M］. 北京：世界图书出版公司，2012：168.
② 格兰特. 埃文斯. 老挝史［M］. 上海：东方出版中心，2011：58.

育事业列入了优先发展的领域，并推行了大众教育、积极完善现代教育体系、大力发展职业教育和成人教育、在全国开展扫盲运动等教育政策。1980 年 11 月，老挝实行第一个经济和社会发展的五年计划，国家的正规教育获得一定的发展成绩，20 世纪 80 年代中期，老挝的学龄儿童入学率已经达到了 90% 以上，全国每 4 人中就有 1 人在读书，并创建了土木工程学校、教师培训学院、医药学校、万象国家工业研究所和农林学校 5 所高等教育机构。1986 年老挝开始实施第二个五年计划，提出了要兴办大学之风，发展山区教育，普及各类成人教育，提高教育质量，教育事业又获得了新的发展。1995 年，老挝共有小学 7591 所，初中 705 所，高中 129 所，大学 3 所，高级院校 12 所，中等职业学校 51 所①。

3. 现代教育快速发展的阶段

2006 年老挝八大召开，老挝党和政府更加重视教育在经济社会发展中的重要作用，制定和颁布了一系列有利于教育事业发展的方针、政策和措施。2007 年老挝修改和完善了 2000 年颁布的《教育法》，对老挝的国民教育体系、教育地位、教育课程、师资和生源等做了明确的规定；同年 7 月制定和颁布实施了《2006～2015 国家教育体系改革战略规划》，成立了专门的国家教育体系改革委员会，负责组织、实施和指导全国的教育发展和改革工作。为了提高国民素质，老挝教育部还制定了 2001～2020 年的教育战略，总的目标是要在 21 世纪把老挝人培养成忠诚于祖国和人民民主制度的好公民；优化国家教育系统使其标准化，培养有知识有能力的人才；而当前的目标是：①继续实行强制性的基础教育，到 2020 年大部分的中小学教育水平得到提高；②进一步提高扫盲率；③进一步提高德、智、体及劳动教育的质量；④逐步降低辍学和留级率；⑤发展高等职业教育；⑥发展全民教育，缩短地区之间、性别之间、民族之间的差距；⑦注重素质培养和残疾人的教育②。

2011 年，老挝在"九大"中指出要全面提高国民的文化素质，特别是要提高国民的政治素质。要求国民要有坚定革命的理想信念，并树立正确的世界观、人生观、价值观，尽快实现联合国"千年计划"，扫除文盲；加大对职业技术人员、工匠、工程师、行政管理人员等各类人才的培养力度，为国家社会经济的发展提供大量有用的优秀人才③。

（二）教育体系

老挝的教育体系主要包括学校教育和校外教育两类，这是老挝 2007 年颁布的《教育法》当中的划分，学校教育和校外教育除了在教学方式、教学时间以

---

① 马树洪，方芸. 列国志——老挝 [M]. 北京：社会科学文献出版社，2003：276.
② 李小元，李锷. 老挝社会文化与投资环境 [M]. 北京：世界图书出版公司，2012：88.
③ 黄玲. 老挝教育政策分析 [J]. 中国校外教育，2014（7）：9.

及教学组织形式上具有一些区别外，其教学内容和教育层次等方面是相同的。

1. 学校教育

学前教育、中小学教育、职业教育和高等教育四个方面构成了老挝的学校教育。

（1）学前教育。老挝的学前教育包括托儿所和幼儿园，托儿所主要接收 3 个月至 3 岁的婴幼儿，幼儿园主要接收 3～5 岁的儿童；教学的主要目的是为了促进婴幼儿和儿童的身心健康，掌握一定的听、说、读、写、看等基本学习技能，为将来的普通教育（中小学教育）打下一定的基础。同时，为了加快现代学前教育的发展步伐，老挝还积极举办各种教育研讨会，以求获得更多的项目资助。如老挝副总理、教育体育部部长潘坎·维帕万（Phankham Viphavanh）2015 年 1 月在万象举行的"儿童早期教育项目（ECEP）"研讨会上称，政府要加紧努力，为农村地区特别是偏远地区的幼儿提供教育机会，增加学前入学率。ECEP 项目开始于 2014 年 7 月，项目获得世界银行贷款 2258 亿基普（2800 万美元），执行时间为 2014～2019 年，项目主要活动包括建设 250 间学前教育教室以及为学前教育老师提供培训。

（2）中小学教育。老挝的中小学教育实行 2009 年改革的 12 年新学制，小学 5 年，初中 4 年，高中 3 年。小学教育为义务教育，五年制，入学年龄为 6 周岁，一、二年级的课程有数学、语文，三年级加上英语，四年级加上作文，五年级加上地理、历史、科学和品德。老挝的初中为四年制，开设的课程一般为自然科、社会科、综合科，外加一门必修的外语，英语或者法语。老挝的高中为三年制，开设的课程为自然科（数学、物理、化学、生物，数学为主科）、社会科（文学、老挝语法、地理、历史，文学是主科），此外还设有政治课、国防课和选学课，选学科为外语[①]。

（3）职业教育。老挝的职业教育始于 20 世纪 50 年代，目前由初级职业教育、中级职业教育、高级职业教育构成。招收对象以及培养时间因教育层次不同而不同。如初级职业教育的生源以初中毕业生为主，培养时间一般是 6 个月至 3 年，由于课程设置不合理、教学内容浅易等，培养的学生难以满足社会的需求，因而招生人数在不断下降；中级职业教育的生源主要是高中毕业生，培养时间一般为两年到三年。在老挝，中级职业教育是外国援助资金的重要投资领域，比如北部六省职业教育由意大利无偿援助资金援建、波乔省综合职业学校由越南无偿援助资金援建等。这些中等职业学校均建在省会城市和县级城市，以培养学生的技能技术和谋生本领为目的，主要开设农业技术、工业技术和机

---

① 郝勇，黄勇，覃海伦. 老挝概论［M］. 北京：世界图书出版公司，2012：172.

械方面的课程，学生可以学到种植技术、牲畜饲养、林业管理、农具及其他机械设备的修理等技术；高级职业教育是大学或者相当于大学级别的教育中心、研究所层次的职业教育，学制一般为 2～3 年，主要招收中职毕业生或是高中毕业生。

近几年来，老挝政府日益注重发展职业教育，为了寻求职业教育发展的新出路，政府日益重视跟中国等周边国家的合作，借鉴其他国家的成功经验发展职业教育。2014 年 10 月老挝职业教育发展研究所所长苏里坎空率领的、由 5 所高职院校和 4 所职业高中的正副院校长以及老挝教育部职教司 2 名官员组成的老挝职业教育代表团一行 12 人赴中国江苏省访问，先后访问了江苏经贸职业技术学院、南京工业职业技术学院、南京化工职业技术学院和扬州工业职业技术学院，并参加了江苏—老挝职教院校合作交流会，寻求更多的合作伙伴，以加强中国与老挝在职教领域的务实合作与交流。12 月 7～8 日，老挝教育体育部与中国航空技术国际控股有限公司（中航国际）在老挝首都万象联合举办研讨会，就发展老挝职业教育进行讨论交流。2016 年 7 月，老挝教育与体育部技术与职业教育司司长努潘先生率领老挝职业教育交流考察团一行 4 人到访广西职业技术学院共商跨国合作办学要事，并对广西职业技术学院职业教育各方面情况进行深入了解。

（4）高等教育。老挝的高等教育在不同的历史阶段其发展情况也不同。法国殖民时期，学校教育、师范教育开始萌芽；美国殖民时期，开始出现大学教育和职业教育；1975 年解放一直到现在，老挝的高等教育已经取得了很大的进步，建立起包括师范学院、大学教育、职业教育、私立高校教育、国际共建高等教育在内的高等教育结构体系，由专科、本科、硕士研究生、博士研究生等层次构成。根据学习项目的不同，大学学制一般分为 3 年、4 年或 5～7 年不等，硕士学位的学制则最少 2 年，博士学位是 3 年。全国共有高等院校 100 多所，其中私立高校最多，共 90 多所，职业院校 20 所，师范学院 10 所，大学较少，只有 5 所①。

在高等教育方面，老挝也非常重视开展与其他国家的合作，目前已经与中国、马来西亚、泰国甚至美国、澳大利亚等国的大学、培训机构以及组织建立了合作关系，共同探讨人才培训、讲座交流、交换生、合作研究以及研究生项目。目前，老挝与中国部分高校的国际交流处或国际交流中心开展合作，建立了孔子学院、文理学院等，并相互派送留学生学习访问，最为典型的是老挝苏州大学。老挝苏州大学于 2012 年 10 月正式招收首批本科生，采用"1+3"的联合培养模

---

① 明达. 老挝高等教育发展现状及对策研究［D］. 昆明：云南大学，2015：12－19.

式，即老挝的学生本科第一年在国内学习，第二年开始到中国苏州大学学习并使用中文授课。此外，2015年3月暨南大学胡军校长率团出访老挝，老挝教育部副部长、老挝国立大学校长与暨南大学重点讨论了推动合作授予双学位的国际办学项目；而当地其他知名大学、主要华人社团、中国驻外使领馆则与该访问团就高等教育国际合作、华文教育业务拓展、华侨华人发展现状等进行了洽谈和交流①。

2. 校外教育

老挝的校外教育的主要任务是扫除文盲和初级职业培训，提高老百姓的文化水平和职业技术能力。校外教育出现于20世纪60年代，当时老挝爱国战线在解放区一边抓经济建设，一边抓文化教育，提出教育要为部队、干部、各族青年服务。1975年共和国成立之后，全国普遍开展扫盲工作。扫盲教学分为三个层次，第一层次为340学时，培训结束时学员达到小学二年级的水平；第二层次为180学时，培训结束时学员达到小学四年级的水平；第三层次为120学时，培训结束时学员达到小学五年级的水平。扫盲培训的老师一般由普通教育学校的老师兼任。初级职业培训对象主要是妇女、农村劳动力、山区和少数民族群众以及贫困地区的民众；培训的内容主要有纺织、厨师、木工、养殖、果树种植、旅游、零售业等劳动力需求量大的行业，培训的老师一般为各培训中心在编人员。

3. 佛寺教育

老挝是佛教国家，全国75%的人都信奉南传上座部佛教。为了扩大其影响力以及宣传教义，上座部佛教大力推行佛寺教育，要求年满7岁的男孩必须要到佛寺做一段时间的和尚，并接受佛教知识、老挝文以及文化知识的培训。老挝人民民主共和国成立之后，佛寺教育一直是老挝教育的主体，老挝人民认为只有经过佛寺教育的人才会受到社会的尊重，政府教育部的宗教教育局主管佛寺教育。老挝的佛寺教育由老挝教育部和全国佛教协会统一领导，这也是老挝教育事业中的一个特殊组成部分。老挝佛寺教育的毕业证书也是由教育部统一颁发，学生在佛寺教育中佛学和教育部规定的相应课程都要进行学习。同时在老挝，佛教的僧侣也可以去接受世俗学校教育，所以世俗学校里也随处可见穿着袈裟的僧侣。

老挝的佛寺教育主要分为两种：一是佛寺小学，二是巴利学校教育。每一座寺庙都有一般教育，参加一般教育学生一般是剃度为沙弥子的少年儿童，但也有一些没有剃度的俗家子弟，由寺庙中的比丘担任教师，教读书识字，还有历史和算术，和正规的小学教育的学校有相似之处。巴利学校教育以培养高级僧侣和文科高级知识分子为主要目的，出现于20世纪30年代初，由于巴利文是老挝经藏的主要书写文字，所以这些学校被称为巴利学校。目前，巴利学校的数量越来

---

① 明达. 老挝高等教育发展现状及对策研究 [D]. 昆明：云南大学, 2015：12 - 19.

少，主要是由于老挝的正规教育日趋普及。巴利学校为 10 年制教育，分为初、中、高三个等级，每一个等级分为 1～3 级，每级 1 年，在中等和高等之间还有一个 1 年的预备级；学生主要是一些已经剃度为比丘的 20 岁以上的青年和少数代培的非僧侣学生；而老师主要由巴利学校毕业的高僧担任，有时候也会聘请非僧侣教师来上课。教学的内容多为佛教的经典、戒律，以及古文、历史、地理、外语、数学等课程。在学校的管理方面，主要由国家僧侣管理机构僧侣议会中的僧教育部长负责，具体负责属于办公室和巴利学校总督。

4. 华文教育

老挝是东南亚国家华人中人口最少的国家，华文教育规模虽然不算大，但是发展平稳；在老挝，华文学校的命名不是以"小学""中学"，而是"公学""学校"。老挝现有的华文学校有 6 所，都是创办于 20 世纪二三十年代，主要包括由当地华侨创办、华人社团管理的华文学校，这 6 所学校分别是北部琅勃拉邦市的新华学校、首都万象寮都公学、中部甘蒙省他曲华侨学校、南部沙湾拿吉省坎他武里市的崇德学校、巴色市的华侨公学以及老挝国立大学语言学院的中文专业和孔子学院及一所由老挝政府主办的国立大学里的中文专业，其中规模最大、办学质量高的是寮都公学。寮都公学是万象中华理事会下属的一所华文学校，由当地华侨于 1937 年集资创办，至今已有 79 年的办学历史，坚持中老双语教学，开设语文、数学、英语、物理、化学、电脑、汉语听说、作文、历史、老文、体育等课程；学校管理规范，教学质量突出，现在已经成长为东南亚办学规模最大、教学设备最齐全、影响范围最广泛的一所设有幼儿园至高中的全日制华文学校。老挝国立大学是直属教育部的一所重点大学，该校的华文教育是指其语言学院的中文专业和孔子学院的汉语培训课程，开设初级和高级汉语学习班。

华文学校的文化教育体系非常完善。首先，提供从幼儿园到高中的一系列教育，同时也提供华文和老挝文双语并重的教育。课程设置内容相当丰富，在小学阶段主要开设语文、数学、自然、历史、音乐、美术、体育等课程，中学课程主要涵盖语文、数学、物理、化学、历史、地理、计算机等课程，在教学过程中所使用的教材都是由中国海外交流协会主持编写的教材及中国国内现行的中小学教材，突出了华语教育的特色。其次，在学校的管理方面，主要由老挝华人社团负责管理，在一定程度上保证了学校的办学质量。最后，老挝 5 所华文学校由当地中华理事会管理，由理事会派专门人员负责华校工作，全程参与、全方位负责办学经费的筹集、争取地方当局对华校的支持、解决师资问题、提高教学的质量等工作。老挝华文学校在老挝具有很高的声誉，这源于其有效的管理模式和高质量的教学质量，其教学质量甚至超过了当地一半的老挝公办学校。所以，在老挝，很多公务员、在老挝经商或者工作的外国人都努力把子女送到华文学校进行教育。

（三）教育管理

老挝的教育管理体系由国家教育部、省教育厅和县教育局三大部分组成。教育部下设师范教育司、高等教育司等 13 个司、2 个办公室和 1 个教育研究中心。教育部和地方教育管理机构都有着各自的管理权限。地方教育局主要负责管理小学的审批工作和建立或取缔幼儿园的工作；教育部主要负责建立或取缔初中、高中以及由外国投资的小学的审批工作，各省教育厅主要负责管理工作；国家教育部负责建立或取缔职业院校、职业培训中心以及由外国投资的初中、高中学校的审批和管理工作，同时负责大学的管理工作；政府则负责建立或取缔大学的工作①。

老挝义务教育的经费主要由国家政府或地方政府来承担，其教育投资体制强调以政府投资为主，但由于政府的财力有限，目前老挝依旧还有很多地方没有真正实行义务教育。另外，老挝的城乡教育投资也存在一定的差距，这主要源于政府财政资源分配的偏向性。在老挝，中央财政和省市级财政都更多用在高等教育方面，而基础教育经费支出更多地由县乡级政府来承担。此外，由于受到经济发展水平的影响，老挝的教学质量总体还是比较低，师资力量薄弱，教师的工资待遇也低，所以很多老师多为兼职，没有全身心投入教育事业，进而影响了教学质量。

二、文化事业

政府非常重视文化事业的发展，老挝七大报告中指出，新闻传媒和大众媒体是宣传政治思想的锐利武器，要积极引进各种先进设备，努力提高大众媒体的能力和现代化水平，同时也要鼓励文化作品和读物的创作和出版，使文化工作适应现代市场经济体制的要求。近年来，老挝的传媒和出版业获得较大的发展。截至 2014 年，老挝全国共有出版物 127 种，广播电台 63 座（中央级 11 座、省级 19 座、县级 33 座），电视台 37 所（中央级 9 所、省级 17 所、县级 11 所），传媒和出版业在经济、文化、社会等领域的发展中发挥着越来越大的作用②。

1. 传媒业

传媒业包括报纸、杂志、电视、广播、电影、图书、音像制品以及互联网等，其中报纸、电视、广播与互联网是四种主要的传播媒介。老挝的传媒业起步比较晚，1947 年才开始创办报纸、杂志，广播电视起步更晚，广播始于日本入

① 孙文桂．老挝国家教育概况及存在问题研究［J］．广西青年干部学院学报，2015，25（6）：45－49．

② 老挝传媒和出版业获得较大发展［EB/OL］．http://news. ifeng. com/a/20140813/41561117_ 0. shtml，2017－04－15.

侵印度支那以后，而电视播放网络则是在老挝人民民主共和国建立之后才建立起来。

（1）报纸、杂志。老挝的报纸、杂志种类繁多，包括日报、周刊、月刊和年刊等几种类型。主要出版语言有老挝语、英语和法语。在老挝，全国共有8家日报，其中6家用老挝语出版，2家用英语出版，但本地报纸和外文报纸都由老挝新闻局直接进行负责。刊物方面，除了有老挝党中央机关刊物之外，还有一些私人的刊物如《目标》《老挝文化》《老挝探索者》等，这些刊物的内容主要涉及文化和娱乐方面。

老挝一些主要报纸的具体情况如下所示①：

《人民报》：20世纪40年代开始筹备，创刊于1950年，初名《自由老挝》报。初期的报道形式有新闻、专稿以及图片等，是老挝党领导人民获得抗战胜利的重要宣传渠道。1956年更名为《老挝爱国报》，1983年正式命名为老挝《人民报》。《人民报》主办单位为老挝人民革命党中央宣传部，为人民革命党中央机关报，报社地址在老挝首都万象。目前的发刊量2万份，内容涉及政治、经济、军事、文化、旅游等多方面，现为老挝最大的、最知名的报纸，报道老挝政府在推动社会经济发展中的最新政策，反映人民群众对于政府政策的意见。它是联系老挝人民革命党与全国各族人民之间的桥梁。作为老挝执政党——老挝人民革命党机关报，《人民报》为推动东盟各国人民之间的相互理解以及老挝在各个领域融入东盟、发展与周边国家关系中做出了不懈努力。如2016年7月1日《人民报》刊发了题为《老挝人民报祝贺中国共产党成立95周年》祝贺文章，充分肯定了中国共产党的光辉成就，祝愿两国友好关系、两国各方面传统合作及全面战略合作伙伴关系永世长存并不断结出硕果。《人民报》内设有办公厅、国内新闻部、评论部、国际新闻部等6个部门。

《新曙光》：老挝人民革命党中央机关理论刊物，小16开本，原为季刊，之后改为双月刊，主要刊登老挝党中央决议、领导人的讲话和文章以及政府法律法规；同时还开设了"研究与交流"专栏刊登一般作者的论文；此外还开辟了"世界：问题与事件"专栏，主要刊登国际形势和国际问题方面的文章。

《新万象》：是由一家创刊于1973年的私人报纸叫《万象邮报》在1975年9月1日整改而形成的，属于老挝人民革命党万象市委和市政府的机关报。1975年8月2日这家私人报纸改名为《新万象》，其后《新万象》划归万象市委进行指导和领导。

《万象时报》：是老挝的主流英文报纸，成立于1994年4月7日，当时是一

① 阿芳. 老挝新闻业现状及存在问题浅析［J］. 新闻传播，2013（3）：257－258.

家周报，1999 年，该报又开办了法语的姊妹刊。《万象时报》从 2004 年起改为日报，周一到周五出版，2007 年又改为周一到周六出版，同时从 2009 年 1 月起，该报刊结合信息技术的发展，适时地推出手机信息服务，以每天至少 5 次的频率向受众提供最新的消息，而广告创造的收入非常可观，所以也被认为是老挝经办最成功的报纸。

《万象新闻》：在老挝，《万象新闻》被认为是"最受欢迎的报纸"。1975～1993 年，《万象新闻》由万象市政府资助经办，它的主要受众是一些地方的政府官员，1994 年之后开始自负盈亏，但却入不敷出，记者的工资来源都需要地方政府补贴。后来该报增设了报道面，涉及到政府、私营企业和各类人物等方面的内容，因此吸引了一大批的城市读者，发行量增加了 3700 份。后来《万象新闻》还出版了自己的子报——《万象工商与社会报》（周刊）。

除了上述之外，老挝比较有影响力的外文报纸还有法语的《改革者报》，同时，于 2001 年创刊的《巴特老日报》（老挝文）在老挝也相当享有盛誉，其刊登范围不仅包括登国际和国内新闻，同时也涵盖了商业、娱乐和体育等方面的报道。

（2）广播与电视。

1）广播。老挝目前有 30 多家广播电台，有些电台以当地方言播出。老挝最早的一家广播电台是老挝国家电台，它直接隶属于中央管理，成立于 1960 年，1975 年成为了全国性的广播电台，是老挝当时唯一一家广播电台。1983 年老挝正式成立人民广播电台，设在万象，由老挝国家电视台负责管理，该电台用老挝语、法语、英语、越南语、柬埔寨语、泰语进行广播。除了老挝国家电台和人民广播电台外，老挝还有老挝人民军广播电台以及 14 个省级广播电台。1992 年之后，广播台从国家电视台正式分离出来，成为一个独立的机构。

同时，老挝政府与周边许多国家都开展合作，以丰富本国的广播节目。如 2006 年 11 月 19 日，老挝国家电台与中国国际广播电台万象调频台 FM93 开播，老挝国家主席朱马里和中国国家主席胡锦涛共同启动了开播按钮。如此高规格可谓开创了国际广播历史的先河。多年来，作为直接合作伙伴，老挝国家电台和 CRI 广泛接触，精诚合作，取得了宝贵的经验。2011 年中国国际广播电台设立万象演播室节目，并推出一系列具有老挝本土特色的节目，以更好地支持老挝人民广播电台的发展。

2）电视。老挝的电视媒体在老挝众多媒体当中占有重要地位，是老挝的党政机关、社会机构的扩声器，主要负责向社会公众传播党和国家的政策、政府运作情况。

老挝国家电视台成立于 1983 年，目前有员工 230 多人，主要有两个频道：

第一频道和第三频道，每个频道都有自己主要播出的领域。其中第一频道的主要内容是政治和文化等比较严肃的话题，整个频道共有 65 个节目；第三频道的主要内容是娱乐、电影和体育等生活化的内容，该频道共有 25 个节目。两个频道的节目信号均通过卫星传播，24 小时播放。电视台经费主要依靠国家拨款，广告收入占总支出的 20%，年广告收入约 150 万～200 万美元①。

除此之外，老挝还有其他电视台，如具有较大影响力的老挝之星（Lao Star Channel）电视台。该电视台的年广告收入约为 150 万～200 万美元，占总支出的 20%，运作经费主要来自政府拨款，目前只设有一个频道，主要播放与老挝政府管理相关的事务；同时与泰国进行合作，一些节目在泰国部分城市播放。2011 年，老挝成立了国防安全电视台，由国防部领导，目前也只有一个频道。此外，老挝还有两家有线电视公司——老挝有线电视公司和万象有线电视公司。省级电视台也有，但是除了万象市电视台和琅勃拉邦、沙湾拿吉等主要电视台有能力播出 1 小时的自办节目之外，其余的省级电视台基本不能独立制作节目②。此外，老挝的电视台也非常注重同中国电视台的合作，进一步强化技术力量以及电视台的知名度。合作办节目。于 2013 年 8 月 15 日，中国云南广播电视台与老挝国家电视台在万象签署了合作备忘录，共同在老挝联合举办 2014 年的春节晚会；2013 年 11 月 23 日云南广播电视台在老挝万象向老挝国家电视台捐赠一套"24 小时数字化硬盘播出系统"设备，除此之外，双方还合作拍摄一些反映民族题材、传统文化的电视连续剧以及反映当代生活、现实题材的室内情景剧。

（3）网络电信。

一是网络方面。由于经济社会发展水平和教育发展水平低，老挝大众接触网络的时间还比较晚，老挝开始与互联网有初步接触是在 20 世纪 90 年代末才开始的。进入 21 世纪之后，有不少外国投资者开始投资该领域，老挝网络有了很大的发展。老挝互联网正式存在开始是在 1998 年，美国一家叫 Globecom Electronic Limited（又名 Globe Net）的公司得到了老挝政府的批准，开始在老挝经营互联网接入业务。在最开始，网络使用者都是一些机构和网吧，他们通过无线技术系统连接到互联网，但是由于信号范围有限，当时只有万象市的少数地方能够享受到互联网服务③。

在老挝的互联网服务方面，主要有老挝电信公司（LTC）、与 Globecom 公司合营的 GlobeNet 公司、Planet Online 公司三家 ISP；互联网接入的方式也主要有

① 越南、老挝、柬埔寨新闻业发展现状［EB/OL］. http：//news. xinhuanet. com/zgjx/2009－12/23/content_ 12693899_ 1. htm, 2017－04－15.

② 刘琛. 老挝电视传媒：历史、身份与意识形态［J］. 国际新闻界, 2010（3）：123－126.

③ 郝勇，黄勇，覃海伦. 老挝概论［M］. 北京：世界图书出版公司, 2012：189.

上述几家 ISP、VAST 专网、互联网网吧三种。

在网站建设方面，老挝也逐渐在进步。从 1998 年开始，老挝新闻文化部建立了一个新闻网站，从该网站上，人们可以查阅到老挝最近的新闻事件，同时一些政府机构和个人网站也在这时开始出现。老挝网站数量快速增长是在 2000 年老挝总理办公室出台了《关于因特网在老挝的组织、服务、使用的决定》后，老挝的立法工作开始展开，网站数量逐步增长，网民不断增多①。

老挝政府对互联网的使用控制非常宽松，网民可以自由登录一些国际著名网站，比如 youtube、Facebook、Twitter 等。老挝的网速非常缓慢，且只有部分地方才可以使用网络，互联网使用人数最高地区可达 6%～7%，平均值大约只有2%，但移动通信和上网费用却相当昂贵，例如老挝联合电信推出的 3G 套餐，LT5 每天收费 5000 基普（1 基普＝0.0008 元人民币），LT50 每月收费 50000 基普，有 12GB。目前约有 10 万大学生手机用户，但移动互联网的用户却大约只有2 万～3 万人。此外，在全球"互联网＋"的潮流下，仅 2.4% 的老挝人使用互联网做生意，远远不及东盟的其他国家。

二是电信方面。2001 年，老挝第一部电信法生效实施。老挝电信业由通信、交通、邮政和建筑部（MCTPC）这几个政府部门主管，主要负责制定电信政策。电信市场的管制主要由邮电管理局来负责，管理范围主要包括无线电通信设备的管理和频率许可证的发放两个方面。老挝电信公司（LTC）是电信业务的主要经营者。

近年来，老挝电信业发展十分迅速，政府也十分注重其电信业的发展，并采取了很多措施，比如加大政府投入，鼓励外国公司和国内私企参与到相关的电信业基础设施建设当中等。从 2011 年 7 月 1 日起，老挝开始了统一的话费标准，比如座机（含座机移动电话）通话费为 250 基普/分钟；手机话费按月缴费用户为 300 基普/分钟，预付费用户为 800 基普/分钟；短信费用网内发送 100 基普/条，跨网发送为 200 基普/条；国际长途话费 1800 基普/分钟，国际短信费用 500 基普/条②。

2. 印刷出版业

老挝印刷出版业的产生与老挝书面文学有直接的联系。老挝第一篇书面文学作品为 1357 年的《法昂王的训词》，因而，这也可视为老挝印刷出版业的开端。20 世纪 70 年代以前，老挝的出版印刷业发展很缓慢，没有大型的印刷厂，大多是一些规模小、设备陈旧、技术落后的小厂。1971 年，受老挝爱国阵线中央委

① 郝勇，黄勇，覃海伦.老挝概论［M］.北京：世界图书出版公司，2012：189.
② 郭彩萍.老挝电信业快速发展［EB/OL］.http：//finance.sina.com.cn/roll/20110825/111010377841.shtml，2017－03－23.

员会的邀请，中国启动"老中友谊印刷厂"建设项目，并于 1974 年建成老挝最好的印刷厂，人民民主共和国成立后，老挝的印刷出版业得到了一定的发展。1975 年底老挝组建国家出版社，这是老挝官方的出版发行机关，位于万象市，下设一个国家书店，这也是老挝唯一正规的书店。1975 年 7 月，Nakcon Luang 万象印刷厂成立，是老挝最大的印刷公司之一，有近百名职工，由万象市政府经营管理，主管单位是万象市新闻和文化机构，是唯一一家老挝政府授权承印老挝护照的厂家，除此之外，它还承印包括《新万象报》《老挝商贸新闻》《老挝妇女报》《万象 Thourakit sangkhom 周报》《琅勃拉邦杂志》和《万象杂志》在内的杂志和报纸以及各种书籍和文件。

之后，老挝的印刷出版业不断发展，印刷厂的数量不断增加，同时也具有较大的出版权，可自行印刷发行，还出现商人共同投资建立大型印刷厂，这些印刷厂无论是在机器设备、技术力量、产品类型等都有了很大的变化。如 2010 年 4 月，3 名老挝商人共同投资的优尼印刷厂在万象市成立，在厂房和设备上该厂投入约 100 万美元，购置了先进的印刷机，并以国际标准为本地客户提供物美价廉的服务。此外，周边的一些国家也支援老挝建设印刷厂。如 2012 年 11 月 6 日，越南投资 2200 万越盾（超过 100 万美元），为老挝在万象无偿援建一个地图印刷厂，同时装备了现代化胶版印刷系统，且越南人民军总参谋部还为该厂的管理人员和生产工人进行培训，进一步提高了工厂的工作效率。

目前，老挝出版的图书种类不够丰富，主要是一些深受市场欢迎的古典著作、民间故事、短篇小说和儿童读物，但数量非常有限，常常是供不应求，同时印刷质量也不高。

三、体育事业

1. 建立相应的管理机构管理体育事业

老挝人民民主共和国成立之后，非常重视体育事业的发展，并逐渐建立了从中央到地方的体育管理机构。1975～1993 年，由教育部体育管理局管理体育工作，1994～1998 年，组建直属总理府的国家体育委员会，专门负责全国体育工作的管理。并在省级政府设立相应的管理机构，之后又成立了大众体育组织、老挝国家奥林匹克委员会以及各种体育项目协会等。2011 年，政府再次将体育事业划拨到教育部，组建教育体育部，负责体育工作的指导与管理。

2. 开展多种多样的体育运动项目

老挝的体育项目主要有：排球、足球、藤球、羽毛球、地掷球、篮球、乒乓球、游泳、保龄球、网球、高尔夫、慢跑、街舞、泰拳、体操、杂技、中国武术等。其中乒乓球、体操、杂技和中国武术四个项目是中国政府通过志愿者行动正在老挝专业运动界推广的；同时中国派出了专业运动员轮换赴老挝任教。在 2006 年亚运会上，老挝代表团取得了历史性成绩，由阿佩拉在男子散手 56 公斤级项目上取得一枚银牌，为该国历届参赛以来取得的最好成绩。

3. 积极参与地区和国际性的体育运动赛事

老挝首次参加奥运会是在 1980 年，但加入抵制行列进而缺席了 1984 年的洛杉矶奥运会，一直到 1988 年后才又开始参加奥运会。老挝本国的体育项目主要是藤球，但奥运会上没有该项目比赛，至今老挝都没有获得过奥运奖牌。除了奥运会，老挝也积极参加亚运会、东南亚运动会并取得了一定的成绩。如 2006 年亚运会上阿佩拉在男子散手 56 公斤级项目上获得的银牌是老挝迄今为止最佳的体育成绩。此外，老挝还承办了第 25 届东南亚运动会，这也是老挝有史以来举办的最大规模的体育赛事，主会场是老挝万象国家体育公园，是老挝规模最大的综合性体育设施，体育公园包括 2 个体育馆、1 个游泳馆、1 个网球场、1 个射击馆和 1 个 2 万人的主体育场。

四、2015～2016 年老挝社会文化领域重点性事件概述

1. 老挝国家主席夫人：艺术是联络老中友好的纽带

2015 年 1 月 21 日，老挝国家主席朱马里夫人乔赛斋为中国驻老挝大使馆女外交官、外交官夫人及部分中资机构女性工作人员举行艺术联谊活动，在活动中表示音乐和舞蹈等艺术是联络老中两国友好的纽带，同时还邀请嘉宾前往万象宋梅楠音乐艺术学校参观。万象宋梅楠音乐艺术学校是主席夫人及其小女儿创办的艺术学校，旨在弘扬和保护老挝传统文化和艺术，同时也希望老挝的青少年更好地学习和传承这些传统文化与艺术。此外，主席夫人还希望通过这样的联谊活动，加深中老两国的文化交流，增进两国人民的了解，从而进一步提高两国的传统友好关系。

2. 老挝新闻文化旅游部作出对娱乐场所管理的评估报告

由于政府授予地方当局的权力差异，老挝娱乐场所和啤酒商店的管理比较混乱，破坏性行为时常发生。2015 年 12 月 23 日，老挝新闻文化旅游部长 Bosengkham Vongdara 博士告知国民议会，政府要急需普及娱乐场所经营者的责权意识，并明文设立经营者的责权范围；娱乐场所经营者要严格遵守五大禁令，特别是营业结束时间为凌晨 0：30 的禁令，如果经营者违反这一禁令，将被禁止许可经营。

3. 第 15 届东盟社会文化共同体理事会会议在老挝开幕

2016 年 6 月 4 日上午，第 15 届东盟社会文化共同体理事会会议在老挝的佛教中心琅勃拉邦省开幕，东盟秘书长黎良明、东盟 10 国负责文化社会领域的官

员与会。

老挝总理通伦·西苏里在开幕词中指出，近5年来东盟文化已经取得多项合作成果，尤其是2009～2015年东盟文化社会共同体总体规划；本次会议上各位代表将审议提请第28届东盟峰会审议通过的各项重要文件，特别是《有关从非正规就业向正规就业转移，面向促进可持续就业的万象宣言》，《关于加强东盟文化遗产合作的万象宣言》等文件，同时协助监督2016～2025年东盟文化社会共同体总体规划落实情况。

4. 第16届东盟社会文化共同体理事会会议在老挝举行

2016年8月31日，第16届东盟社会文化共同体理事会会议在老挝万象举行，会议由老挝总理通伦·西苏里主持，东盟10国部长以及东盟副秘书长与会。通伦·西苏里总理指出，作为东盟社会文化共同体2025年蓝图规划的主要组成部分，东盟社会文化共同体的2016～2020年建设规划已经完成。会议为即将在万象召开的第28、29届东盟峰会上落实《东盟国家文化遗产合作万象宣言》《应对性病、艾滋病东盟宣言》等文件提供重要依据。

5. 中老首部合拍电影《占巴花开》2016年10月25日在万象举行新闻发布会

近年来，中老两国在文化领域中的电影行业中的合作取得了可喜的成绩，主要是联合拍摄电影、在老挝举办电影周等。2016年10月25日，中老首部合拍电影《占巴花开》在万象举行新闻发布会，老挝新闻、文化和旅游部副部长博银·沙普翁参加新闻发布会并做了重要讲话。该部电影讲述的是中老人民间的美丽爱情故事，还将展现两国的友好关系、美丽的自然风光和文化风俗等。因此，博银·沙普翁副部长指出该部电影的联合拍摄将会进一步巩固中老两国的传统友谊，同时也将为进一步推动两国的全面战略合作伙伴关系做出重要贡献。

五、2015～2016年老挝社会文化发展回顾与展望

（一）发展回顾

1. 教育工作取得重要成效

2015年，老挝宣布普及小学教育，全国98.78%的村庄有了小学；同时有1个省和42个县宣布普及初中教育。而到了2016年，全国18个省市中已有2个省（沙耶武里和川圹）普及小学，万象市及67个县则普及了初中教育，较2015年增加了15个县份。老挝苏州大学办学7年以来，从最初的鲜为人知，到如今在万象市的家喻户晓，已经成为服务老挝、中国两国教育文化交流、经贸交流合作的"桥头堡"。目前，该大学根据老挝经济社会发展需要，按需设置、稳步推进，2012～2015年逐步开设相关专业，主要有经济、语言、计算机、管理、法律、旅游等专业。

2. 文化事业迈上新台阶

截至 2015 年 3 月底，老挝数字电视项目累计发展用户 101075 户，受益人群超过 50 万人，播出了包括中央电视台国际频道和英语新闻频道、云南广播电视台卫视频道和国际频道等在内的 54 套数字电视节目，是中国和老挝合作的成功典范。同时，为了能够让更多的老挝人民看到数字电视，云南云数传媒公司计划向老方捐赠 6 万套 DTMB 数字电视机顶盒，首批 3.3 万套已经在 2015 年 5 月到位。2015 年 5 月 9 日云南电视台与老挝国家电视台合作的《中国剧场》《中国动漫》《中国农业》老挝开播仪式在老挝国家电视台举行。数字电视的合作。中老双方在 2012 年 2 月在北京签署"关于在老挝采用中国地面数字电视传输标准合作　建设老挝数字广播电视全国网项目"的谅解备忘录。

2015 年 11 月 30 日，由中国国际广播电台和老挝国家广播电台合作推出的汉语广播节目正式开播。老挝国家广播电台开办 55 年来，汉语节目是该台设立的第 6 种外语节目，内容涉及新闻、常识、文学艺术、政治、经济、旅游等诸多领域，可使老挝乃至世界各地懂汉语的受众更多获取老挝资讯。老挝万象华文书局经营华文图书 3 万余种，是目前老挝最大的华文书店，也是老挝人最爱光顾的华文书店。

3. 中老两国人文交流异彩纷呈

2016 年是中国和老挝建交 55 周年，这 55 年来，中老两国关系走过了不寻常的发展历程，相互支持，相互帮助，共同发展。为了纪念中老建交 55 周年，老挝国家电视台与中国五洲传播中心、广西电视台联合策划、制作体现中国与老挝国家友谊的系列纪录片《光阴的故事》，该纪录片分为《闪亮的日子》《友谊长存》两集，每集 50 分钟，讲述了中老两国在教育合作、商贸合作、中老资源合作开发、中老联姻家庭等故事，向中外观众展现中国与老挝的深厚感情和传统友谊。此外，还开展了首届"一带一路七彩云南"国际汽车拉力赛万象商贸洽谈会、首部中老合拍电影《占巴花开》新闻发布会和中国大使书屋走进首都万象小学等丰富多彩的文化交流活动。2016 年 12 月 6～17 日，中老两国媒体开展"一带一路"联合采访活动，中国共产党中央宣传部部长刘奇葆和老挝人民革命党中宣部部长吉乔 12 月 21 日共同参加国际台老挝万象调频台开播 10 周年庆祝大会，老挝新闻文化与旅游部分别向中国国际广播电台万象调频台和新华社驻万象首席记者荣忠霞授予友谊勋章。

（二）展望

随着东盟国家之间的合作与交流日益密切，中老两国关系的日益稳固，未来老挝社会文化的发展即将面临难得的发展机遇，但是也会面临一定的挑战。

1. 民族文化与艺术方面

传统舞蹈与音乐文化的学习与传承将会更加得到老挝政府及其人民的高度重视，民族文化与艺术的传承方式应该更加多样化。同时，老挝也应更加注重对其建筑艺术文化的保护与修复。此外，作为老挝人民勤劳与智慧的代表，传统工艺的开发与保护也显得极为重要，传统工艺的开发与保护应该与旅游业发展相结合，从而促进当地经济与文化的协同发展。

2. 现代教育方面

未来，老挝政府将会更加重视中小学的教育，使得中小学教育得到大范围的普及。同时，在与中国的教育合作将会进一步深化，特别是两国文化在学校教育的合作、高等教育合作办学改革等方面。如老挝苏州大学，随着老挝经济社会发展的需要，该校的招生专业将会进一步扩大，延伸到轨道交通、机械制造、通信电子、医学类等专业。招生层次也会不断地提高，由本科生教育提升到研究生教育。

3. 文化事业方面

未来，老挝将会借鉴其他国家的发展经验，或者是寻求其他国家的帮助与支持等途径，进一步发展文化事业，尤其是在全球"互联网＋"的潮流下，老挝对网络通信信息产业的发展将会更加重视，网络技术的普及与应用范围将会进一步扩大。同时，老挝与中国、泰国、越南等邻近国家之间的文化合作与交流也将会得到进一步深化。

第八章　2015～2016 年老挝对华关系

第一节　政治外交关系

老挝奉行和平、独立和与各国友好的外交政策，主张在和平共处五项原则基础上同世界各国发展友好关系，重视发展同周边邻国关系，改善和发展同西方国家关系，为国内建设营造良好的外部环境。2011 年老挝党"九大"重申继续坚持和平、独立、友好与合作的外交路线。保持同越南的特殊团结友好关系，加强与中国全面战略合作，以及与东盟国家睦邻友好，积极争取国际经济和技术援助。老挝是不结盟运动的成员国之一，并于 1997 年 7 月正式加入东盟。截至2016 年 12 月，已同 139 个国家建交。在对外关系中曾受外国势力的影响经历过一些变动，目前实行"多元化务实外交，为争取外援、外资营造和平稳定的发展环境"的基本国策。

一、中老政治交往简史及高层互访

1. 中老政治交往简史

早在 20 世纪 50～70 年代，老挝在进行反殖反帝、争取民族独立斗争的过程中，中国是支持老挝实现独立和中立的好兄弟和好同志。中老关系在发展过程中，虽有一小段时期出现过停滞甚至倒退，但总体趋势是良好的。1961 年 4 月25 日，中国政府同老挝王国政府正式建立了外交关系；1975 年老挝人民民主共和国成立，并对中国、苏联、越南等社会主义国家实行社会主义国家内部"等距离外交"；1980 年面对复杂的国际形势和印度支那局势，老挝人民革命党调整对华政策，采取亲越、靠苏、反华的外交政策，采取了一系列恶化与中国关系的行动，两国关系出现波折、疏远甚至敌对；1988 年中越关系正常后，老挝恢复与中国的外交关系；1990年至今，中老关系进入持续快速发展阶段；2009年，老中确立将两国关系提升为"全面战略合作伙伴关系"。

2011年，中国政府向老挝政府提供6亿元人民币无偿援助，5000万元人民币无息贷款、捐赠1000万元的禁毒器材及300万元的安保设备；援助1670万美元兴建万象瓦岱机场机库及维修培训中心项目；分别提供贷款2.06亿美元和3768.4888万美元用于色贡省会兰潘电站和瓦岱机场扩建；提供优惠贷款3.5140亿元人民币用于沙湾拿吉省水利设施建设，提供贷款帮助建设甘蒙省样板学校和南塔省信息技术学校；截至2011年底，中国企业在老挝投资总额预计超过60亿美元；中国进出口银行分别向老挝提供4笔合计6.98075亿美元的贷款；中国国家开发银行向老挝国家发展银行提供贷款5000万美元。

老挝政府正实施"湄公河次区域过境服务中心"战略及将变"陆锁国"为"陆联国"战略，将重点发展交通路网，如南北向的中老铁路、东西铁路和南北、东西高速路等，并明确表示将强化与中国的经贸合作重心地位，把中国视为最主要的外援、外资来源国和出口市场。

2. 高层互访不断并已形成机制

1961年4月25日中老正式建交。老挝政府奉行一个中国政策，支持中国和平统一的大业。近几年来，中老两党两国领导人交流互访不断，两国加强了政治对话，通过密集的对话推动两国战略互信，促使两国关系发展进入良性循环。2016年是中老建交55周年，老中两党两国全面战略合作伙伴关系在多领域取得了丰硕成果，中老两党两国高层领导每年都会进行互访，自两国关系正常化后，中方访老的主要领导人有（按时间顺序）李鹏、江泽民、吴邦国、温家宝、胡锦涛、贾庆林、习近平、张德江、俞正声等；老方访华的主要领导人有老挝高层领导的中国之行，包括老挝国家主席朱马里2015年9月访华，均是为了洽谈中老双方关于高铁项目和出席中国人民抗日战争暨世界反法西斯战争胜利70周年纪念活动的重要事宜。老挝高层领导表示，在两党两国领导人的共同推动下，老中全面战略合作伙伴关系取得长足发展。现任老挝国家主席本扬与中国也有不少交往。2002年，他就以总理身份访华。2004年，他在华参观内燃机生产企业，对重型发动机很感兴趣。2008年，他在广西参观桑蚕原种场，考察从养蚕到制种等生产环节。2009年9月，两国领导人将两国关系提升为"全面战略伙伴关系"。2010年，他到成都出席第十一届中国西部国际博览会，参观了电力设备企业。2013年5月，老挝国家副主席本扬赴北京查体并到西安出席亚洲政党专题会议。6月，中国人民解放军副总参谋长戚建国访问老挝，老挝国会主席巴妮正式访华，副总理宋沙瓦赴昆明出席首届中国—南亚博览会暨第21届昆交会。7月，老挝副总理兼国防部长隆再访华。8月，王毅外长访问老挝，老挝建国阵线中央主席潘隆吉访华。9 月，民政部部长李立国访问老挝，老党中央总书记、国家主席朱马里正式访华，总理通邢出席第十届中国—东盟博览会。11 月，全国政协副主席刘晓峰访问老挝，老党中纪委书记本通访华并出席第二次中老两党理论研讨会。2014 年，双方继续保持高层领导人互访势头。3 月，广西壮族自治区党委书记、人大常委会主任彭清华访问老挝。4 月，老挝总理通邢对中国进行正式访问并出席博鳌亚洲论坛 2014 年年会。7 月，老挝党中央总书记、国家主席朱马里访问中国。8 月，中国国务院扶贫办主任刘永富访问老挝。本扬来华出席了第十一届中国—东盟博览会。老方愿同中方加快推进老中铁路等重大项目合作，不断地挖掘合作潜力。老方高度评价中方对东盟发展给予的宝贵支持，愿继续为促进东盟—中国关系作出不懈努力。① 在 2014 年第 17 次中国—东盟领导人会议上，李克强总理倡议成立澜沧江—湄公河合作机制，得到各方的积极响应。2015 年 11 月，中国与柬埔寨、老挝、缅甸、泰国、越南 5 个湄公河国家在云南景洪举行了首次外长会，正式启动澜湄合作进程。

2015 年 10 月 20 日，老挝中央政治局委员兼国会主席巴妮发表声明：老挝完全支持中国提出的丝绸之路倡议；中共中央政治局常委、全国人大常委会委员长张德江于 2015 年 12 月 1～3 日在万象与老挝人民革命党中央总书记、国家主席朱马里共同出席中老铁路开工奠基仪式，分别会见了老挝总理通邢、国家副主席本南和国会主席巴妮。2015 年所有的中老高层交往和政见表明：中老关系已经进入到一个历史上比较好的双边关系时期。2016 年 1 月 26 日，习近平总书记特使、中联部部长宋涛访问了老挝，在万象会见了人民革命党中央新任总书记本扬·沃拉吉。访问老挝期间，宋涛还会见了老挝国家主席朱马里，分别同老挝人民革命党中央政治局委员、中央书记处书记、中组部部长占西，中央书记处书记、中宣部部长吉乔，中联部部长顺通进行工作会谈。2016 年 3 月 23 日，国务院总理李克强会见来华出席澜沧江—湄公河合作首次领导人会议及博鳌亚洲论坛 2016 年年会的老挝总理通邢。

2016 年 4 月 23 日和 24 日中国外长王毅在万象分别会见了老挝新一届政府的外长沙伦塞、老挝政府总理通伦和国家主席本扬，双方表示 2016 年是中老建交 55 周年，是两国关系的重要年份，要不断深化两国全面战略合作伙伴关系，要对接中方"一带一路"倡议和老挝"变陆锁国为陆联国"战略。

2016 年 5 月 3～5 日，老挝人民革命党中央总书记、国家主席本扬对中国进行正式友好访问，期间分别会见了中国党和国家领导人习近平、李克强、张德江和刘云山。双方签署了《中老联合声明》。2016 年 9 月 2 日，国家主席习近平在

---

① 老挝国家概况［EB/OL］.光明网国际频道_ 在线报道最新国际新闻，http：//world.gmw.cn/.

杭州会见作为嘉宾国家元首来华出席二十国集团领导人杭州峰会的老挝国家主席本扬。2016年11月28日至12月4日，老挝政府总理通伦·西苏里对中国进行正式访问。两国总理共同见证了中老经济贸易等领域双边合作文件的签署。

中老两国是山水相连的友好邻邦，是具有共同理想的社会主义国家，两国政治上高度信赖，经济上紧密合作。近年来，两国关系在"长期稳定、睦邻友好、彼此信赖、全面合作"十六字方针指导下一直保持着健康、稳步的发展。特别是进入21世纪以来，两国领导人频繁互访，双方关系日益密切。当前，在"一带一路"倡议下，老挝作为与我国接壤的周边国家将在各领域合作中发挥更重要作用。

二、中老政治关系及取得的成就

2015年中老高层频繁往来，中老合作备受瞩目。中国高度重视巩固和发展同老挝的友好合作关系。在"长期稳定、睦邻友好、彼此信赖、全面合作"方针和"好邻居、好朋友、好同志、好伙伴"精神指引下，加强各领域友好合作，推动中老全面战略合作伙伴关系长期健康稳定发展。

老挝分别于1992年、1999年在昆明、香港设总领事馆。2009年在南宁增设总领馆。2010年在云南景洪增设领事办公室。2013年12月，我国驻琅勃拉邦总领馆开馆。2014年1月，老挝驻上海总领馆开馆，7月，老挝驻广州总领馆开馆。

中国在力所能及的范围内，采取无偿援助、无息贷款或优惠贷款等方式向老方提供援助，领域涉及物资、成套项目援助、人才培训及技术支持等。主要项目有：地面卫星电视接收站、南果河水电站及输变电工程、老挝国家文化宫、琅勃拉邦医院及扩建工程、乌多姆赛戒毒中心、老挝地震台、昆曼公路老挝境内1/3路段、万象凯旋门公园、老挝国家电视台三台、老北农业示范园、国家会议中心、万象瓦岱国际机场改扩建等。

老挝主动融入中国"一带一路"的周边外交战略，其标志性的事件是，中国结合周边外交策略推出的计划，老挝国家领导人通常大力支持并积极响应。例如老挝高层领导的中国之行，包括老挝国家主席朱马里9月访华，均是为了洽谈中老双方关于高铁项目和出席中国人民抗日战争暨世界反法西斯战争胜利70周年纪念活动的重要事宜。老挝高层领导表示，在两党两国领导人的共同推动下，老中全面战略合作伙伴关系取得了长足发展。老方愿同中方加快推进老中铁路等重大项目合作，不断地挖掘合作潜力。老方高度评价中方对东盟发展给予的宝贵支持，愿继续为促进东盟—中国关系作出不懈努力。10月20日，老挝中央政治局委员兼国会主席巴妮发表声明：老挝完全支持中国提出的丝绸之路倡议；全国政协主席俞正声7月1日在北京会见了老挝建国阵线中央常务副主席董叶陶。2015年所有的中老高层交往和政见表明：中老关系已进入到一个历史上比较好的双边关系时期。

2015年12月，中老铁路项目的开工建设，老挝主动融入中国"一带一路"的周边外交战略，中国为老挝发射了第一颗通信卫星，标志着中老全面战略伙伴关系的开始。随着中国老挝两国近年来经贸合作的飞速发展，双方经济合作已从早期单纯的货物贸易逐步迈向高端领域。

2016年1月26日，习近平总书记特使、中联部部长宋涛访问了老挝，在万象会见了人民革命党中央新任总书记本扬·沃拉吉。在访问老挝期间，宋涛还会见了老挝国家主席朱马里，分别同老挝人民革命党中央政治局委员、中央书记处书记、中组部部长占西，中央书记处书记、中宣部部长吉乔，中联部部长顺通进行工作会谈。

在2014年第17次中国—东盟领导人会议上，李克强总理倡议成立澜沧江—湄公河合作机制，得到各方积极响应。2015年11月，中国与柬埔寨、老挝、缅甸、泰国、越南5个湄公河国家在云南景洪举行了首次外长会，正式启动澜湄合作进程。2016年3月23日，国务院总理李克强会见来华出席澜沧江—湄公河合作首次领导人会议及博鳌亚洲论坛2016年年会的老挝总理通邢。

2016年4月23日和24日中国外长王毅在万象分别会见了老挝新一届政府的外长沙伦塞、老挝政府总理通伦和国家主席本扬，双方表示2016年是中老建交55周年，是两国关系的重要年份，要不断地深化两国全面战略合作伙伴关系，要对接中方"一带一路"倡议和老挝"变陆锁国为陆联国"战略。

2016年5月3～5日，老挝人民革命党中央总书记、国家主席本扬对中国进行正式友好访问，期间分别会见了中国党和国家领导人习近平、李克强、张德江和刘云山，双方签署了《中老联合声明》。2016年9月2日，国家主席习近平在杭州会见作为嘉宾国元首来华出席二十国集团领导人杭州峰会的老挝国家主席本扬。2016年11月28日～12月4日，老挝政府总理通伦·西苏里对中国进行正式访问。两国总理共同见证了中老经济贸易等领域双边合作文件的签署。

第二节　经济关系

一、经贸关系发展现状

2015年老挝在国内经济建设方面得到了中国的大力支持，双方在经济合作方面取得了不菲的成绩。中方同老方做好发展战略对接，积极推进铁路、公路等互联互通的基础设施建设，在能矿、农业等领域积极开展产能合作，促进两国边境地区的繁荣稳定，使中老关系与务实合作不断取得新成果。[①]

1. 承包工程

2015 年，中国对老挝工程承包合同额超 50 亿美元，中国企业在老新签合同额达 51.6 亿美元，较 2014 年增长 39.8%；完成营业额 32.2 亿美元，增长了 38.2%。在东盟国家中仅次于印度尼西亚和马来西亚，位居第三，在亚洲国家中位居第四。项目涉及道路、桥梁、水利设施、农业、房地产、建材、酒店、通信、园区开发等方面。中国对老投资规模持续扩大，已成为老挝最大外资来源地、第一大援助国和第二大贸易伙伴，两国经贸合作真正实现了互惠互利和共同发展。[②]

2. 双边贸易

2015 年中老双边贸易额有所下降。中国海关统计，2015 年双边贸易额 27.8 亿美元，下降 23.1%。其中，我国出口 12.3 亿美元，下降 33.3%；进口 15.5 亿美元，下降 12.6%。[③] 2015 年以来，中老双边贸易下降的主要原因有：一是受国际市场价格波动的影响，老挝金、铜等原材料出口价格有所下降；二是 2016 年以来中资企业在老投资、工程承包项目开工较少，基建物资出口减少。

3. 对老投资

中方统计，截至 2015 年底，中国对老直接投资存量 58.5 亿美元。其中，对老挝非金融类直接投资流量突破 10 亿美元，达 13.6 亿美元，同比增长 36.2%，首次超过印度尼西亚，位列新加坡之后，在东盟国家中位居第二。中国已成为老挝第一大外资来源国、第一大援助国和第二大贸易伙伴，两国经贸合作真正实现了互惠互利共同发展。如中国保利集团公司（保利公司）与老挝政府签署叶蜡石项目合资协议等。

4. 来华投资

中方统计，截至 2015 年底，老对华累计实际投资 4549 万美元。

5. 《中国老挝磨憨—磨丁经济合作区建设共同总体方案》的签订，是中老两国经贸合作发展的重要里程碑

2015 年 8 月 31 日，在中国国家主席习近平和老挝国家主席朱马里·赛雅颂的见证下，中国商务部部长高虎城与老挝副总理宋沙瓦·凌沙瓦在京分别代表两

① 李克强分别会见老挝人民革命党中央总书记、国家主席朱马里和哈萨克斯坦总统纳扎尔巴耶夫［EB/OL］. 人民网，http://politics. people. com. cn/n/2015/0902/c1024 - 27539357. html.

② 中华人民共和国商务部亚洲司，http://yzs. mofcom. gov. cn/.

③ 高潮. 老挝参与"一带一路"建设意愿强烈［J］. 中国对外贸易，2016 - 07 - 15.

国政府正式签署《中国老挝磨憨—磨丁经济合作区建设共同总体方案》（以下简称《共同总体方案》）。《共同总体方案》的签署是中老两国经贸合作发展的重要里程碑。中老两国为贯彻"长期稳定、睦邻友好、彼此信赖、全面合作"的方针，共同推进"一带一路"倡议，巩固和发展双边全面战略合作伙伴关系，提升两国互利合作水平，决定在边境接壤的中国云南省和老挝南塔省建设和发展"中国老挝磨憨—磨丁经济合作区"。这是继与哈萨克斯坦建立中哈霍尔果斯国际边境合作中心之后，中国与毗邻国家建立的第二个跨国境的经济合作区，是中老两国创新合作模式、加快开放步伐的重要举措。《共同总体方案》生效后，将进一步促进两国经济优势互补，便利贸易投资和人员往来，推动两国产业合作，加快两国边境地区发展，造福两国边境地区和人民。①

6. 水电业合作进一步深入发展

2015 年是中老水电合作深入发展的开花结果的一年。

2015 年 9 月 27 日，老挝北部电网 EPC 项目第一阶段三个变电站成功并网运行，该项目由老挝国家电力公司投资，南方电网云南国际公司总承包，横跨老挝北部 4 省，包括 4 个变电站和 5 条线路的建设，合同金额 3.02 亿美元。项目投运后，将使老挝北部电网电压等级由 115 千伏提升到 230 千伏，形成全国统一的 230 千伏骨干网架，为老挝经济发展提供有力电力保障。

中国葛洲坝集团承建的老挝会兰庞雅水电站于 10 月 14 日正式竣工交付。2015 年 11 月 6 日，南方电网公司控股开发建设的老挝南塔河 1 号水电站工程于当地时间 10 时成功进行大江截流，标志着老挝南塔河 1 号水电站的工程建设进入到一个新阶段。南塔河水电站项目是南方电网公司落实国家"一带一路"倡议、加快"走出去"步伐的重点项目，也是两国加强经济合作的重要体现，项目的实施也将促进当地经济社会的发展，提高老挝人民的生活水平。②

中国水利水电建设股份有限公司承建的老挝最大水电站南俄 3 号于 11 月 11 日正式开工。2015 年 11 月 29 日，中老首个"一带一路"电网项目——230 千伏老挝北部联网工程正式投产。

对老挝而言，与中国企业合作兴建水利工程不仅能够获得融资上的便利，更能获得技术上的支持。因此，老挝国内众多的水电工程项目主要是外包给中国企业或与中国企业合作开发。例如，中国电力技术装备有限公司 12 月 21 日与老

---

① 从卫星到铁路——新时期中国老挝经济合作迈向高端［EB/OL］. 新华网，http：//news. xinhua-net. com/world/2015～11/30/c_ 1117303482. htm.

② 南网老挝南塔河 1 号水电站成功进行大江截流［EB/OL］. 人民网，http：//energy. peo-ple. com. cn/n/2015/1106/c71661 - 27786640. html.

挝国家电力公司签署万象环网输变电项目总承包合同、中国风范股份与老挝水电投资咨询公司签署了《合作协议》，双方将合作争取老挝南高水电站项目、中国河北建设投资集团有限责任公司签署老挝色贡省怀拉涅河 5 万千瓦水电站项目等。

7. 老挝在中国市场上获得农产品市场准入机会增多

老挝与中国南部的农业具有一定的相似性，因此中老农业合作主要以中国云南、广西与老挝的交流合作为主。而老挝与中国农业合作的动力在于，获取中国农产品准入方面的资质证书，以此打开中国市场大门。

老挝的大米、西瓜等农产品已经获得了中国市场准入，未来还将有更多的农产品获得中国市场准入。中国与老挝的农业合作不仅是要体现品种创新和技术援助，更有强制性质量提升、危害处理等方面的合作。例如，2016 年"一带一路"中老粮食合作成果发布会暨老挝大米中国首发仪式 21 日在湖南长沙举行，老挝大米从此正式进入中国市场，这也标志着老挝正式开始对中国批量出口大米。老挝大米进口方、湖南炫烨生态农业发展有限公司董事长徐国武介绍，首批进口到中国的老挝大米有 88 吨，将于首发仪式之后正式通过线上线下面向全国发售。

8. "惊天动地"可以说是中老经贸合作的两个最大热点

2015 年 11 月 21 日，老挝有史以来的第一颗卫星"老挝一号"在中国西昌卫星发射中心成功发射升空；11 月 13 日，酝酿已久的中老铁路项目正式签订，两国政府间合作协定进入实施阶段，12 月 2 日中老铁路正式开工奠基。从卫星到铁路——中老"惊天"（卫星）"动地"（铁路）是新时期中国老挝经济合作从货物贸易向高端迈进的具体表现，也是中老两国命运共同体和全面战略合作伙伴关系进一步得到巩固的体现。

二、发展经贸关系存在的问题与挑战

1. 老挝政府财政困难及不安定因素的产生阻碍双方合作开展

从政治安全方面看，老挝的政局总体是稳定的，但由于农村和城市贫富差距的日益扩大，政府对少数民族地区发展不够重视及腐败的加剧，民众对人民革命党的不满情绪也在一定程度上有所增加。特别是老挝财政困难，政府项目存在预算不足、资金延迟到位等情况，阻碍了双方很多项目的合作及开展。因此，中资企业在"走出去"的时候一定要慎重对待。

2. 企业运行成本大，融资困难，市场体系不完善

外资企业到老挝进行投资，首先，要面对老挝基础设施差、运输能力低、物流水平有限、电力不足等困境，这本身对于企业而言就是很严峻的考验，可能会

致使投资资本逃离。但是老挝政府仍要求企业自行解决投资项目所需求的"三通"问题——通水、通路及通电，还要帮助当地实现"脱贫致富"，这给企业带来很大的成本压力。其次，企业项目融资困难。以中资企业为例，老挝本国银行存根有限，放贷能力不足，而中国的银行对境外项目放贷审批程序比较多，这些企业难以获得老挝本地银行和中国银行的信贷支持。此外，老挝的市场体系、金融体系等还处于起步、发展阶段，仍然不够完善，与中国所构建的社会主义市场经济体系仍相去甚远，二者对接起来还比较困难。

3. 中国企业在老挝投资还面临"投资结构待优化、投资质量及效益不高"等问题

正如老挝计划和投资部长宋迪所说的，老挝政府在新时期将以"可持续发展"为重点，平衡社会经济发展与环境的关系，并希望中资企业更加注重提高投资质量。未来中资企业和境外分支机构的服务网点在加快数量建设的同时，也要加强对境外投资质量的提高，调整好投资结构的同时，特别要关注当地的环保和民生问题。

4. 企业"走出去"要放眼长远，注意自身形象和信誉

有的企业把在国内的一些"恶习"带到国外，要么因无视当地劳工权益导致劳资纠纷，要么因无视文化习俗差异招致当地民众仇视，要么因盲目追求经济效益导致环境污染、生态破坏，要么因无视合同程序导致违约纠纷等。结果不是被当地政府翻脸课以重罚，就是项目泡汤，甚至引发工人罢工酿成流血冲突，给中方人员带来不必要的安全风险。一家企业的不良作为在当地民众中留下负面印象的同时，也会给其他中资企业摊上更高的信誉成本，甚至安全成本。

5. 东盟经济共同体一体化进程让老挝机遇与挑战并存

据老挝工商部在第七届国会第十次会议上的一份报告，老挝将在货物贸易中遭受负面影响并且进口所受的影响大于出口。就像东盟国家的出口而言，老挝由于生产能力有限，老挝出口商从东盟市场中获得的收益很少。老挝政府正在修订措施、改善并消除障碍并审视东盟的各项措施以确保它们不会对东盟经济合作协议产生消极影响。与此同时，为使中小企业能进入东盟和国际市场，老挝工商部正代表老挝政府促进中小企业的能力建设。由于 2015 年 12 月 31 日，东盟经济共同体（AEC）的成立为老挝提供了新的机遇同时也带来了重大挑战。鉴于其资源以及地理上与中国和东盟成员相邻，老挝长期以来一直是一个有前途的国家。然而，尽管老挝在过去 20 年获得了相对较快的增长，但它仍处于世界最不发达国家之列。如今 AEC 的实施使老挝的现行政策强调经济一体化，老挝将于 2016 年主办东盟峰会，这是老挝提高国际声誉的大好时机，但也面临着诸多挑战。

6. 老中关系及合作不断受到"外界"因素的干扰和挑战

历史上老越存在着特殊关系，使得越南对老挝仍然有一定的影响力，例如6月29日，老越签署双边边贸协议，两国产品及越南投资者在老挝制造的各种产品的进口税率将降低为零。对老挝而言，老越特殊关系以及与中国的命运共同体关系交叉，将使得老挝处于一个非常微妙的角色中，它也在周边各国之间学会平衡外交。与此同时，老挝与日本关系、老挝与美国关系的发展也制约着中老关系发展。如老挝国家主席朱马里9月7日在纽约与奥巴马会晤；12月17日至18日美国助理国务卿丹尼尔·罗素到访老挝，为2016年美国总统奥巴马访问老挝做好铺垫，美国增强在老挝的影响力，老美关系似乎正在不断升温。因此，中老关系不仅受到越南的影响，也受到东盟及外部国家的制约和干扰，这些都是影响中老关系的不确定因素。

第三节　文化关系

一、中老人文交往简史之中老教育交流合作近况

中老人文交流历来得到两国政府的重视，自1989年，老挝凯山·丰威汉访华，就与中国政府签订了《中老文化协定》。在这份协定以及中老两国签订的《中老教育合作交流计划》等其他文件的指导下，两国人文交流不断扩大，为增进两国互信，加深两国人民感情起到了重要作用。这不仅给两国人民带来切实利益，也为本地区的和平、稳定与发展做出了重要贡献。

1. 近期代表团交流

（1）2016年6月，郝平副部长会见老挝驻华大使万迪·布达萨冯一行，就携手办好中国—东盟教育交流年，加强双方学生、教师流动，积极开展人力资源培训等内容深入交换意见。

（2）2015年9月，老挝教育与体育部内阁办公厅常任秘书西撒蒙·斯提拉冯萨、老挝卫生部副部长颂沃·金萨达率团赴华出席在广西举办的"2015中国—东盟职业教育联展暨论坛"。

（3）2015年8月，老挝教育与体育部副部长孔熙率团出席第八届中国—东盟教育交流周，并与郝平副部长举行双边会见。

（4）2014年9月，陈盈晖副司长率团赴老挝出席第五届东盟—中日韩（10＋3）教育高官会、第二届东盟—中日韩（10＋3）教育部长会，以及第三届东亚峰会

教育高官会、第二届东亚峰会教育部长会等四场会议，并与各国参会代表团团长一起受到老挝总理通邢的接见。

（5）2013 年 9 月，老挝教育及体育部副部长孔熙率团赴华出席在广西举办的"2013 中国—东盟职业教育联展暨合作论坛"。

（6）2012 年 9 月，老挝教育及体育部副部长孔熙率团赴华出席在广西举办的"2012 中国—东盟职业教育联展暨合作论坛"。

（7）2012 年 7 月，老挝国家主席朱马里访华，袁贵仁部长代表我部与老挝教育与体育部副部长显敦·拉占塔签署了两国《中华人民共和国教育部与老挝人民民主共和国教育与体育部 2011～2016 年教育合作计划》。

（8）2010 年 8 月，老挝教育部长潘坎·维帕万率团来华参加中国—东盟教育部长圆桌会议暨第三届东盟教育交流周。袁贵仁部长会见了代表团一行。

（9）2009 年 12 月，老挝教育与体育部长宋坤·芒诺明应云南省邀请访问昆明，与云南省教育厅签署合作备忘录。

2. 教育交流协议

2012 年 7 月，在两国 2005～2010 年教育合作计划的基础上，袁贵仁部长代表我部与老挝教育与体育部副部长显敦·拉占塔续签了《中华人民共和国教育部与老挝人民民主共和国教育与体育部 2011～2016 年教育合作计划》。

3. 留学生交流

（1）来华留学情况。协议情况：根据中老两国于 2005 年 10 月 15 日在北京签署的《中华人民共和国教育部与老挝人民民主共和国教育部 2005～2010 年教育合作计划》，中方每年向老方提供 230 人/年全额奖学金名额，即老方每年在华学习的奖学金生总数不超过 230 名。其中，本科生名额不超过 157 人/年。中方一次性提供老挝留学生自万象至中国接受学校的往返旅费。

2009 年 11 月，老挝人民革命党中央书记处致函我党书记处，向中方提出派遣老挝领导干部和留学生赴华培训学习的五年计划（2011～2015 年），计划建议"中方考虑将政府奖学金名额从每年 230 人增至 300 人，所学专业包括矿产、水电、环境、农业、机械、企业管理、贸易、财政、金融"。

2010 年 1 月 6 日，中联部在"一揽子"上报中央外事工作领导小组的"关于 2011～2015 年为老挝培养党政干部及留学生的请示"中建议同意老方计划，胡锦涛、温家宝、习近平、刘延东同志审批同意。据此，我司于 2 月 26 日签报部领导，自 2011 年至 2015 年，每年向老挝提供的政府奖学金名额由目前的 230 人/年增至 300 人/年。

根据两国于 2012 年 7 月 11 日签署的《中老 2011～2016 年教育合作计划》，中方每年向老方提供 300 人/年的全额奖学金名额，即老方每年在华学习的奖学金总人数不超过 300 名，其中，本科生不超过 160 人/年。中方一次性提供老挝留学生自万象至中国接受学校的往返旅费。

2013 年 7 月 1 日来华处复电老挝使馆：同意其提前占用一个 2014/2015 学年奖学金名额，用于老挝人民革命党中央委员、老工业与贸易部部长之女赴京留学。

2015 年 11 月，李克强总理出席在马来西亚吉隆坡举行的第十八次中国—东盟领导人会议、第十八次东盟与中日韩领导人会议和第十届东亚峰会时宣布，未来 3 年，中方将向东盟国家新增提供 1000 个中国政府奖学金新生名额。为落实我领导人对外承诺，我部专门设立了"中国东盟交流专项奖学金"项目，自 2016/2017 学年起，未来 3 年，每年向东盟国家新增提供 330 个中国政府奖学金名额。其中，每年向老挝新增提供 20 个奖学金名额，限招进修生、本科生、硕士生和博士生。[①]

奖学金生累计接收情况：自 1961 年接收 2 名该国学生以来，截至 2015 年，累计接收中国政府奖学金生 2456 名。

2015 年在华学生情况：2015 年全年在华学习的老挝学生总数为 6918 名，其中中国政府奖学金生 1156 名（含国别奖、单方奖、"985"高校和边境省份自主招生等专项奖学金），自费留学生 5762 名。

2016 年来华老挝留学生数达 9907 人，相比 2015 年增加了 30%。

（2）赴老留学情况。2015 年，我国赴老挝留学生共计 325 人，其中公派出国 28 人，2015 年底在外留学人员总数为 325 人。

4. 对外汉语教学

孔子学院：2009 年，老挝国立大学与我国广西民族大学合作建立老挝国立大学孔子学院。

5. 人力资源培训

自 2008 年起，中国教育部与商务部设立了"为发展中国家培养硕士人才项目"，旨在为发展中国家培养一批知华、友华的高层次精英人才和未来领导者。目前，老挝已有 38 名学员通过此项目来华学习。

为进一步加强与世界各国，特别是周边发展中国家在人力资源领域的合作，我部与外交部于 2013 年合作设立了"来华留学高端硕士学位奖学金项目"（自 2015/2016 学年起，高端项目正式改称为"中国政府来华留学卓越奖学金项目"）。该项目于 2014/2015 学年首批招生，主要招收政府部门领导干部、教学科研机构或相关行业的高级管理者。截至目前，共有 30 名老挝学员通过该奖学金

---

① 蒙梓，黄金鲁克. 教育优先共圆梦想——第九届中国—东盟教育交流周暨第二届中国—东盟教育部长圆桌会议［J］. 神州学人，2016（9）.

项目来华学习。

6. 合作办学——老挝苏州大学

2011年6月，教育部批准苏州大学与先锋木业（老挝）有限公司合作在老挝设立老挝苏州大学。

老挝苏州大学以招收老挝籍学生为主，实施本科和研究生（硕士和博士）教育，同时开展中文预科教育、各类高级培训。2012年10月，老挝苏州大学在万象举办了首届本科新生开学典礼，正式开始招生办学。

7. 多边机制下的教育交流和合作

中老两国充分利用多边合作框架，成果丰硕。特别是近年来，在中国—东盟等多边机制下的教育交流和合作成为中老两国教育交流和合作的新途径和新亮点。

（1）在中国—东盟框架下紧密交流，频繁互动：①中国—东盟教育交流周：为加强中国—东盟教育交流与合作，中国教育部联合外交部、贵州省人民政府自2008年起先后举办了八届"中国—东盟教育交流周"。老方应邀积极参与，包括老挝教育部长维帕万在内的多名高官，以及老挝国家大学等多所学校来华参加各层次教育交流活动。②中国—东盟职业教育联展暨合作论坛：老方分别派员参加了于2012年、2013年、2015年在广西举办的"中国—东盟职业教育联展暨合作论坛"。③中国—东盟教育培训中心：2012年、2014年，中国外交部联合教育部共成立了30个主要针对东盟国家的教育培训中心，支持中心面向包括老挝在内的东盟国家开展各种培训项目。④国别和区域研究基地：我部先后建立了3个面向东南亚的国别和区域研究基地（厦门大学、广西民族大学和贵州大学），并将依托研究基地加强与包括老挝在内的东盟国家的教育交流和合作。

（2）在其他多边框架下密切接触，充分交流：中老两国还利用东亚峰会高等教育论坛、东盟与中日韩（"10+3"）教育部长会、东亚峰会（EAS）教育部长会议、东盟与中日韩（"10+3"）教育高官会、GMS合作、亚洲大学校长论坛和世界大学校长论坛等多边场合交换意见，探讨合作[1]。

8. 文体领域交流合作

自1990年至今，已有中国杂技团、中国人民解放军J总政歌舞团、中国残疾人艺术团等多个高水平的中国文艺团体来老挝演出。由中国援建的万象老挝国家文化宫于2006年3月正式启用。这些合作成果都极大地丰富了老挝人民的精神文化生活，受到老挝人民的高度评价和热烈欢迎。此外，随着中国国际广播电台万象调频台和新华社驻万象分社的正式建立，两国在新闻媒体领域的合作为文

---

[1] 中国—老挝教育交流简况［EB/OL］．教育部政府门户网站，http：www.moe.gov.cn.

化合作增添了更多内涵，提供了更多渠道。现在，老挝《人民报》《巴特寮报》、老挝国家电视台等重要媒体每天都会引用新华社和中国国际广播电台的新闻，也经常刊登和播放有关中国的节目。老挝也积极参加了中国昆明1999年世界园艺博览会和2010年上海世博会等活动，利用这些大型的舞台向中国人民和世界人民展现了自己悠久的民族文化和崭新的生活面貌。

体育方面，中国为老挝积极提供了羽毛球、游泳、田径等多个项目的教练或者为老挝运动员提供赴华培训的机会，特别是在中国举行的北京2008年奥运会、残奥会、广州2010年亚运会等，都为老挝运动员提供了在华培训完直接参赛的便利，并为他们取得好成绩提供帮助。老挝运动员在1990年北京亚运会中获得了一枚拳击银牌，在2008年北京残奥会获得一枚举重铜牌，在2010年广州亚运会中获得2枚武术金牌，取得了老挝体育上大的突破，也为中老两国体育领域合作做出了完美的诠释。

二、中老重要的文化机构与组织

1. 老挝中国文化中心

2015年11月3日由中国文化部在老挝设立的中国文化中心在老挝首都万象揭幕，成为老挝人民及在老华人体验中国文化的一个窗口和平台①。

2. 老挝国立大学中国研究中心

2015年11月19日，老挝国立大学中国研究中心揭牌仪式在国立大学举行，老挝国立大学中国研究中心的成立必将增进两国人民相互了解和传统友谊，它作为老挝国立大学的重要智库和连接老中两国学术机构的桥梁，将加强中老研究机构合作与交流，促进老挝社会各界更好地认识和了解中国。

3. 老挝国立大学孔子学院

老挝国立大学孔子学院自2010年3月23日建立至今，致力于推广汉语教学和传播中国文化，为促进中老两国人文交流做了大量工作，赢得了老挝社会的广泛认可和赞誉，成为老挝最重要的汉语教学基地和中国文化传播机构。4年来，一批批老挝学子熟悉和掌握了汉语，他们就像一颗颗中老友谊的种子逐渐生根发芽，孔子学院也逐渐成为两国人民之间的语言之桥、文化之桥、友谊之桥。

4. 华文教育学校

老挝现有20多所华文学校，影响较大的主要有：①南部的占巴塞省巴色县百细华侨公学，该学校华文教育历史最长，始于1929年；②中部的沙湾拿吉省素旺县崇德学校，始于1931年；③中部甘蒙省的他曲华侨学校；④北部的琅勃

---

① 老挝中国文化中心在万象揭幕［EB/OL］. 新华网，http：//news. xinhuanet. com/world/2014 – 11/03/c_ 1113094662. htm.

拉邦中正学校；⑤老挝万象寮都公学创办于 1937 年，是在老挝万象中华理事会领导下的一所华侨集体公办华文学校。学校设有董事会。学校办学经费主要来自两个方面：一是向学生收取学费；二是由中华理事会和寮都公学董事会负责向社会各界人士筹集。学校的行政和教学工作事务由校董会委派校委会具体管理。现任寮都公学董事长和校长的是老挝万象中华理事会理事林俊雄先生。

寮都公学是一所全日制学校，目前开设有幼儿园、小学部、初中部及高中部，实行以华文教育为主、华文与老文双语教学并进的教学模式。经过 76 年的艰苦办学，学校各方面有了长足发展：一是办学规模不断扩大。① 在校生总数 2300 人，教职工 160 人，其中中文老师 74 人（中国援教教师等 32 人），老文老师 50 人（含特聘），医务员 1 人，工人 35 人。二是办学条件进一步改善。学校配备有多媒体教室、电脑室、理化生实验室、大礼堂、图书室以及卫生室等各种教育教学功能室，2013 年 8 月竣工使用教师宿舍楼一幢，占地面积 1100 平方米，距离学校 500 米，三层 36 间套间宿舍。此外，正拟建一间 45 座的语音室和一栋三层楼 40 间教室的教学楼。

在社会各界爱心人士的热心帮助下，学校正在逐步完善各种硬件设备，进一步加强教育教学成绩等软件质量，提高办学知名度，向世界一流华文教育名校奋进。2009 年 8 月，中国国侨办授予寮都公学第一批"华文教育示范学校"称号，成立了"云南省海外文化教育中心老挝分中心"。学校正全力以赴向中国孔子学院总部申请开办"孔子课堂"，向中国国家汉办申请开设"汉语水平等级考试（HSK）考点"，这些举措都将给寮都公学带来前所未有的新契机和新活力，对推进华文教育的新发展举足轻重，对弘扬中华优秀历史文化意义深远，为寮都公学的腾飞奠定了坚实的基础。

5. 新闻出版机构

报纸、杂志主要有：《老挝文化》《文艺报》《老挝探索者》《老挝旅游》《目标》《人民报》《万象时报》。

6. 广播电视机构

老挝国家电台中文广播频道及老挝有线电视台是中国与老挝文化部合作的一个项目，每天有中文节目播出。

三、重要科技文化交流活动

2015 年是中国与东盟的文化交流年，也是中国与老挝文化交融推陈出新的一年。11 月在老挝万象揭幕的中国文化研究中心，成为了中老文化合作的重大

---

① 东华大学孙宇琼等因公临时出国（境）信息公示［EB/OL］. http：//xxgk. dhu. edu. cn/aa/20/c1800a1746 24/page. htm.

成果，标志着中老文化合作进入崭新的发展阶段。这一年中老文化合作最大的亮点是，通过媒体方式传播的中国社会习俗与文化理念获得了老挝基层民众的深层次接纳。文化的接纳也促使中老教育合作、中国对老援建在老挝当地获得了良好反响。

（1）媒体文化传播密集，两国文化交融。中国与老挝之间的文化交流已突破传统方式文化交融，迈入了媒体信息文化传播时代，影视剧、图书译制、音频节目、双语杂志、旅游产品等都成为了中国传播文化的媒介。中老媒体机构合作的《中国·云南》（英文）新闻专刊在万象首发；老挝的中文电台的开始广播标志着中文在老挝学习的时尚和热潮，孔子学院称老挝人对中文学习兴趣浓厚，普遍认为学好中文能在当地中国公司谋职，也预示着中国文化影响力在老挝的日渐提升；10月21日中国驻老挝大使馆分别在万象一所中学和一所小学开设"大使书屋"等，都使老挝民众能够通过固定性的节目和窗口了解中国的文化理念和社会风俗习惯。2015年12月中国原创童书及期刊巡回展在老挝万象举行，双方加强图书出版合作，推动中国文化走向东盟，讲述中国好故事，传播中国好声音，展示中国出版界的新面貌、新状态，加强中老双方出版界的了解和沟通，都使得老挝民众能够通过更多的窗口了解中国的文化理念和社会风俗习惯，强化双方的友好合作。特别是中国国际广播电台和老挝国家通讯社签署合作协议，将在新闻资源互换共享等方面加强合作，中老媒体文化交流和合作将扩大双边合作的群众基础，中老两国文化将交融共生。

（2）中老人力资源和科技合作加强。2015年，工程承包项下中国对老挝派出人数大幅增长，超过1.1万人，在东盟乃至亚洲国家中位居第一①。此外，12月20～21日，为加强中老两国科技人才交流与合作，云南省科学技术协会科技人才访问团对老挝进行访问，与老挝中国总商会签订了《老挝中国总商会与云南省科协海智合作备忘录》，云南省科协在老挝"万象天阶"建立科技人才交流平台，通过建立科技人才交流平台，助推双方人力资源和科技项目合作②。

（3）"中国援建项目"在老挝社会反响强烈，民众认可度提高。老挝老中友谊协会秘书长西昆·本伟莱对中国援助给予了高度评价，称多年来中国一直援助老挝，在物资援助方面位居各国前列，从医疗卫生、基础设施到社会文化领域，中国援助项目基本涵盖了老挝人民生活的方方面面，③ 中国方面承建的水坝，中国援建的东孔岛大桥、老挝国家会议中心等都是惠及民生的项目。中国援建使得

① 我对老挝外派劳务大幅增长在亚洲国家中位居第一［EB/OL］. http：//www. mofcom. gov. cn/article/i/jyjl/j/201602/20160201254863. shtml.

② 云南省科协在老挝建立科技人才交流平台［EB/OL］. http：//www. ctoutiao. com/31815. html.

③ 荣忠霞，杜大鹏. 为老挝民众带来实惠［N］. 国际商报，2014－09－03.

来自中国的资金和技术支持在老挝产生了切实的效果，惠及了老挝民众，使得老挝社会对中国的认可度提升到一个新的层次。文化的交流为双边政治、经济、社会诸多方面的合作增添了润滑剂，使中老双方的合作更为顺畅。

第四节 军事等其他关系

近年来，中老经贸有所发展，中国也增加对老挝的投资和援助，但在军事上，老挝作为一个中南半岛上的内陆国家，军事上相对保持中立，与周边邻国的关系也不错。中老两军关系顺利发展，中国军队领导人迟浩田、张万年、于永波、梁光烈等先后访问老挝，老挝时任副总理兼国防部长隆再等老军领导人也多次访华。中老早在1991年就签订了《中老边界协定》，中老500公里的边界线没有发生过冲突，因此，中老军事对抗几乎为零，中国也不会轻易介入老挝。但双方的军事交流还是时有接触和交往，两国在防务、安全等领域合作也不断发展。2014年5月15日，中国国务委员兼国防部长常万全访问老挝。2015年7月8日，中央军委副主席许其亮在北京会见老挝国防部长森暖·赛雅拉一行。许其亮表示，多年来，中老两国两军始终团结友好，各领域合作取得丰硕成果，是名副其实的好邻居、好朋友、好同志、好伙伴。在新形势下，中老双方共同战略利益更加广泛，合作空间更加广阔。我们要抓住机遇，不断提升中老全面战略合作水平，共同应对挑战，更好地服务于两国的改革和革新事业。中方始终坚持对老友好政策，支持老挝稳定、发展和繁荣，希望通过这次访问，把两军合作的势头巩固好，把下一阶段合作规划好。森暖表示，老中两党都坚持走社会主义道路，有着共同的理想，老中两国两军长期以来相互支持，情谊深厚。老方感谢中国党、政府和军队对老挝的大力支持和帮助，愿学习中国军队发展建设经验，推动老中友好和两军关系不断发展①。

2015年4月20日，老挝国防部长森暖与到访的中国中央军委副主席许其亮举行正式会谈。森暖说，长期以来，中国党、政府和军队给予老方无私巨大援助，老方对此由衷感激。多年来，老中传统友谊不断巩固，友好合作日益密切，成效显著。中国党的十八大以来取得辉煌成就，老方对此深受鼓舞，对两党、两军和两国人民不断加强传统友谊，推进全方位合作充满信心。老挝军队愿与中方携手努力，不断深化两国全面战略合作伙伴关系，为地区和平稳定做出积极贡

---

① 尹航. 许其亮会见老挝国防部长［N］. 解放军日报，2015－07－09.

献。许其亮说，中老友谊是两国老一辈领导人共同缔造的。建交54年来，两国关系经受了国际和地区局势风云变幻的考验，在涉及两国根本利益问题上总是相互支持，双边经贸往来稳步增长。习近平主席"一带一路"倡议战略构想的逐步实施，将为两国各领域深化合作提供新契机，带来更多实实在在的利益。中方愿意与老方共同努力，进一步拓展两军务实合作，不断地提升两军合作水平，共同应对挑战，推动两军关系深入发展，为两国全面战略合作伙伴关系注入新的内涵①。

2016年2月14～16日，老挝公安部、人民军和外交部等部门组成的代表团到云南访问。加强了两军的交流与合作。5月24日，国务委员兼国防部长常万全一行出访老挝，并参加在老挝举行的中国—东盟国防部长非正式会晤。5月26日，老挝国家主席本扬会见了常万全，27日，常万全与老国防部长占沙蒙共同出席中国援建老军103医院综合医疗楼奠基仪式。6月18日，中央军委副主席许其亮在京会见老挝国防部长占沙蒙，国防部长常万全与占沙蒙举行了会谈。

第五节　中老关系展望

一、双方将共同打造牢不可破的命运共同体

中国和老挝山水相连，两国人民自古至今和睦相处。1961年4月25日，中国和老挝正式建立外交关系。20世纪70年代末至80年代中，两国关系曾出现曲折。1989年中老关系正常化以来，双边关系得到全面恢复和发展，两国领导人频繁互访，在政治、经济、军事、文化、教育等领域的友好交流与合作不断深化，双方在国际和地区事务中保持密切协调与合作。老挝政府坚持一个中国立场，支持中国人民和平统一祖国大业。2006年6月，老挝党中央总书记、国家主席朱马里对中国进行国事访问。2006年11月，中共中央总书记、国家主席胡锦涛对老挝进行国事访问。双方发表《联合声明》，推动中老关系进入新的发展阶段。2009年9月，朱马里成功访华，两国元首一致同意将中老两国关系提升为全面战略合作伙伴关系，为两国各领域合作开辟了更加广阔的前景。

据统计，2013年中国共有15次副部级（含副部级）以上官员到访老挝。应中共中央总书记、国家主席习近平的邀请，老挝人民革命党中央总书记、老挝人

---

① 老挝国防部长森暖与许其亮举行会谈［N］．解放军日报，2015-04-21.

民民主共和国主席朱马里·赛雅颂于 2013 年 9 月 26～30 日对中国进行了正式友好访问①。

2014 年 4 月 11 日，国家主席习近平在北京会见老挝总理通邢。2014 年 5 月 15 日，中国国务委员兼国防部长常万全访问老挝，可谓双方高层交往频繁。

中国与老挝是好邻居、好朋友、好同志、好伙伴，两国人民之间的友谊源远流长。2016 年是中老建交 55 周年，这 55 年来，在中老双方共同的努力下，中老全面战略合作伙伴关系日益深化，老中双方都把发展两国关系置于重要地位，致力于推动两国全面战略伙伴关系长期稳定健康地发展，打造牢不可破的命运共同体关系。双方高层互访频繁，经贸合作成果丰硕，各领域交流持续深化。老挝十大召开之际，习近平总书记派特使前往老挝，向新当选的老挝党总书记送去祝贺。老挝第八次国会闭幕之后，外交部部长王毅第一时间访问老挝，与老挝国家领导人就老中关心的一些重大议题进行了深入探讨，特别是在南海问题上，中老两国达成了重要共识。② 5 月，老挝人民革命党中央总书记、国家主席本扬应习总书记的邀请率党政高级代表团对中国进行了友好访问。本扬就任老挝党和国家最高领导人后即来华访问，充分体现了老挝党和政府以及本扬本人对中老双边关系的高度重视。9 月，国务院总理李克强同老挝总理通伦举行会谈。11 月，老挝总理通伦访华，此次访华是其在 2016 年 4 月就职以来第一次对中国进行正式访问。

2016 年，除高层互访外，中老两国在政治、经济、文化、边境安全、贸易、教育、旅游、禁毒等方面进行全面交流与合作，在地区和国际事务中的配合也十分成功。

二、双方从"国之交"到"民相亲"夯实两国关系的基础

老挝把中国定为 21 世纪最重要的战略合作伙伴之一，这给中老双边合作提供了良好的前提条件。中老关系无论是在政治、经济领域，还是在安全及文化各领域，双方的合作将朝着宽领域、纵深化方向发展。

特别是老挝人民革命党在"八大"报告中指出：老挝将始终坚定不移地执行和平、独立、友好、合作的外交路线，老挝继续奉行多元的务实的外交平衡政策，老挝一直试图平衡好和中国、越南的双边关系，并将与越南和中国的关系作为老挝对外战略中第一层次的外交关系。全面发展与中国的全面合作关系并使之更加紧密排在关键位置。正如老挝外交部一名官员所说，"目前在国际上，经济

---

① 新闻人物：老挝人民革命党中央总书记、国家主席朱马里［EB/OL］. 新华网，http://news. xinhuanet. com/world/2013－09/25/c_ 117501594. htm.

② 方文. 老挝人民革命党明确老挝发展新方向［J］. 黑河学刊，2016－07－20.

合作是大势所趋。对于老挝来说，发展经济更是第一要务。未来，随着老中关系逐渐上升，预计老中关系将会上升到与老越关系同一个水平，最终老中关系和老越关系这两种双边关系将会趋于相等"。① 结合近年来中老关系的发展变化，中国与老挝的外交关系将会友好而长久地发展下去。

---

① 老挝要当中国的"四好"邻居［EB/OL］．军事前沿＿西陆网，http：//junshi. xilu. com/20130 321/news＿44＿336750＿4. html.